마장마술
Dressage

101 SCHOOLING EXERCISES FOR HORSE & RIDER / Jaki Bell

Copyright © 2005, 2008 by Jaki Bell
All rights reserved.

Korean translation copyright`©`2014 by TOYO, Inc
This Korean translation right was arranged with D&C, Inc(UK).

이 책의 한국어판 저작권은 영국 D&C, Inc. 사와의 독점계약으로
(주) 도요가 소유합니다.
저작권법에 의해 한국 내에서 보호받는 저작물이므로 무단전재와 무단복제를 금합니다.

마장마술
Dressage

옮긴이 정성환

인쇄 2014년 8월 1일
발행 2014년 8월 10일
발행처 (주) 도요
기획·편집 이상현
디자인 표재성
마케팅 강민주
경영지원 김은진, 김 민
발행인 표재성

등록번호 제 301-2012-125호
전화 (02)6357-3123　**팩스** (02)6008-6533

ISBN 978-89-969107-4-9
정가 38,000원

※잘못 만들어진 책은 구입처 및 본사에서 교환해 드립니다.

마장마술
DRESSAGE

(주) 도요

서문

나는 교육에 상당한 열의가 있다.

어떤 사람들은 규칙 없이 그냥 말 타는 것을 좋아하고, 어떤 사람들은 달리기를 좋아한다. 나는 규칙 없이 그냥 말 타는 것과 달리는 것을 모두 좋아하지만 나와 말의 능력을 최대한 발휘하도록 하는 승마수업이 정말 즐겁다. 내가 선수로 '경력'을 쌓는 동안 – 몇 년간은 말을 타진 않았지만 대략 20여 년 – 거의 매주 수업을 받았다. 내가 상당히 훌륭한 기승자라고 여긴다면 다시 한 번 생각해보기 바란다. 나는 이론에는 밝지만, 정신적으로든 육체적으로든 스프츠에는 그다지 재능이 없다. 이런 이유로 정기적으로 수업을 들었다. 이 책은 나의 운동 기량에 관한 내용이 아니다.

말을 훈련시키는 곳에서 말을 타본 적이 있는가, 그리고 '오늘 뭘 해야 하지?'라고 생각한 적이 있는가? 그렇다면 이 책이 유용할 것이다. 이 책의 목적은 당신이 문제를 해결하거나 단순히 말이 전진하도록 훈련을 하기 위한 한 가지 연습 또는 일련의 연습을 하게 하는데 있다. 이 책은 승마를 즐기는 내 친구들과 지인, 그리고 내 자신에게도 유용하며, 유명한 트레이너들도 나와 공유해 온 연습들을 모은 것이다. 나는 유자격 강사나 트레이너가 아니라 편즌자일 뿐이므로 트레이닝 프로그램의 일부로 경기장에서의 이러한 연습들의 유효성을 확인하기 위해 내 트레이너 중 한 명인 Andrew Day와 함께 집필 작업을 했다. Andrew는 예전에 마장마술에 관심을 둔 국제 종합마술선수였으나 지금은 전국에서 클리닉을 운영하고 있어 초보자에서부터 Prix St Georges 수준에 이르는 선수들을 훈련시킨다. 그는 TTT (Training The Teachers of Tomorrow) 진정한 조교수이기도 하다.

이 책을 엮으면서 몇 가지 가정과 일반화를 해야 했다. 우선, 독자 여러분이 말과 무엇을 이루어 내려고 하는가에 대해 기본적인 지식을 가지고 있어야 하며, 승마의 기초가 다져져 있어야 한다. 독자는 여성 – 승마는 국제적인 프로 수준의 선수 대부분이 여성이라는 점이 애석하다 – 으로, 말은 남성으로 표현한다. 이러한 일반화가 불쾌하다면 이해를 해주기 바란다. 모든 연습은 직사각형 경기장 또는 20m x 40m의 90도로 꺾인 모서리가 있는 장소에서 하는 것으로 하며, 말과 기승자의 능력에 따라, 그에 적합하게 스타(star)레벨을 매긴다.

이 책은 여러분에게 말을 타는 법을 가르치거나 점진적인 훈련 프로그램을 제시하려는 책이 아니다. 그런 목적이라면, 훌륭한 트레이너의 도움을 받고 조언을 구할 필요가 있다. 그리고, 이런 점에서 훌륭한 트레이너를 대신할 만한 것은 없다는 점을 말하고 싶다. Lizzie Murray에 의하면 '모든 사람들이 레슨과 도움을 필요로 한다. 그리고 지상에 누군가가 있어야 한다. 혼자서 전적으로 말을 훈련시킬 수는 없다. 누군가가 '그거 아주 좋네요, 잘 하고 있어요.' 라고 말해줘야 한다.

내가 승마잡지에서 편집자로 있던 기간을 포함하여 수년간 나와 함께 작업했던 모든 트레이너들과 이 책을 준비하면서 자문을 구했던 모든 유명한 트레이너들은 각자 선호하는 연습과 자신만의 훈련 방법이 있었다. 여러분의 트레이너도 마찬가지라고 확신한다. 그렇지만, 이 책은 여러분에게 새로운 내용 또는 논란이 많은 내용, 유용한 내용을 제시해줄 것이다. 혹은, 정말로 원하는 마지막 한 가지가 말을 트레이닝(Training)하는 것이다. 또한 승마의 영감을 얻고자 하는 차갑고 어두운 겨울 아침에 이 책을 유용하게 쓸 수도 있을 것이다.

그럴 때면 나를 떠올려보길 바란다. 나도 역시 말을 조교 하고 있을 거라 장담하니까……!

역자 서문

101 SCHOOLING and EXERCISES for Horse and Rider
이 책(원제 101 SCHOOLING and EXERCISES for rider and horse)은 Horse Magazine의 편집자이면서 20년 이상 승마를 해온 Jaki Bell 과 그의 트레이너 Andrew day에 의해 만들어 졌다.
 또한, 영국, 미국, 뉴질랜드, 호주, 캐나다 등과 유럽의 승마선진국의 대부분 모든 승마학교에서 교과서로 사용하고 있는 승마지침서로 승마의 경력이 있는 분들에게 도움이 되도록 좀 더 체계적이고 발전된 기술들이 수록되었다. 특히, 승마를 가르치는 코치와 말을 트레이닝 하는 분들에게 이 책은 많은 도움을 줄 것이다.

 한국에서는 인터넷이 발달되어 많은 기초 승마정보들이 온라인에 넘친다. 실제로 그렇게 인터넷 상의 정보들을 편집한 승마관련 책들이 시중에 나와 있다. 하지만 많은 정보들이 난해한 용어들로 기술되어 승마를 하는 일반 대중들에게 실질적인 많은 도움이 되지 못한 것이 현실이다. 한국에서는 말을 타면 모두 승마라고 생각하고 있다. 실제로 승마라는 것이 '바로 이것이다'라고 서술하기란 쉽지 않다. 말 타기와 승마에서 가장 큰 차이점은 규칙의 유무에 있다. 그냥 규칙 없이 말 등에서 어릴 때부터 균형을 잡고 말을 타고 달리는 것은 말 타기일 뿐이다. 그렇게, 말 위에서 어떠한 일, 즉 가축을 기르는데 필요한 수단으로 말을 타는 사람들을 우리는 유목민이라 하지 승마인이라 하지 않는다. 보통 한국에서의 동호인들이 어느 정도 말을 타면 몽골을 가서 푸른 초원을 신나게 말을 타고 달리는 꿈을 꾸곤 한다. 그리고 실제로 그룹을 지어 그렇게 투어도 하는 것이 현재 한국 승마동호인들의 실정이다. 미안하지만 이것이 말 타기일 뿐 승마와는 관련이 없다. 말을 잘 타는 것과 승마를 잘하는 것은 처음 말을 접근 할 때부터 많은 차이가 있다. 다 같이 말을 다루는 것처럼 보이지만 말을 타고 잘 달리는 것을 말 타기라 하고, 말을 타고 말 위에서 사람이 어떠한 행위를 하는 것을 우리는 기마라고 한다. 또한 말을 타고 단순히 달리는 행위를 규칙을 만들어 체계화하여 경쟁만을 위주로 하여 게임으로 만들어 낸 것이 경마이다. 경마는 말 그대로 달리기다. 그것에서 좀 더 발달되고 운동수행 기술적 난이도가 높게(말과 함께 달리는 것을 제외하고), 말의 어떤 특별한 기술을 발휘하도록 만들고, 그것을 일정하게 정해진 규칙으로 점수를 기록하고 다른 말들과 비교해서 경쟁하는 것이 스포츠 승마이다. 가장 중요한 것이 승마와 말 타기의 차이점이 말이 중심이냐 사람이 중심이냐의 차이다. 말 타기를 잘 하다고 승마를 잘할 순 없다. 그 예로 몽고인들이 아직까지 올림픽이나 승마월드컵에서 우수한 성적은 물론 참가한 기록도 없다. 하지만 승마를 잘 하면 말 타기는 아주 쉽다. 단순한 말 타기에 비해 승마는 기승자의 도움으로 말의 특별한 운동 수행기술을 일정한 규칙에 따라 점수가 주어지는 일종의 기록경기이다, 그래서 승마는 처음부터 스포츠종목으로 체육학의 한 분야인 학문으로 접근해야 한다.

 승마라는 스포츠를 처음부터 배우는 사람들은 말을 대하는 자세부터 다르게 배워야 한다. 단순히 일반적인 운동원리만 가지고 접근하는 것보다 말의 역학적, 생리적, 심리적인 측면 등 여러 가지 조건들을 함께 완성해야 할 하나의 스포츠로서 학문을 배워야 한다. 단순히 도구가 아닌 파트너로써의 말에게 접근해야 한다. 어떤 승마종목을 할 것인가에서 부터 말의 종류를 선택하고, 승마운동의 목적에 맞게 어릴 때부터 근육상태를 다르게 발달시키기 위해 영양의 공급도 어떻게 해야 할 것인가를 결정해야 한다, 또한 일정한 심리적인 가르침을 통해 성격을 발달시켜야 한다. 이렇게 승마는 하나의 스포츠로서 학문으로 완성하기 위해 준비 과정에서부터 이론과 실습을 통해 완성하는 것이 승마를 공부하는 것이다.

　이 책을 번역할 때 승마용어들을 일반인들이 잘 이해하기 어려운 것과 마찬가지로 영어 문화권의 사람들도 승마를 하는 사람들이 아니면 이해하기 어려운 용어들이 많았다. 번역하는 과정에서 "숄드-인(Shoulder-in)"을 한국에서처럼 "어깨를 안으로"라고 번역하지 않고 그냥 고유명사처럼 "숄드-인"이라 번역하였다. -한국에서 '버스'를 그냥 '버스'라고 하듯이- 그러한 단어의 원론을 모르면 전문승마를 하는 코치들에게 자문을 구하기 바란다, 또한 그 고유명사들의 뜻을 번역하여 승마매거진을 통해 독자님들께 찾아갈 것이다. 번역한 내용이 어려울 때는 그 이전 단계의 과정을 학습하기 바란다.

　승마를 하는 모든 분들에게 길잡이가 되길 바라는 마음에서 지난 10 수년간 미국, 뉴질랜드, 호주 그리고 유럽의 유명한 승마학교를 여행하면서 수집한 정보를 바탕으로 이 책을 번역하였다, 또한 그것과 관련된 자료들은 지난 5년간의 승마매거진의 독자들에게 공개되었다. 하지만 짧은 지면에 많은 승마정보들을 기술하기 쉽지 않고 또한 난이도에 따른 독자들의 이해도가 달라 승마학습에 제한적일 수 있다.

　이 책은 수준 높은 승마를 꿈꾸는 많은 한국의 승마인과 더 높은 레벨로 승마실력을 업그레이드하고 싶은 승마지도자는 물론, 해외에서 좋은 말을 수입하여 승마를 가르치는 방법보다 원천적으로 말을 조련하고 싶은 기존 승마인들에게 좋은 지침서가 되길 바란다.

　이 책이 나올 수 있도록 도움을 주신 출판사 관계자 여러분께 감사드린다. 끝으로 오랜 시간 동안 승마를 하면서 나의 최고의 스승은 지금까지 내가 가르치고 있던 나의 모든 학생들이다. 그들에게 1시간 승마 레슨을 위해 10시간 이상 자료수집과 연구 활동을 해왔다, 지금도 나의 승마 공부는 계속되고 있다. 여러분들께 진심으로 감사를 드린다.

역자 프로필 - 정성환

대한승마협회공인심판
FEI COACH LEVEL1
FEI JUDGE LEVEL1
FEI STEWARD LEVEL1

사람들은 왜 승마장에 찾아오는가?
사람들은 왜 승마장을 떠나가는가?
승마장을 떠나가는 사람들을 위해서 승마지도자들은 무엇을 해야 할 것인가?

왜 너의 말을 트레이닝 하는가?

승마장에서 하는 일은 기승자가 자신이 책임지고 있는 말과 깊은 관계를 맺고 그 말에 대해 잘 알아야 하는 전반적인 훈련 프로그램의 일부일 뿐이다. 어쩌면 가장 극적인 완성을 이끌어낼 수 있는 분야이기도 하다. 그렇지만, 그 과정에 가장 큰 손해를 볼 수도 있다. 일반적으로, 말을 훈련하는 것은 세 가지 목적이 있다.

1. 말의 신뢰와 존경을 얻기 위함
대부분의 승마인들이 알고 있듯이, 말은 도망가는 동물이다. 성공적으로 조마 시간에는 이론적으로 말이 자신을 위협하는 것으로부터 도망가려고 하는 자신의 통제력을 기승자에게 넘겨준다. 연민과 일관성을 가지고 승마운동으로 말이 자신의 능력 대부분을 형성하게 되면, 말은 기승자가 자신을 돕고자 존재한다는 점을 이해하게 될 것이다.

2. 부조를 이용한 의사소통 방법 확립
말과 인간은 서로 다른 언어를 이용한다. 부조는 인간과 말의 의사소통 수단이기 때문에 부조를 일관적으로 사용하는 것은 매우 중요하다. 의사소통의 잘 이루어지게 되면 말과 성공적인 파트너십을 이루게 된다.

3. 말의 체력 강화 및 발달
말은 원래 인간을 태우는 동물이 아니므로, 말 등에 인간의 체중이 실리게 되면 말은 균형을 잡는데 장애를 받고, 신체와 근육에 모든 종류의 문제를 야기할 가능성이 있다. 조마 훈련의 첫 번째 목적은 말로 하여금 등을 잘 활용하도록 도움을 주고, 신체나 근육 상의 문제를 예방하기를 기대하며, 기승자의 체중을 견디면서 움직임을 잘 조정하면서 활기 넘치게 앞으로 걸을 수 있도록 말이 균형을 잡게 하는데 있다. 말이 등을 잘 활용하게 되면, 'Work on the bit' 또는 'On the aids'로 말과 연결되어 보다 더 편안한 방식으로 승마할 수 있게 된다.

조마훈련의 목표

- ☐ 리듬
- ☐ 진직
- ☐ 균형
- ☐ 재갈의 수용
- ☐ 유연성
- ☐ 추진
- ☐ 보행의 발달

훈련의 구조화

이루고자 하는 목표를 위해 계획을 세우는 것은 단지 계획일 뿐, 그 계획은 상당히 빈번하게 변경해야 할 필요가 있다. 우리가 그렇듯 말도 상태가 좋은 날이 있고 나쁜 날이 있으므로, 말을 조련 할 때 세심한 부분을 신경 써야 하는 날이 있고, 계속 서 있도록 설득하는 날이 있을 수도 있다. 그래서 오늘은 무엇을 할 것인지에 대해 생각을 하면서 운동장에 가는 것이 최선인 반면, 반드시 유연하게 그날그날 대처할 필요가 있다.

당연히 장기적인 목표와 단기적인 목표를 세워야 한다. 3시간여의 기승을 즐기기에 충분한 체력을 기르는데서 시작하여 여러분이 선택하는 어떠한 훈련에서든 경쟁하기를 원하는데 이르기까지 장기적인 목표를 세울 수 있다. 말의 구보의 수준을 높이는 등 단기적인 목표는 장기적인 계획을 이루어나가는 초석이 된다.

이러한 목표를 피라미드라고 생각해보고, 여러분이 할 수 있는 장기적인 목표를 작게 나누어보자. 예를 들어, 여러분이 발뒤꿈치를 내리는 것을 유지하지 못하게 되면 말의 구보운동이 영향을 받을 수도 있으며, 등자에서 훈련 프로그램에 있는 하나의 벽돌이 여러분의 위치와 다스리기 힘든 뒤꿈치를 다시 훈련하는 방법에 대한 조마 훈련의 과정이 될 수도 있다.

목표에 도달할 시간을 갖도록 하라. 예로 들면, 시합 1주일 전에 특정 마장마술 테스트를 하지 않는 승마선수들은 극소수이다. 훈련 프로그램에 만일의 사태에 대비한 시간을 더 배정하고, 승마학교에서 그것에 더 시간을 쓸 필요가 없다면 그 시간을 잘 활용하면 된다.

기승자 자신과 말의 능력에 관해 있는 그대로 도도록 하자. 예를 들어, 대부분의 말과 승마선수는 '선호하는' 또는 '쉽게 하는' 장애물 운동이나 평지운동이 있을 가능성이 있다. 종합 훈련 프로그램을 통해 말이 이상적으로 가능한 한 많은 경험을 하도록 하여 기승자의 천부적 재능과 선호도에 따라 운영하는 것을 여러분의 오른발로 시작하게 될 것이다.

긍정적인 속성에 대한 동일한 접근방법을 언제라도 가능하다면 예비 말 훈련에도 적용해야 한다. 특정 잘못을 바로 잡으려고 조마훈련에서 시작하기 보다는 말이 자신감을 얻고 신뢰를 갖게 되도록 말이 잘하는 동작으로 시작하여 관련된 연습 방법을 통해 진전이 되어야만 그 문제를 따질 수 있다.

의지를 꺾으려 하지 않도록 하자. 물론 여러분의 명령에 따라 해야 함을 말이 이해해야 하지만, 너무 과하게 요구를 하고 있지는 않은지, 분명하게 요구를 했는지를 먼저 자문해 보아야 한다. 트레이너나 보는 눈이 있는 누군가가 땅에서 보조하는 것이 매우 유용한 경우 중 하나이다. 여러분은 명석한 두뇌를 가진 사람이며, 문제를 가지고 해결하는 과정과 그 결과에 도달하는 또 다른 방법을 찾아내는데 여러분의 명석한 두뇌를 이용해야 한다. 훈련을 마칠 때쯤이면 말은 항상 여러분보다 강해져 있음을 기억하도록 하자.

항상 준비운동으로 트레이닝 과정을 시작하도록 하자. 가장 선호하는 준비운동은 말로 하여금 스트레칭을 하도록 하고, 길거나 짧은 바깥라인에서 걷도록 하는 방법이다. 그러나 어리거나 생기가 넘치는 말은 운동장에 처음으로 도착했을 때 넘치는 에너지를 방출해야 할 필요가 있을 수도 있고, 또한 안전이 문제가 된다면, 그 경우에는 트레이닝 교육을 하기 전에 로프를 이용하여 원운동을 하는 것이 현명한 방법이기도 하다. 트레이닝 교육에 들어서기 전에 작은 준비운동을 하는 것이 좋을 수도 있다. 예를 들어, 나이든 말은 예전보다 근육을 푸는데 더 오랜 시간이 걸리기도 한다. 여러분이 기승하는 말을 몸을 푸는 방법 중 최선인 방법을 선택하는 것은 여러분에게 달려있다.

말이 여러분의 부조를 무시하거나 못된 짓을 할 때에는 즉시 질책을 하되, 화를 내서는 안 된다. 이 부분이 말과의 의사소통에서 가장 중요한 부분이다 그렇지만, 말이 돌파구를 찾고 여러분의 요구를 이해하거나 어떤 동작을 특별히 잘 하는 경우에는 보상을 잊지 말자. 실제로, 기회가 날 때마다 토닥거리거나, 잘 했다고 말을 하거나, 고삐를 풀어주거나, 심지어 트레이닝과정을 마쳐서 말을 칭찬한다. 제대로

SYLVIA LOCH의 트레이닝 팁

충분하거나 약간 부족한 것은 완전히 장악한다는 것을 의미하진 않는다. '말의 등이 오목하게 된 상태에서 긴 고삐를 연결한다면, 말로 하여금 보다 오목한 것을 실제로 격려 하는 것이다. 말은 오목하게 들어간 등으로 스트레치를 해서는 안 되며, 보다 둥글게 된 등인 상태에서 스트레칭을 해야 한다' (Exercise 23).

된 상황이라면, 말은 자신이 보상을 받고 있다는 이러한 표현을 이해하게 된다. Karen Dixon은 "이는 모두 자신감의 문제이다. 말이 약간씩만 반응한다 하더라도 그에 대해 보상을 해주고 토닥거리면 말이 자신감을 갖게 된다." 라고 말했다.

하나의 목표를 마음에 간직하고, 그 목표에 어떻게 도달하게 될 것인가에 대한 생각을 하자. 조마 훈련의 모든 측면을 하나하나의 구성 요소로 생각해 보자. 때로는, 여러분이 이미 배운 기초로 되돌아갈 필요도 있을 것이다. 트레이닝 훈련을 일단 시작하면 휴식시간을 자주 갖도록 하자. "너무 오랫동안 무언가를 하지 않도록 한다. 그래야 말이 여러분에게 귀 기울이게 된다."고 Sylvia Loch는 조언한다. 경기장에서 어떠한 일이 벌어지든, 과정을 마칠 때 멋진 원운동을 수행하거나 말이 잘 하는 동작을 하는 등 단순한 연습이라 하더라도 여러분이 긍정적인 분위기에서 그 일을 마치는 것이 여러분과 말 모두를 위해서 중요하다.

경기장에서 나갈 수 있는 어떤 목표를 성공적으로 달성했다면, 말에서 내려 운동장을 떠나기 전에 말이 느린 속도로 '편한 호흡' 을 하게 한다.

말이나 선수, 목표에 따라 훈련 프로그램은 다양하지만, 대략적인 가이드라인 상으로 충분한 보상의 대부분은 중간에 하루를 쉬는 7일 훈련 프로그램으로 일주일에 최소 2회 훈련이나 경기장에서 과정을 더욱 증진하기를 권장한다. 트레이닝에 소요하는 시간은 트레이너마다 차이도 있지만, 그날그날에 따라 달라지기도 한다. 어떤 경우, 말이 경기장에 들어가서 뛰어나게 훈련을 받기도 하지만, 더 고생스러운 날이 있기도 하기 때문이다.

요약

- ☐ 여러분의 장기적인 목표를 확인하도록 한다.
- ☐ '한 단계, 한 단계' 점진적으로 훈련을 하도록 한다. 장기적인 목표와 관련하여 일련의 단기적인 목표를 확인한다. 목표를 얼마나 달성해야 하는가에 따라 더 세분화해야 할 필요가 있을 수 있다.
- ☐ 조마 훈련에 휴식시간과 마무리운동 시간을 배정하도록 한다.
- ☐ 목표와 부조가 명확하고 일관적인지 확실히 하도록 한다.
- ☐ 말을 준비운동하기 위한 최선의 방법을 찾도록 한다.
- ☐ 여러분 자신과 말의 기량을 파악하고, 성공적으로 목표를 달성하면 이를 재평가 한다.
- ☐ 마지막으로, Jennie Loriston-Clarke에 따르면, '절대 이성을 잃지 않는다. 제대로 일이 풀리지 않는다면, 말 등에 앉아 자신이 무엇을 하고 있는지를 돌아보거나 조언을 구한다.'

말의 걸음걸이

말을 조련 할 때에 가장 중요한 점은 '말이 올바른 바깥라인을 향해 가고 있는가.'이다. 어리거나 조교되지 않은 말은 앞발에 자신의 체중 2/3을 싣는데, 이것이 야생에서 가능한 한 성공적으로 먹이를 찾고 실속 있게 움직이게 하는 가장 자연스러운 자세이다. 그러나 목초지에서 지나가는 암말이나 동료에게 으스대고 있는 수망아지나 거세마를 보면, 발 앞 끝을 들어 올리는 것을 볼 수 있으며 이는 말이 자신을 최대한 드러내 보이는 자연스러운 쇼맨십이다. 그러나 이러한 자세에서 지지하고 있는 골격에 가해지는 하중을 덜고 네 발에 충격이 덜 가도록 말의 몸 근육이 자신의 체중을 버텨야 하므로, 이는 단지 미적인 문제만은 아니다.

다른 한편으로는, 말 몸의 앞부분에 가해지는 처중으로 말은 나아가거나 또는 정지, 더 정확하게는 비틀거리며 걷게 하기가 어려워 이런 말을 기승하기에는 불편하다. 가볍게 올라가는 느낌으로 오르막을 오르게 하려면 뒤쪽의 후구에 무게 중심을 두어야 한다. 말이 이에 익숙해지면, 더 쉽게 오르막을 오르게 되고, 자세를 유지하기가 더 수월해진다. 이렇게 말은 신체적으로 더 발달하게 되고, 건강해지며, 보기 좋아지고, 기승을 즐거워하게 된다.

체중과 균형의 이동을 "등과 후구의 아름다운 연결" 이라고 하며, 훈련을 거치면서 점차적으로 이 기능이 발달한다. 이는 'postural ring'으로 알려진 복잡한 생 기계학적 사슬의 일부이다. Postural ring은 머리후두부에서 나와 목 아래와 등을 지나 엉덩이를 감싸고 있으며, 위(胃) 아래와 앞다리를 통해 목구멍에 이르기까지 형성되어 있는 근육의 연결 고리이다.

여러분이 말에게 활발히 움직이도록 요구하고 달이 균형을 잘 잡는다면 근육의 연결이 관련되어 있다고 말한다. 이러한 맞물림은 위와 복부 근육에서 시작하며, 말이 이 근육을 수축시키면서 등이 올라가고 여러분의 체중을 지탱하게 된다. 동시에, 근육 수축으로 인해 늑골 뼈대가 닫히고, 목의 아래쪽에 있는 근육을 끌어당겨 목의 형태가 아치를 그린다. 어깨는 앞쪽으로 닿아 굴레를 수용하게 된다. 훈련이 더 진행되어 고급 수준에 이르게 되면, 말이 경사지 위치를 유지할 수 있을 때 후구가 최고점에 이르러 코와 수평을 이루어야 한다. 그러나 이는 훈련의 결과로만 이루어지며, 기승자가 조정을 한다고 되지 않는다. 말의 근육계가 발달하게 되면 낮은 아웃라인에서 동작이 가능하다.

기승자 팁

말의 자연스러운 균형의 중심을 말의 앞부분에서 등과 후구로 이동시키는 지름길은 없다. 이는 시간이 걸리는 일이다. 초기 단계에서는 앞쪽에 체중이 실리지만, 목표에 도달하기 전 훈련 중반쯤에는 말의 앞쪽과 등, 그리고 후구에 골고루 체중이 실리기를 예상해야 한다.

말이 아웃라인에서 동작을 할 때에는

- ☐ 복부 근육이 수축하고
- ☐ 등이 올라가며
- ☐ 후구가 내려가면서 뒷다리가 말 아래에서 한층 나은 걸음을 하고,
- ☐ 목 아래쪽이 수축하면서 목 상부가 당겨져 올바른 아치를 만들어야 한다.

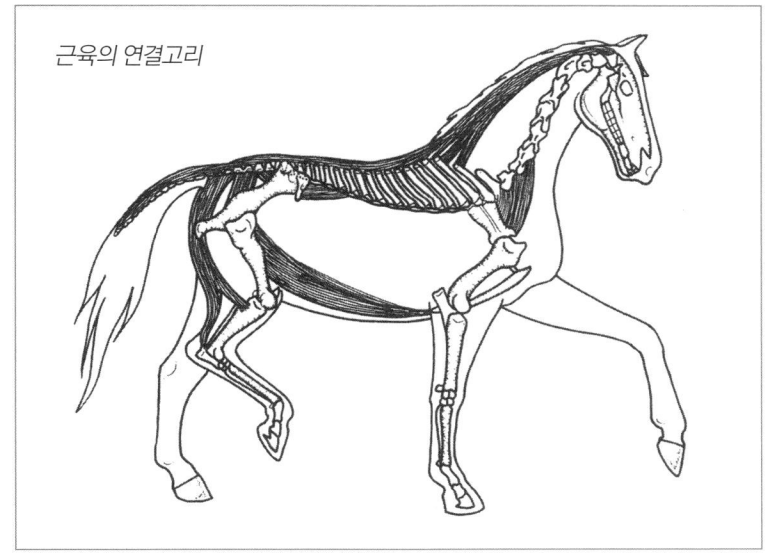

근육의 연결고리

기승자의 위치

앞서 서술했듯이, 이 책에서는 기승자가 승마운동에 능숙하다는 점을 가정했다. 그러나 부조로 최대의 효과를 보기 위해서는 올바른 위치에서 하는 동작이 여러분에게 더 수월하므로 자신의 자세를 확인해 보는 것이 도움이 된다. 말의 조련에서 마장마술 자세는 정상 위치에 놓고, 각 기승자는 '귀, 어깨, 엉덩이, 발목까지 일직선'을 이루도록 하라는 기초적인 마음에 새겨두도록 한다.

머리 :	턱을 들어서 시선은 말의 귀를 본다.
어깨 :	어깨는 자연스럽게 하나 가슴을 지지하도록 약간 뒤로 한다.
팔꿈치 :	팔꿈치는 편안하게 하고, 옆구리를 스치도록 한다.
손 :	재갈에서 손과 팔을 통해 팔꿈치에 이르기까지 일직선이 되도록 한다. 여기에서 엄지손가락을 위로 하여 손의 위치를 잡는다.
기좌 :	엉덩이는 안장에서 가장 낮은 부분에 오도록 한다. 체중은 각 관골과 허벅지 근육 안으로 골고루 실리게 한다. 엉덩이와 허벅지 근육 모두 이완시켜야 한다. 부조를 제대로 쓰려면 반드시 엉덩이의 균형을 잘 잡아야 한다.
허벅지 :	무릎을 안장에 기대고 가능한 한 수평에 가까워지도록 허벅지는 약간 안쪽으로 향하게 한다.
무릎 :	무릎은 구부려야 한다.
종아리 :	종아리 안쪽은 복대 끈 바로 뒤로 말의 몸체에 부드럽게 기댄다.
발, 뒤꿈치, 발가락 :	발은 말의 옆구리와 평행하게 하여 등자에 놓는다. 발가락은 안쪽이나 바깥쪽으로 향하지 않게 한다. 뒤꿈치는 신체에서 가장 낮은 곳에 오도록 한다.
상체와 등 :	상체는 세우고 안장과 엉덩이 위로 균형이 잘 잡히도록 한다. 한쪽으로 치우쳐져 있는 자세는 일반적으로 나타나는 실수이다. 말 등이 움직일 때 함께 움직일 수 있을 만큼 유연해야 한다. 그러나 동시에 어깨와 목, 머리를 지탱해야 한다. 등은 긴장을 푼 상태로 자연스러운 곡선을 유지한다.

> **기승자 팁**
>
> 등자가 너무 길면 체중이 허벅지에 실리게 되어 몸이 안장을 벗어난다. 그렇게 되면, 다리를 제대로 이용할 수가 없다.

기승자의 문제 해결

말을 훈련하는 과정에서 여러분은 불가피하게 문제에 직면한다. Horse Magazine에서 근무하면서 독자들의 문의에 대답을 하는데 몇 가지 질문이 계속 반복되었다. 이 책에서 이용할 수도 있는 방법 중 하나에 대한 생각을 알려주기 위해, 기승자가 직면하는 가장 일반적인 난제가 무엇인지를 확인하고 특정 문제를 해결하는데 도움이 될 만한 연습방법을 함께 수집했다.

'말의 옆구리 한 쪽이 뻣뻣합니다.'
5 9 25 41 53 61 66 72 84

'나이 든 말을 어떻게 훈련시키죠?'
3 7 16 18 22 25 33 40 51 55 81 90

'말이 어리고 이제 훈련을 시작했습니다. 어디서부터 해야 할까요?'
1 3 4 9 13 18 22 40 51

'말의 성격이 급합니다. 어떤 훈련방법이 도움이 될까요?'
1 4 13 17 28 35 43 71 72

'도와주세요, 말이 다리부조를 무시해요. 어떻게 해야 할까요?'
1 6 10 11 13 15 21 34 38 57 62 66 71 75 76 80 97 98 99 100

'구보이행을 도와주실 수 있나요?'
9 10 13 21 25 35 69 71 72

'초보 말을 준비운동 하기에 좋은 연습방법을 추천해주실 수 있나요?'
3 4 9 15 18 22 23 24 25 40 44 49 50 51 54 58

'말이 운동장에 들어갈 때 정말로 불안해합니다. 어떻게 해줘야 말이 거부하지 않을까요?'
1 3 4 7 9 13 15 22 25 26 29 31 40 49 50 56 57 61 80 90

'말이 정말 게을러요. 어떻게 할까요?'
1 10 14 15 17 18 19 20 21 22 35 40 44 52 59 65 67 68 69 83 90 97 98

'말 등을 유연하게 하려면 어떤 연습방법을 해야 할까요?'
4 9 12 13 15 16 18 19 20 22 23 25 29 33 35 40 43 51 54 56 58 62 69

'말의 구보거리를 늘리려 애쓰고 있습니다. 어떤 훈련방법이 도움이 될까요?'
16 18 19 20 22 23 24 35 62 64 65 67 68

'보통 테스트 점수를 높이려면 어떤 연습방법을 해야 할까요?'
2 5 7 13 21 22 23 26 33 34 35 36 37 53 70 84

'말의 앞쪽을 어떻게 가볍게 할 수 있을까요?'
1 4 9 12 13 14 15 16 19 22 23 30 35 36 38 44 52 53 57 60 62 67 68 69 79 90 96 98

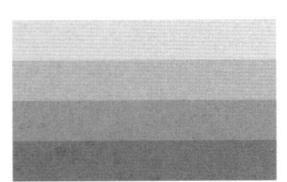

훈련 형식
BY ANDREW DAY

정기적으로 한 마리의 말을 돌보고 기승하는 사람은 단시간 동안에 말과의 관계를 형성한다. 무리를 지어 생활하는 말은 개인 공간, 영역, 경계를 토대로 한 상당히 엄격한 사회적 질서를 갖고 있다. 위계질서에 따라 계급이 나누어져 있다. 말을 마구간에 넣거나 탈 때, 기승자인 여러분은 그 무리의 구성원이 되어 말과 관계를 구축하기 시작한다. 관계를 성공적으로 맺었다면 말은 우선 기승자를 신뢰한 다음 존중하게 된다. 이러한 존중과 신뢰를 바탕으로 하여 다리, 앉은 자세 및 고삐의 부조에 반응하도록 여러분은 말의 교육을 시작할 수 있다.

보통 조마의 초기 단계는 속도와 방향의 기본적인 제어와 관련이 있어서 말을 안전하게 타거나 훈련시킬 수 있게 한다. 이 단계를 제대로 이행하면, Advanced Dressage의 아찔한 높이까지 도달할 수 있게끔 말은 언어와 영향력의 토대를 형성한다.

마장마술은 매우 흥미롭고 독특한 스포츠이다. 말의 구조와 자세, 보행등을 감상하고 이해할 필요가 있다. 마장마술에서의 말의 훈련은 부분적으로는 기승자의 부조에 대한 반응을 조마 하며, 부분적으로는 체력 발달에 관한 것으로, 말의 체력을 증강시키기 위해서는 잘 구성된 말의 훈련형식과 연습프로그램을 통해 훈련을 받아야 한다. 각 기승자는 광범위한 말의 훈련 정보를 갖출 필요가 있다.

일정한 말의 훈련형식은 다음과 같은 기능이 있다.

- ☐ 진단적– 말의 이해 또는 기술적인 면에 있어 약점을 정확히 집어낸다.
- ☐ 교육적– 기승자는 말에게 새로운 느낌, 걸음걸이 또는 반응을 가르칠 기회를 갖는다.
- ☐ 체육적– 힘, 유연성, 재주, 대등한 면에서의 발달을 시험하고 자극한다.

이 책에 엮은 운동방법은 위의 세 가지 분야 각각에 도움이 되도록 신중하게 선정했으나, 말이 이러한 운동을 하는데 있어서 상당히 주의를 기울여야 한다. 말이 보통 가는 방법이 잘못되어 있거나, 아마도 균형을 잃거나 또는 운동하고자 하는 방향에 역으로 한다면, 어떤 운동을 아무 생각 없이 계속 반복하는 행위는 그 문제를 악화시킬 뿐이다.

운동연습의 최대 효과를 보려면 말은 제대로 균형을 잡고, 앉은 방향이 다리앞쪽이며 굴레를 잘 받아들이도록 해야 한다. 말은 기승자의 측면위치에 따라야 하며, 부조의 범위 내에 머물러야 함을 알고 있어야 한다.

Carrying himself
이는 뒷다리를 앞으로 떨어지게 하는 말과 뒷다리가 몸을 지탱하고 있는 말을 구분하는데 사용하는 표현이다. 이는 정교한 균형이자 수축의 전제조건이기도 하다.

Being 'in balance'
기승자가 정한 라인에서 좌로나 우로 치우치지 않고 말이 일정한 추진을 유지하며 완벽하게 일관된 리듬을 유지할 때 '균형이 잡혔다'고 한다.

Being 'On the seat'
이것은 말이 기승자의 체중을 감내하고 기승자의 체중과 기좌로 속도와 리듬을 조절할 수 있는 바람직한 상태를 말한다.

Being 'In front of the leg'
이것은 말이 자신의 노력이나 추진을 유지해야 함을 이해하고 단지 활력만 넘쳐 기승자를 차버리지 않는 상태를 말한다. 말이 기좌에 반응하면서 동시에 다리 앞쪽에 위치하도록, 말과의 교류를 활용한다.

Accepting the bridle
이것은 기승자의 손 위치와 고삐 길이에 맞춰 둥글게 완성된 바깥라인을 쓰도록 학습한 말을 말한다. 제대로 되는 경우, 말은 기승자의 손에 압박을 가하거나 팽팽하게 잡아당기지 않으며, 턱을 가슴 쪽으로 당겨 기승자가 고삐를 느슨하게 갖지 않도록 해야 하나, Self-carriage와의 가벼운 연결을 유지해야 함을 알고 있다.

말이
☐ 기좌(On the seat)에서
☐ 다리의 앞쪽과
☐ 굴레의 범위 내에

있을 때, 말이 제대로 '부조를 받고 있다'라고 말한다.

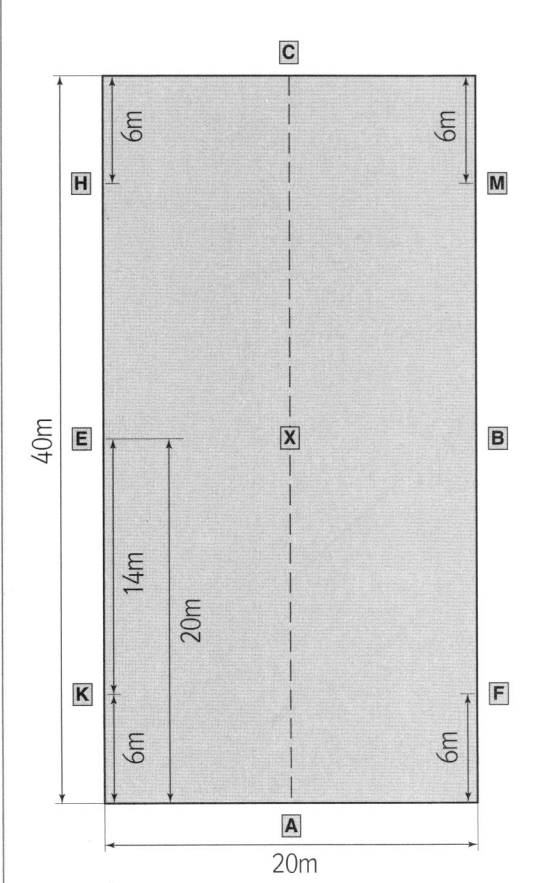

경기장 설치
말을 조련하는 최적의 장소는 섬유모래나 모래가 깔리고 표면이 고무로 된 전용 실내 승마학교 또는 실외 운동장이다. 그러나 이러한 시설이 없는 경우에는 방목지나 목초지에서도 조련이 가능하다. 우선, 장애물이 없으면서 최대한 평평한 모퉁이를 선택한다. 여러분과 말이 계속 집중을 하고, 말 트레이닝을 위한 올바른 정신 상태를 유지하며, 필요하다면 말이 감정을 억누르는데 도움이 되도록 조련장에 경계를 두는 것이 유용하다.

코너에는 인위적으로 만들지 않은 두 개의 자연적인 '벽'으로 형성된다. 이용 가능한 재료로 나머지 경계를 만든다. 몇 가지를 제안하자면, 철로용 침목, 장애물용 횡목, 지면이나 잔디에 표시하는 흰색 선, 건초더미 라인 등 심지어는 짚 더미 등이 있다. 최소한 경계 중 한 곳은 일직선이 되도록 하여 일직선을 유지하는 게 중요한 동작을 연습할 때 지표가 되도록 한다.

훈련장은 20m × 40m (또는 20m × 60m)로 한다. 플라스틱 콘이나 나무상자를 표시물로 사용할 수도 있다. A, B, C, E 표시물은 모두 정중앙에 오도록 하고, H, K, F, M 표시물은 각 코너에서 6m 떨어진 곳에 둔다.

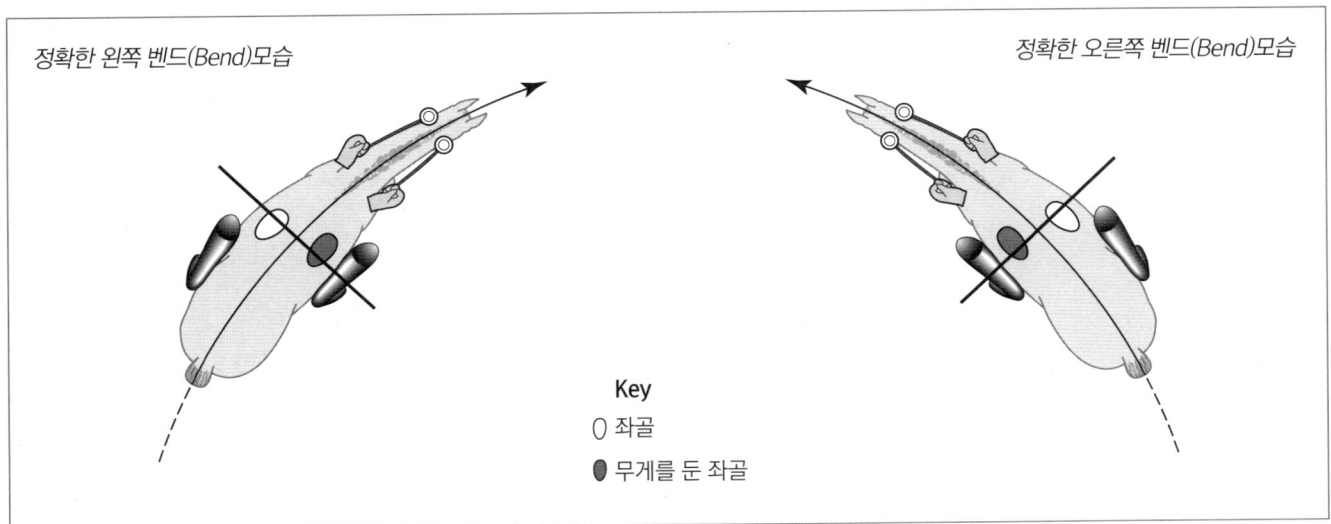

정확한 왼쪽 벤드(Bend)모습   정확한 오른쪽 벤드(Bend)모습

Key
○ 좌골
● 무게를 둔 좌골

측면 부조

말이 제대로 동작을 하기 위해서는 걸음을 내딛는 쪽의 선에 따라 척추가 휘어야 한다. 숄드-아웃(Shoulder-out), 렌버스(Renvers), 반대자세, 카운터-캔터(Counter-canter)의 경우를 제외하고 모든 경우에 그러하다. 척추의 휘어짐을 통제하기 위해, 기승자는 말에게 말 자신의 신체 위치를 "모방"하도록 가르쳐야 한다. 이처럼, 말이 척추를 휘게 하려면, 말은 안쪽다리를 복대 쪽으로 유지하고 엉덩이로부터 바깥쪽 다리를 뒤로 당겨야 한다. 그렇게 되면 바깥쪽 좌골이 들어가고 안쪽 좌골로 무게가 이동한다. 기승자의 상체는 움직이는 방향으로 향하도록 하여 휘어지는 아치에 따라 안쪽 어깨가 뒤로 가게하고, 바깥쪽 어깨가 앞쪽으로 향하게 한다.

기승자의 손 위치는 어깨의 위치만큼만 바뀌어야 하므로 다리와 엉덩이, 어깨와 손의 4가지 영향력은 서로 관련이 있으며 유동적이다.

부조가 전달되는 경로

마지막으로, 말은 부조의 범위 내에 머물러야 함을 이해해야 한다. 이는 말이 안쪽(말이 꽉 끼지 않도록)과 바깥쪽 부조(말이 헐거워지지 않도록) 모두를 존중하고, 기승자의 바깥쪽 다리로 제어를 해야 한다(등과 후구가 회전할 때 미끄러지지 않게).

이 모두가 복잡한 개념이긴 하지만, 이 책을 최대한 가치 있게 이용하려면 이 모든 개념을 이해하는 것이 중요하다. 그래야 그 개념을 정립할 수 있기 때문이다. 상기 내용에 대해 주의를 기울이면 이 책의 운동연습을 통해 종합적 및 효과적인 훈련 프로그램을 개발하는데 도움이 될 것이다.

행운을 빈다!

차례

도입(서론, 서문)   5

1 리듬, 균형, 추진 근본적인 필요조건   18

2 유연성과 진직 원운동과 회전운동   60

3 양면운동 서펜타인(SERPENTINE)운동   88

4 유연함과 민첩함 레그-일딩(LEG-YIELDING)   110

5 제어와 연결 숄드-포와 숄드-인(SHOULDER-FORE and SHOULDER-IN)   134

6 힘의 통제 트레버스와 렌버스(TRAVERS and RENVERS)   156

7 트레이닝 하프-페스(HALF-PASS)   178

8 구보 응용운동 카운트-캔터(COUNTER-CANTER)   196

9 비상 플라잉-체인지(FLYING-CHANGES)   212

색인   228

SECTION 1

리듬, 균형, 그리고 추진
근본적인 필요조건

연습

1	평보에서 정지로의 이행	20
2	중앙선을 사용한 진직 – PIPPA FUNNELL	21
3	균형운동: 모래시계 형식	22
4	균형운동: 측면운동과 반원운동	24
5	진직운동의 점검 – PIPPA FUNNELL	26
6	원운동을 개선하기 위한 다이아몬드 형식 – LIZZIE MURRAY	28
7	완벽한 원운동	30
8	5대5 – TIM STOCKDALE	31
9	안쪽벤드(BEND) 도입	32
10	이행을 돕기 위한 안쪽다리 사용법 – LEE PEARSON	34
11	간접부조의 도입 – SYLVIA LOCH	36
12	수축과 유연성을 위한 후구 사용법 – SYLVIA LOCH	38
13	기승자와 말을 위한 하프-홀트(HALF-HALT)	40
14	하프-홀트(HALF-HALT)를 위한 직각운동 – RECHARD DAVISON	42
15	원운동에서의 좋은 이행운동	44
16	짧고 긴 발걸음	46
17	신장걸음에서 정지	48
18	큰 타원형에서 속보	50

19	원형에서 신장과 수축운동 - MARY KING	52
20	원형운동에서 신장구보의 수행	53
21	속보에서 구보로의 이행	54
22	긴장해소- TIM STOCKDALE	56
23	깊고 높게	58

처음 승마 레슨에서는 정지 및 방향 전환을 먼저 버운다. 이는 기본 요건이지만, 말을 트레이닝 하는 방법을 배울수록 교육의 좋은 점을 평가하고 말과 조화로운 관계를 형성하기가 매우 수월해질 것이다. 말에게 있어 교육의 핵심은 추진, 균형, 리듬, 유연성이며 이 구절에서의 운동은 이들을 향상시키는데 주안점을 두었다. 특히 각 트레이너(Trainer)가 말을 교육시키는 동안 특정 시점이 되면 다시 반복해야 하지만 모든 훈련이 진전되고 발전 있는 교육이어야 한다.

EXERCISE 1

평보에서 정지로의 이행

Beginners ★★★★★
Preliminary ★★★★★
Novice ★★★★★
Elementary ★★★★★
Medium ★★★★★

약간 기초적으로 여겨질 수도 있지만, 말이 부조에 전적으로 주의하도록 조마 훈련의 초기 단계에서 반드시 필요하다. 정지할 때와 평보 할 때를 말에게 인지하게 하는데 확신을 가지도록 하자.

보너스
이 단계를 현재 제대로 한다면, 당신의 훈련에 있어 첫 번째 벽돌을 훌륭하게 쌓은 것이다.

1. 이 운동을 어떻게 하나?
☐ 평보를 확립한다. 선택한 지점에서 멈추도록 한다.
☐ 말이 정지하자마자 말에게 보상을 하고 안심을 시킨 뒤에 다시 평보를 한다.
☐ 말이 즉각 반응하지 않으면 약간 단호하게 부조를 사용한다.
☐ 말이 반응하면, 부조를 느슨하게 한다.

2. 말의 상태가 어떻게 되어야 하나?
말의 체중은 네 다리에 고르게 분배가 되어야 하며, '다리가 각 코너에 위치'가 되어야 한다. 말의 후두부는 몸에서 가장 높은 곳에 위치하도록 한다. 아래턱이 유연한 상태에서 말은 수축된 상태를 유지하고 당신의 명령에 주의하여 움직일 준비가 되어야 한다.

3. 완벽하게 정지를 하려면 어떻게 하나?
☐ 제대로 정지하는 동작과 단순하게 당기는 동작이 구분되어야 하며 모든 약해지는 이행은 수축이 증가되는 기간에 맞춰 준비되어야 한다.
☐ 정지를 명하려면 두 다리를 복대 약간 뒤에서 밀착시킨다.
☐ 가슴과 상체를 똑바로 펴고 손을 몸 가까이 한다.
☐ 말이 몸을 똑바로 펴면 손과 다리의 힘을 풀어준다.

4. 확인
당신이 말에게 획일적으로 하는 법을 가르치기 전에 말이 정지, 직진, 재갈을 받아들이는 습관을 들이도록 한다.

5. 다음 단계
평보에서 정지하는 법을 체득한 뒤에는 속보에서 정지하는 동작을 시도한다. 평보 걸음이 너무 많지 않도록 주의한다. 말로 하여금 약해지는 이행에서 균형을 찾도록 하고, 말의 앞쪽에 힘을 가하지 않는다.

6. 잘못된 사례
(1) 말이 어깨에 체중을 싣고 정지할 때 한쪽 손으로 기울어질 가능성이 있다.
   이는 정지 동작을 준비하는 동안 제대로 수축이 되지 않은 결과이다.
(2) 말이 갑자기 멈춘다.
   이 또한 수축이 제대로 되지 않은 결과로, 말은 당신의 다리 앞에 머무르지 않고 있다. 정지 동작을 준비할 때 다리를 더 써보도록 한다.

7. 이 연습이 제대로 되지 않는다면
말이 정말로 당신의 부조에 반응하지 않는다면 전문가의 도움을 구한다.

CELEBRITY EXERCISE 2

중앙선을 사용한 진직
PIPPA FUNNELL

Beginners	★★★★★
Preliminary	★★★★★
Novice	★★★★★
Elementary	★★★★★
Medium	★★★★★

약간 기초적으로 여겨질 수도 있지만, 말이 부조에 전적으로 주의하도록 조마 훈련의 초기 단계에서 반드시 필요하다. 정지할 때와 평보 할 때를 말에게 인지하게 하는데 확신을 가지도록 하자.

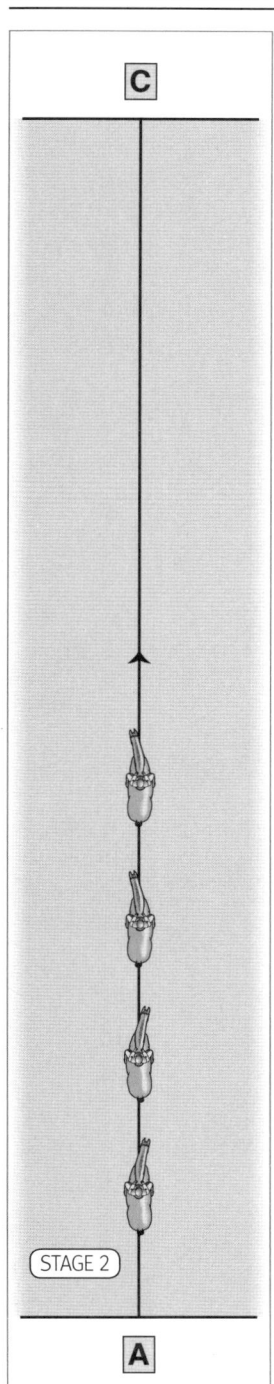

1. 이 운동을 어떻게 하나?
☐ 중앙선에 서서 A에서 C까지 기승을 한다. 손보다는 다리를 이용하여 말이 일직선을 유지하도록 집중한다. 효과를 확인하기 위해 네 개의 걸음걸이에서 하나의 고삐를 양보하고 나서 이를 다시 가져온 다음 다른 쪽 고삐를 양보하고 나서 0를 다시 가져온다.

☐ 이 운동을 반복하되, 이때에는 네 개의 걸음걸이를 위해 목을 약간 굽혔다가 펴도록 하고 다른 방법으로도 목을 굽혔다가 펴도록 한다. 다른 쪽으로 굽혔다 펴는 방향을 바꾸면서 말의 몸이 진행 방향을 향해 일직선을 유지하도록 한다.

2. 말의 상태가 어떻게 되어야 하나?
여러분이 고삐를 풀었다 쥐었다 할 때, 목을 구부렸다 펴도록 할 때 말이 일직선을 유지할 수 있어야 한다. 어느 경우에든 말이 중앙선에 머무르도록 해야 한다.

3. 확인
당신이 균형을 잡고 말 등에 앉아있을 때, 다리를 정확하게 사용하는지 확인 한다.

4. 다음 단계
속보와 구보에서도 이 동작을 한다.

5. 잘못된 사례
(1) 이 운동을 시작할 때에 말이 중앙선에서 벗어나거나 '고개를 돌려본다.'(한 쪽 방향으로 너무 많이 휜다).

고삐를 풀었을 때 말이 중앙선에서 벗어난다면 이 문제가 처음으로 일어나는 그 시점에 이를 해결 준비를 한다. 말이 벗어나기 시작하는 순간 말을 붙잡아야 한다. 벗어나는 행동을 할 때가 아니라 그 전에 붙잡아야 한다. 말이 '고개를 돌려보는' 경우에는 재빨리 고삐연결을 적당하게 맞춰야 한다. 그 후에 고삐로 다시 명령하여 고삐를 양보하는 동안 말이 목을 일직선으로 유지해야 한다는 것을 이해하는지 확인한다.

(2) 이 운동의 두 번째 단계에서 말이 좌로나 우르 치우쳐 있다.

네 걸음을 가기 위해 목을 약간 굽히도록 명령할 때 말이 좌로 치우쳐져 있으면 다리를 사용하여 이를 바로잡도록 하고 문제가 더 커지기 전에 이를 해결하도록 한다.

6. 이 운동이 제대로 되지 않는다면
말이 회전운동에서 자세를 유지하는데 균형을 잘 잡지 못한다면 Exercises 4와 9를 연습한다.

EXERCISE 3

균형운동: 모래시계 형식

Beginners ★★★★
Preliminary ★★★★★
Novice ★★★★★
Elementary ★★★★
Medium ★★★

이 운동은 훈련을 지금 막 시작하는 말에게 적합하다. 그러나 완벽하게 기승 하려면 오랜 연습을 해야 할 수도 있다.

1. 이 운동을 어떻게 하나?
- ☐ 오른쪽 방향으로 A에서 시작하여 K까지 평보로 둥글게 코너를 돈다(그림 참조)
- ☐ K에서 1/4라인까지 곡선이 이어지도록 하고 X로 표시된 부분을 일직선으로 가서 반대편 1/4라인까지 간다.
- ☐ M에서 트랙에 맞도록 점차 좌측 곡선을 그리기 시작한다.
- ☐ 다음 모퉁이에서 커다란 둥근 코너를 그린다.
- ☐ C에서부터 이 운동을 반복한다.

2. 말의 상태가 어떻게 되어야 하나?
오른쪽 곡선과 왼쪽 곡선 사이에 말이 균형을 잡아야 하며, 이 운동으로 균형을 잡는 기술이 향상된다.

3. 확인
당신의 어깨 자세에 맞게 말이 균형을 잡지 못하면 이에 보상을 해주지 않도록 한다.

4. 다음 단계
속보에서도 이 동작을 한다. 이는 가장 유용한 보법이다.

5. 잘못된 사례
말이 갑자기 트랙에서 벗어난다.
어느 쪽 어깨에서 말이 기울어지는지를 파악하고 나면, 해당 어깨를 밖으로 향할 때에 당신의 바깥쪽 다리와 바깥쪽 고삐, 해당 어깨를 안으로 향할 때에 안쪽 다리와 안쪽 고삐를 이용하여 말의 몸을 굽히기 전에 말을 지지하도록 준비한다.

6. 이 운동이 제대로 되지 않는다면
운동장 주변의 넓은 장소로 가서 둥근 코너를 돈다.

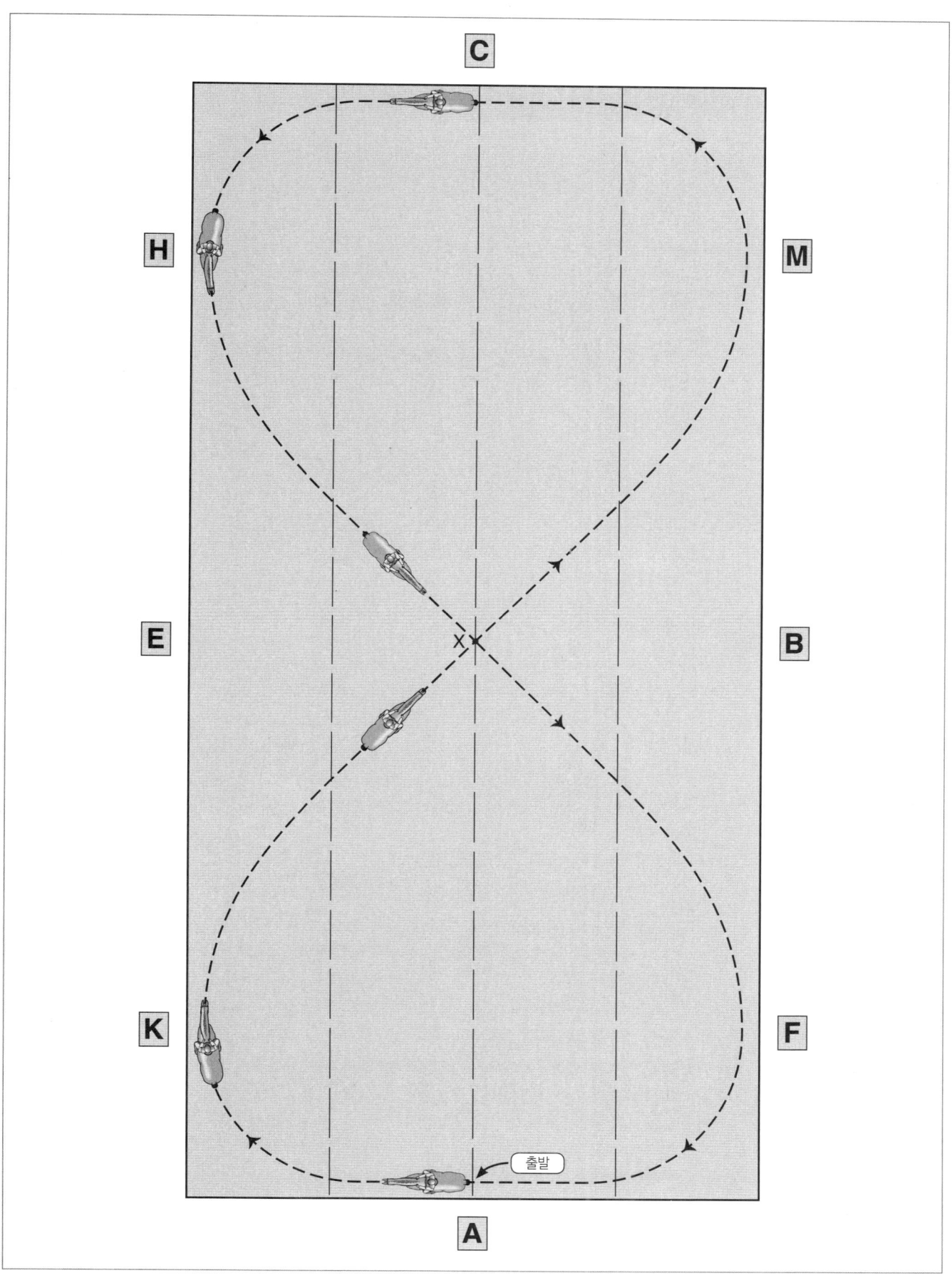

1. 리듬, 균형, 그리고 추진 | 23

EXERCISE 4

균형운동: 측면운동과 반원운동

Beginners ★★★★★
Preliminary ★★★★★
Novice ★★★★★
Elementary ★★★★★
Medium ★★★★★

회전운동에 대해 생각하기 이전에도, 말이 균형을 잘 잡고 있는지 확인해야 한다. 하프-홀트(Half-Halt)로 이를 확인한다. 회전 동작을 하면서 말이 부조에 반응하도록 하면 말이 균형감을 향상시키는데 도움이 된다.

보너스
이 연습이 단순해 보이긴 하나 회전운동에서 말이 부조에 반응하는 동작을 완벽하게 하면 말의 균형감이 훨씬 향상된다.

1. 이 운동을 어떻게 하나?
- ☐ 왼쪽 고삐로 F에서 B까지 평보로 길게 측면으로 직진한다.
- ☐ 진직을 계속하다가 M 바로 앞에서 H를 지날 때까지 20m 반원을 그린다.
- ☐ H에서 트랙에 충분히 머물고 제대로 하고 있다고 생각될 때까지 K에서 이 동작을 반복한다.
- ☐ 반대방향으로 이 동작을 반복한다.

2. 말의 상태가 어떻게 되어야 하나?
말은 완벽하게 균형을 잡고, 일관된 리듬으로 안쪽으로나 바깥쪽으로 치우지지 않은 상태로 긴 측면에서 자세를 바꿀 수 있어야 한다. 회전을 하기 전에 안쪽고삐로 말이 안쪽으로 약간 몸을 구부리도록 하고, 이 때 안쪽으로 치우치지 않도록 말에게 상기시키기 위해 안쪽 다리를 복대에 이용하도록 한다. 해당 지점에서 바깥쪽 고삐는 말의 목을 구부리도록 짧은 안내 신호로 이용하도록 한다. 당신의 바깥쪽 다리는 복대 뒤에 오도록 하여 회전하는 시점에서 후구의 위치를 유지하도록 해야 한다.

3. 확인
어깨를 틀지 않도록 하여 말이 한 쪽으로 치우치는 경향을 바로 잡아주도록 한다.

4. 다음 단계
속보와 구보로 이 동작을 한다.

5. 잘못된 사례
(1) 말이 안쪽 어깨를 통해 바깥쪽으로 치우친다.
   당신의 안쪽 다리를 사용한다.

(2) 말이 바깥쪽 어깨를 통해 안쪽으로 치우친다.
   말이 기승자의 바깥쪽 고삐와 다리를 무시하고 있으므로 좀 더 단호하게 하고 말의 리듬이 너무 빠르지 않도록 한다.

6. 이 운동 연습이 제대로 되지 않는다면
이 연습은 가장 기초적이므로 말이 기승자의 말을 듣지 않는다면 부조에 말이 집중하고 반응하도록 다시 가르쳐야 한다. 이 때, 전문가의 도움이 얼마간 필요할 수도 있다. 그 대신에 속보나 구보를 하고 있다면 속도를 줄이도록 한다.

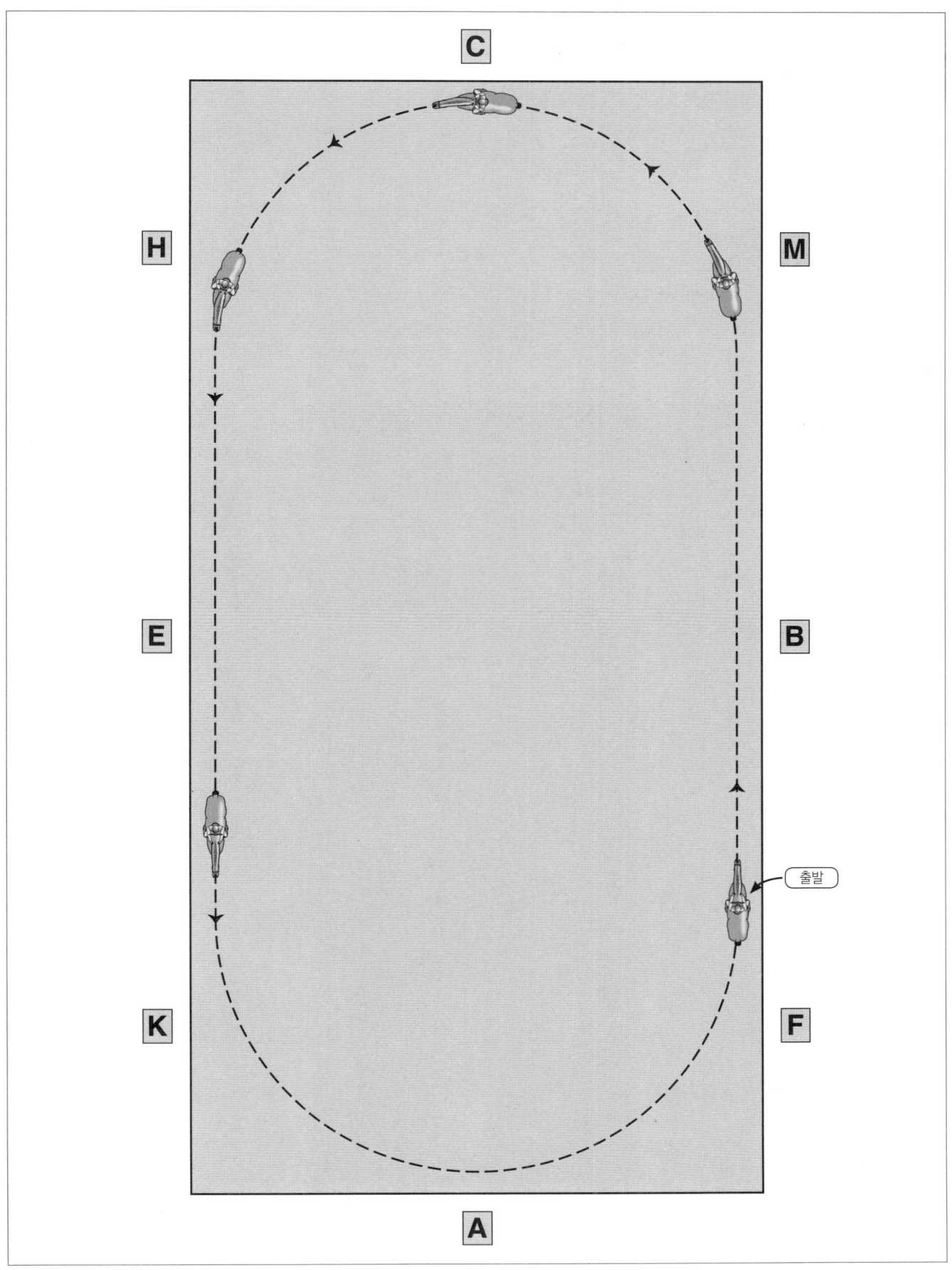

1. 리듬, 균형, 그리고 추진 | 25

CELEBRITY EXERCISE 5

진직 운동의 점검
PIPPA FUNNELL

Beginners	★
Preliminary	★★
Novice	★★★
Elementary	★★★★
Medium	★★★★★

말의 기능에서 일어나는 진직의 문제는 보통 기승자의 자세와 진직의 결여로 거슬러 올라간다. 이 운동은 승마운동 할 때 손가락이나 팔을 구부리는 경향을 확인하고 이를 보정하는데 도움이 된다.

1. 이 운동을 어떻게 하나?
☐ 속보에서 양 고삐를 이용하여 원을 그린다.
☐ 무릎과 허벅지를 안장에서 완전히 떨어지게 하여 자신이 균형을 잡고 앉아있는지 확인한다.

마장마술을 보면 선수들의 손가락이나 팔이 구부러져 있어 말이 구부러지게 만들기 때문에 선수들이 표시 지점을 놓치는 것을 흔히 본다.

2. 말의 상태가 어떻게 되어야 하나?

기승자가 어느 쪽으로든 치우쳐져 있지 않다면 똑바로 앉아있는 것이며, 말은 기승자 아래에서 자신을 일직선으로 똑바로 유지할 수 있게 된다. 기승자가 한 쪽으로 미끄러져 있는 경우, 한쪽 허벅지에 더 힘이 들어감을 알게 된다. 이러한 자세와 여러분이 균형을 유지하기 위해 고삐를 불가피하게 잡아 당기는 동작이 함께 이루어지면 말은 진직을 잃게 된다. 이 때 말이 혼합된 메시지를 듣게 되는데, 안쪽 고삐는 몸을 구부리라고 하지만, 기승자의 자세는 말이 몸을 구부리기 어렵게 만들기 때문이다. 그래서 말이 뻣뻣하게 움직이고 한쪽으로 치우치게 된다.

3. 확인

이 운동을 시작하기에 앞서 말이 균형을 잡고 있는지, 자세를 똑바로 하고 있는지 확실히 한다.

4. 다음 단계

속보에서 이 동작을 하는데 능숙해지면 주의해서 구보로 해 본다.

5. 잘못된 사례

(1) 당신이 한 쪽으로 미끄러진다.

당신이 한 쪽으로 미끄러진다고 생각되면, 균형을 제대로 잡지 못하고 있음을 알게 된다. 승마를 할 때 구부러짐을 보정하는데 도움이 되고 말이 안정되고 믿을 만 하다면 줄타기 곡예사처럼 기승자가 팔을 옆으로 뻗은 상태에서 다른 사람에게 여러분을 조마삭 운동 하도록 한다.

(2) 걷잡을 수 없이 너무 활발하게 한다.

이는 기승자의 무릎이 열렸기 때문이다. 좌속보 자세를 향상시켜 등 아래 부분이 제대로 자세를 취하도록 해야 한다.

6. 이 연습이 제대로 되지 않는다면

운동장의 가장자리를 따라 정지, 그 다음은 동작으로 이 연습을 시작한다. 동시에, 기승자의 균형감을 기르는데 도움이 되도록 정기적인 조마삭 레슨을 고려해 본다.

PIPPA의 중점 사항

☐ 기승자의 안쪽 엉덩이가 붕괴 되지 않도록 안장에서 자세를 곧추 세우고 안쪽 다리를 길게 뻗어 꽉 누른 채로 바깥쪽 어깨를 떨어뜨린다는 느낌으로 진직을 유지할 수 있다.

☐ 하나의 연습으로 바깥쪽 어깨 너머로 뒤돌아보는 것이 도움이 될 수도 있다. 혹은, 말이 충분히 알고 있다면 양쪽 고삐를 바깥쪽 손으로 잡고 안쪽 손을 자신의 등 뒤로 하여 바깥쪽 어깨뼈에 오도록 한다.

☐ 자신의 진직을 확신하지 못한다면, 다른 사람에게 부탁하여 뒤에서 당신을 살펴보게 하여 체중이 한쪽으로 치우지지 않는지 확인한다.

CELEBRITY EXERCISE 6

Beginners ★★★★★
Preliminary ★★★★★
Novice ★★★★★
Elementary ★★★★★
Medium ★★★★★

원운동을 개선하기 위한 다이아몬드형식
LIZZIE MURRAY

Lizzie Murray는 진직에 관하여 잘 알고 있으며, 자신이 훈련시키는 고급 수준의 말에도 문제가 생기는 때면 언제든지 원의 4지점으로 설명한 이 연습을 다시 하곤 한다. '전 보통 첫 번째 코너에서 사각형과 작은 사각형의 직선을 그리며 이 운동을 합니다.'

'대부분의 말은 목을 너무 안쪽으로 구부릴 때, 그 어깨가 다른 쪽으로 치우친다.'

1. 이 운동을 어떻게 하나?
- 오른쪽 방향으로 속보를 하면서 다이아몬드 형태를 그린다.
- 20m 원에서는 다이아몬드의 꼭짓점이 E와 H의 중간에, 하나는 C에, 하나는 M과 B의 중간에, 마지막 꼭짓점은 X에 오도록 한다(도표 참조).
- 방향전환에서 말이 일직선을 유지하도록 집중한다. 그렇게 되면 말은 스스로 연결이 되어 구보에서는 균형을 더 잘 유지하게 된다.

2. 말의 상태가 어떻게 되어야 하나?
말은 바깥쪽 부조에 좀 더 반응하기 시작하고, 보다 일직선으로 균형을 더 잘 유지해야 한다.

3. 확인
다이아몬드의 꼭지 점 부분에서 말의 앞부분을 허리와 뒷다리 부분으로 가져가도록 한다. 속보를 할 때에는 90도 코너를 꼭지 점으로 하여 바깥쪽 다리를 뒤로 하고 내리 누른상태를 유지한다. 그렇게 되면 뒤쪽 후구가 제대로 기능을 하고, 말이 뒤 끝을 흔들거나 안쪽 어깨에 기대지 않도록 하는데 도움이 된다.

4. 다음 단계
일직선상에서 말의 몸이 구부러지지 못하게 해라. 이 운동은 세 가지 보법으로 할 수 있다.

5. 잘못된 사례
(1) 말의 후구가 바깥쪽으로 치우쳐 있다.
당신의 바깥쪽 다리로 말을 유지하도록 준비한다.

(2) 회전을 할 때 말의 어깨가 안쪽으로 치우쳐져 있다.
안쪽 다리를 더 사용하고 각 모퉁이에서 작은 원을 그려 안쪽 다리 주변으로 말이 몸을 구부리는데 도움을 주고 직선 부분에서는 말이 몸을 똑바로 펴도록 한다.

6. 이 운동이 제대로 되지 않는다면
운동장의 한 쪽 구석에서 기본적인 20m 사각형을 그리다가(도표 참조), 15m 사각형을 줄인다. 그런 다음 이 운동을 다시 시도한다. 부족하다고 생각하면 처음에 평보로 하고 이 운동을 무리하게 시도해야 할 이유는 없다.

고급 팁

Lizzie에 따르면, '대부분의 말은 어깨를 통해 바깥쪽으로 치우쳐져 있다. 바깥쪽 고삐로 말이 균형을 정말 잘 잡게 했다면 모퉁이를 돌기 위해 안쪽 고삐가 굳이 필요하진 않다. 바깥쪽 고삐는 어깨를 둥글게 말기 위해 필요하다'

보너스
이 운동은 말이 균형을 유지하고 특별히 원을 그릴 때 안쪽 어깨로 치우치지 않도록 도움을 주는데 매우 유용하다. 다이아몬드 형태를 성공적으로 그릴 수 있게 되면, 20m의 원을 그린다. 이전보다 훨씬 향상되었음에 주목해야 한다.

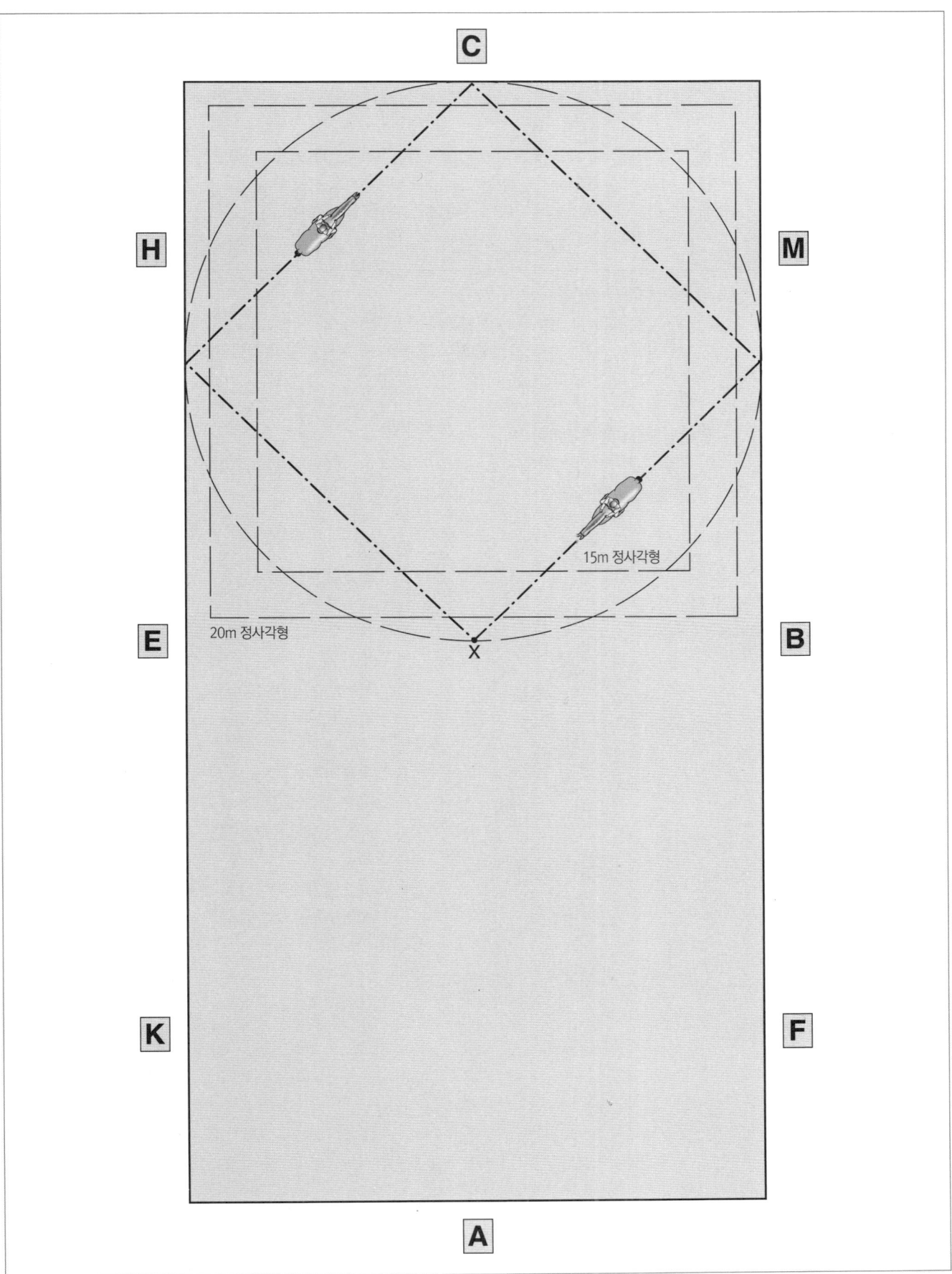

EXERCISE 7

완벽한 원운동

Beginners	★★★★★
Preliminary	★★★★★
Novice	★★★★★
Elementary	★★★★★
Medium	★★★★★

쉬울 거라 생각하지 않도록 한다. 확실히 발자국이나 막대 등으로 운동장에 표시해야 하기 때문이 이 연습은 단지 특정 표면에서만 할 수 있다. '모래' 위에 그린 원을 실제로 보는 것과 설명한 내용이 맞지 않을 수도 있으며, 이 연습은 다른 운동에 도움이 될 만한 기술이다.

보너스
Counter Canter 등을 포함해서 모든 보법으로 가능한 운동이므로 필요할 때면 훈련 시 어느 때에든 다시 해야 하는 운동이다.

1. 이 운동을 어떻게 하나?
☐ 우선, 운동장에서 가능한 한 정확하게 원을 그리도록 한다.
☐ 말에게 원을 따라 발을 선에 맞춰 걷도록 한다. 곡선에 맞춰 걷도록 부조를 계속 사용하면서 기승자의 역할에 상당히 집중해야 한다.

2. 말의 상태가 어떻게 되어야 하나?
이 운동은 공간적인 감각을 기르는데 중점을 두고 있다. 기승자와 말이 정확하게 원을 유지하면 말의 일탈하는 경우 이를 알아보고 인지하는데 도움이 된다.

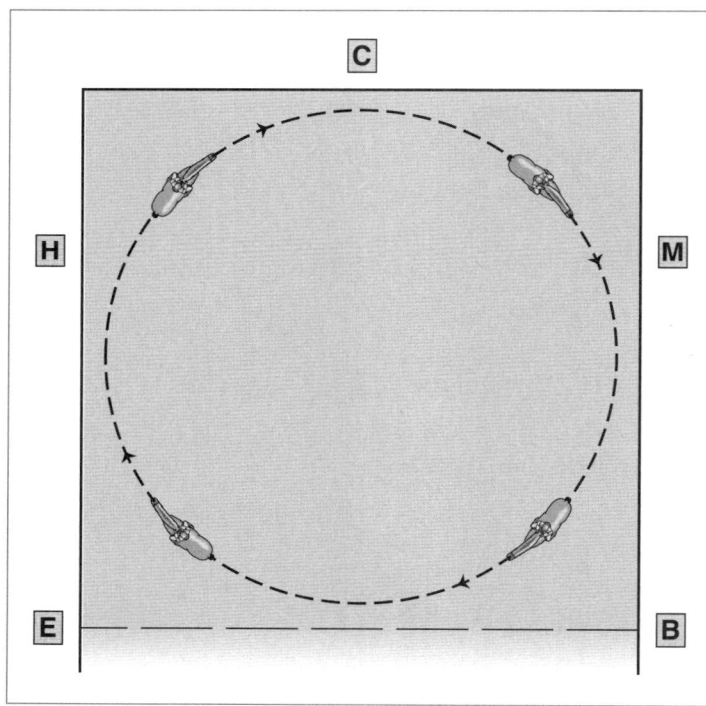

3. 확인
기승자의 안쪽 자세와 체중 이동이 제대로 되어 있는지 확인한다.

4. 다음 단계
앞서 그려냈듯이 15m 원, 그 다음에는 10m 원을 그린다. 또한 속보, 그 다음으로는 구보로 원을 그려본다.

5. 잘못된 사례
말이 기승자의 요구에 분개하기 시작한다.
부조를 명확하게 사용했는지 확실히 한다.

6. 이 운동이 제대로 되지 않는다면
3/4라인을 표시하고 말에게 일직선으로 제대로 걷도록 가르친다.

CELEBRITY EXERCISE 8

5대5
TIM STOCKDALE

Beginners ★★★
Preliminary ★★★
Novice ★★★★★
Elementary ★★★★★
Medium ★★★

'이 운동은 부조뿐만 아니라 '강하게' 와 '약하게' 이행하는데 도움이 되며, 아주 단시간 내에 말이 당신의 말을 듣게 된다.'고 Tim은 말한다.

1. 이 운동을 어떻게 하나?
- □ 좋고, 오픈되고, 연속된 평보로 20m 원을 그린다.
- □ 부드럽게 선을 따라서 평보로 5걸음을 하여 운동을 시작하고 바로 구보에 들어간다.
- □ 1/2 구보나 짧은 수축 구보가 아니라 부드러운 전진 구보여야 한다.
- □ 1/2 구보나 짧은 수축 구보가 아니라 부드러운 전진 구보여야 한다.
- □ 그런 다음 평보로 다시 되돌아온다.
- □ 다시 평보 5걸음, 구보 5걸음을 반복하며 원을 그린다.
- □ 양쪽 방향으로 이 운동을 반복한다.

2. 말의 상태가 어떻게 되어야 하나?
말은 5걸음을 예상하기 시작한다. 평보로 되돌아오면서 말은 이미 자신의 아래에 운동 구절을 갖게 되고, 균형을 유지하기 시작하며, 평보에서 구보를 예상하기 시작하고 움직일 준비를 한다. 당신은 이 때 도움이 되도록 말의 이러한 예상을 이용한다. 말이 요점을 잡게 되면 무 작위적으로 걸음걸이를 할 수 있다.

3. 확인
구보가 전진구보가 되도록 하고, 평보는 결단력 있게 규칙적으로 한다.

4. 다음 단계
말이 '5대5 '를 예상하게 되면 일정하지 않은 걸음걸이를 시작한다. 예를 들어 구보로 8걸음, 평보로 2걸음 또는 그 반대로 하거나 당신이 정한 방법으로 한다. 이제 말은 여러분의 말을 정말로 잘 듣게 된다.

5. 잘못된 사례
(1) 말이 기승자의 지시를 예상하기 시작하고, 지시를 내리기 전에 이행을 한다.
   우선, 부조를 보다 분명하게 사용하고, 이행 할 준비를 갖출 때까지 말을 꼭 붙잡는다. 필요하다면 큰 소리로 걸음걸이의 수를 센다. 그렇지 않으면, 불규칙한 걸음걸이로 넘어갈 필요가 있다. 예상하는 건 좋지만, 말은 '우리가 지금 가려고 합니다.' 가 아니라 '지금 우리가 가려고 한다고 생각합니다.'가 되어야 한다.

(2) 말이 '애'처럼 군다.
   말은 얼마간의 서고, 가고를 '5대5'를 반복연습으로 알게 된다. 말이 애처럼 굴면서 기승자의 관심을 얻으려고 하는 경우, '5대5' 대신에 예로 들자면 '10대10'으로 그 거리를 약간 더 넓힌다.

6. 이 운동이 제대로 되지 않는다면
평보에서 구보로의 이행을 하기 전에 기본적인 이행 (exercise 15와 21)을 다시 익힌다.

EXERCISE 9

안쪽 벤드(BEND) 도입

Beginners	★★★★★
Preliminary	★★★★★
Novice	★★★★★
Elementary	★★★★
Medium	★★★

이 운동은 Exercise 4 균형운동: 긴 쪽 면과 반원운동과 잘 어우러진다. 운동장 벽이나 경기장 가로대의 지지 없이 일직선에서 말이 균형을 제대로 잡을 수 있기 때문이다.

보너스
가장 간단한 균형운동 중의 하나이긴 하지만, 훈련을 이제 시작한 말에게 쓸 수 있는 가장 유용한 운동이다.

1. 이 운동을 어떻게 하나?
☐ 왼쪽 고삐로 평보에서 시작한다. K 바로 앞에서 3/4선까지 15m 반원을 그린다.
☐ 3/4선까지 올라간다.
☐ 말이 3/4선에서 일직선이 되면, 왼쪽으로 구부리도록 하고, 운동장의 끝부분까지 그 자세를 유지하도록 한다.
☐ 말이 이 동작을 완전히 익히면, 반대편 방향으로 이를 반복한다.

2. 말의 상태가 어떻게 되어야 하나?
말이 동일한 경로에서 말의 앞쪽과 뒤쪽 후구부분을 일직선으로 유지해야 하며, 기승자가 자세를 비틀지 않고 구부리도록 명령해야 한다.

3. 확인
말이 균형을 잘못 잡아서 이를 위해 당신의 자세를 비틀어서는 안 된다.

4. 다음 단계
속보와 구보로 이 운동을 한다.
바깥쪽으로 벤딩(bending)이 되도록 한다.

5. 잘못된 사례
(1) 말이 안으로 치우쳐 있다.
　　안쪽 다리를 더 사용한다.
(2) 말이 바깥쪽으로 치우쳐 있다.
　　바깥쪽 다리와 고삐를 더 사용하도록 한다.
(3) 말이 후구를 크게 흔든다.
　　복대 뒤에서 바깥쪽 다리를 더 사용하고, 너무 많이 구부리거나 트랙에서 너무 갑자기 방향을 틀도록 명령하지 않는다.

6. 이 운동이 제대로 되지 않는다면
안쪽으로 벤드(Bend)하지 않은 채로 반원에서 3/4선까지 가는 연습을 다시 한다.

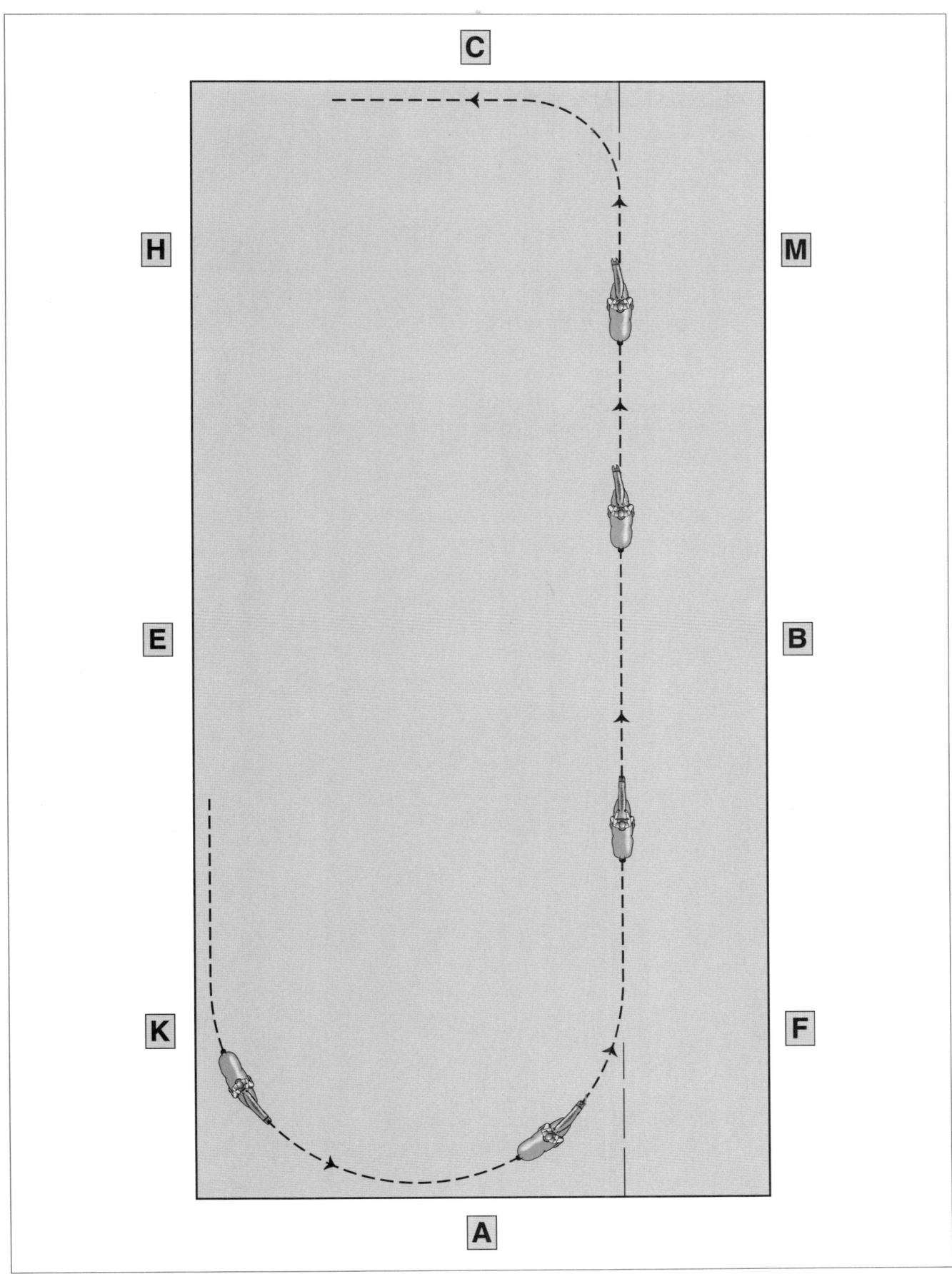

1. 리듬, 균형, 그리고 추진 | 33

CELEBRITY EXERCISE 10

이행을 돕기 위한 안쪽다리 사용법
LEE PEARSON

Beginners ★★★
Preliminary ★★★★
Novice ★★★★★
Elementary ★★★★★
Medium ★★★

Lee에 따르면, '말이 몸을 똑바로 하여 일직선에서 이행을 하지 않고 약간 경직되어 있거나 기승자의 손에 맞추지 않을 때에는 다리 주변으로 약간 몸을 더 구부리도록 시도한다.'

고급 팁
'안쪽 고삐를 꽉 잡지 말고 신축성 있게 잡는다.'

1. 이 운동을 어떻게 하나?
- ☐ 오른쪽 방향으로 평보를 하여 B에서 10m 원을 그린다.
- ☐ 트랙에 오게 되면, 벤딩(Bending) 상태를 유지하면서 속보로 이행을 하도록 지시한다. 말이 복종 상태를 유지하고 완전히 장악 하지 않으면, 조심스럽게 몸을 펴게 하고 운동장 주변을 돈다.
- ☐ E에서 10m 원을 그리고 원에서 나오면서 평보로 이행하고 벤드(Bend)를 유지한다. 말에게 복종을 받아내고 이를 유지하기 위해 안쪽 고삐를 매우 활발하게 유지한다. 이것을 스폰징(Sponging)이라도 한다.
- ☐ 자세를 바로 하고 트랙에서 A로 진행한다.
- ☐ A에서 10m 원을 그리고, 속보로 이행하도록 한 다음 다시 트랙을 계속 돈다. 이러한 이행에 흡족하다면 B에서 구보로 바꾸도록 한다.
- ☐ 이런 식으로 계속 하면서 10m 원을 이용하여 필요할 때면 언제든지 보법을 이행하도록 한다.
- ☐ 반대쪽 방향으로 이를 반복한다.

2. 말의 상태가 어떻게 되어야 하나?
말이 굴레를 더 수용하고 유연한 상태가 되도록 말이 몸을 밴드(bend) 해야 한다. 일관적이고 반복적인 이행은 좋은 습관을 들이는데 도움이 된다.

3. 확인
이행을 할 때 말이 하나의 트랙에서 몸을 편 상태로 있고 후구가 흔들지 않도록 한다.

4. 다음 단계
원을 이용하지 않고 이행을 한다.

5. 잘못된 사례
(1) 말이 후구를 바깥쪽으로 둔다.
   바깥쪽 다리를 더 사용하도록 한다.

(2) 이행을 자주하면서 말이 불안 해 한다.
   말이 생각할 시간을 좀 더 주도록 한 과정을 생략한다.

6. 이 운동이 제대로 되지 않는다면
말의 복종이 만족스럽지 않다면, 말이 지시사항을 이해할 때까지 C나 E에서 이 연습을 반복한다. 그런 다음 이 운동을 계속한다.

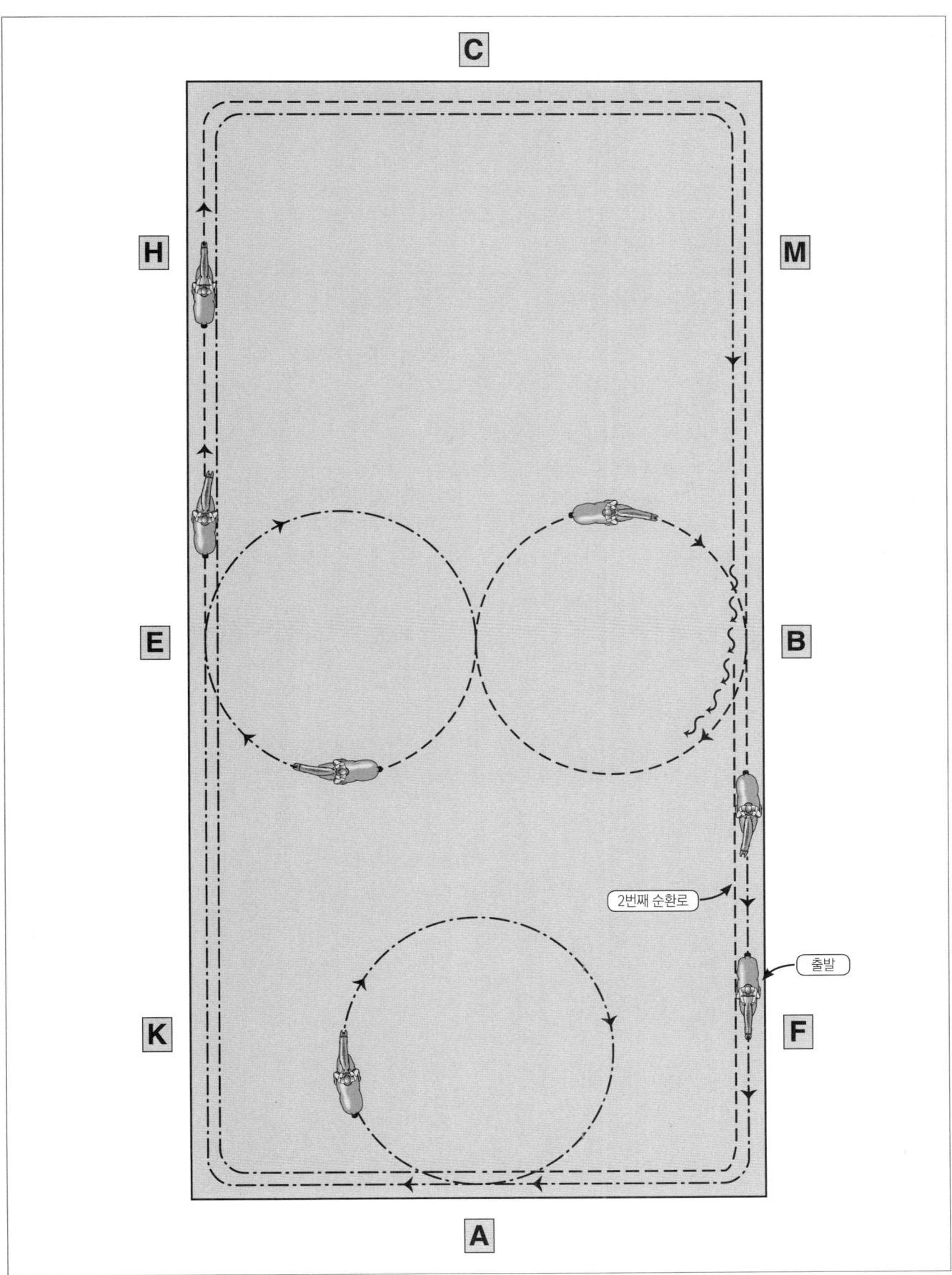

1. 리듬, 균형, 그리고 추진 | 35

CELEBRITY EXERCISE 11

간접부조의 도입
SYLVIA LOCH

Beginners ★★★★★
Preliminary ★★★★★
Novice ★★★★★
Elementary ★★★★★
Medium ★★★★★

Sylvia에 의하면, '이 운동은 말에게 기승자의 바깥쪽 고삐와 바깥쪽 다리를 이용한 간접적 부조를 가르쳐주는 방법이다. 말이 간접 부조에 반응할 때까지 말은 결코 정확하게 진직이 되거나 '부드럽게', '끝까지'가 되지 않을 것이다.'

고급 팁

'기승자의 안쪽 다리는 기둥 역할을 하여 말 등을 이끌어줘야 한다. 안쪽 다리는 후구근육 바로 일렬로 늘어선 상태를 이루어야 한다. 기승자의 다리는 복대에 오도록 하여 말의 지탱하도록 해야 한다. 복대에 있는 안쪽 다리의 느낌이 말로 하여금 트랙으로 돌아오게 하고, 앞으로 똑바로 나아가게 하기 때문이다. 다리가 약간 미끄러지거나 말의 후구근육이 미끄러진다면, 말은 후구근육 운동을 다시 잃기 시작한다. 그래서 어깨가 안쪽으로 치우치고 말의 후구근육은 크게 흔들리게 된다.'

1. 이 운동을 어떻게 하나?
☐ 평보로 운동장의 긴 쪽으로 내려온다(오른쪽 방향).
☐ 반 정도 내려와서 E나 B에서 오른쪽으로 반원을 그리며 중앙선으로 간다.
☐ K 나 F 바로 앞에서 트랙으로 돌아온다.

2. 말의 상태가 어떻게 되어야 하나?
10m 반원 바로 앞에서 말이 약간 몸을 벤드(Bend)를 유지한다. 이때 벤드(Bend)가 잘 안 되면 진직이 이루어지지 않는다. 말이 유연하지 않다면 똑바로 몸을 펼 수도 없다. 이는 기승자에게도 마찬가지로 적용된다. 반원을 그리기 시작할 때 안쪽 고삐와 다리를 사용했던 것과 반대로, 반원을 그리고 나오면서는 바깥쪽 고삐와 바깥쪽 다리로 말이 트랙으로 돌아오게 하여 말의 후구근육을 조절한다.

3. 확인
트랙에 돌아올 때까지는 벤딩(Bending) 상태를 바꾸지 않는 것이 중요하다. 이는 연결을 향한 첫 걸음이다.

4. 다음 단계
말이 숙련되면서 이 운동을 진전시켜 처음에는 평보로 그 다음에는 속보로 하여 하프-패스(Half-Pass)에서 트랙으로 돌아온다. 이는 구보를 할 때에도 상당히 도움이 된다.

5. 잘못된 사례
말이 목을 안쪽으로 하고 후구는 바깥쪽으로 향하게 한다.
이런 경우에는 이 운동의 요점을 잡지 못한 것이다. 2단계 운동을 할 때에 트랙으로 되돌아가면 바깥쪽 고삐와 다리를 쓰게 되므로 이를 보정하는데 도움이 된다. 말이 유연성을 발달하도록 목을 너무 많이 구부린 채 트랙에서 반원으로 들어오게 하는 기승자들을 많이 봐 왔다. 이런 기승자들은 바깥쪽 고삐와 다리를 이용하여 트랙으로 돌아와야 하는 때에 말의 후구가 움직이도록 안쪽 고삐를 끌어당기려고 한다. 이 운동은 바깥쪽 다리와 고삐의 간접적인 부조를 훈련시키기 위함이므로 말에게 지시할 때 안쪽 고삐를 늘 사용하는 사람은 이를 그만 사용해야 한다.

6. 이 운동이 제대로 되지 않는다면
아마도 안쪽 후구를 앞으로 한 채로 운동을 유지하지 못하거나 상체를 지탱하지 못하고 있을 것이다. 긴 가장자리를 진행 할 때도 기승자는 반원을 갈 준비를 하면서 안쪽 후구가 약간 앞으로 나와 있어야 한다. 트랙으로 돌아올 때에는 안쪽 후구로 말이 트랙으로 약간 돌아오게 해야 함을 떠올려봐야 한다.

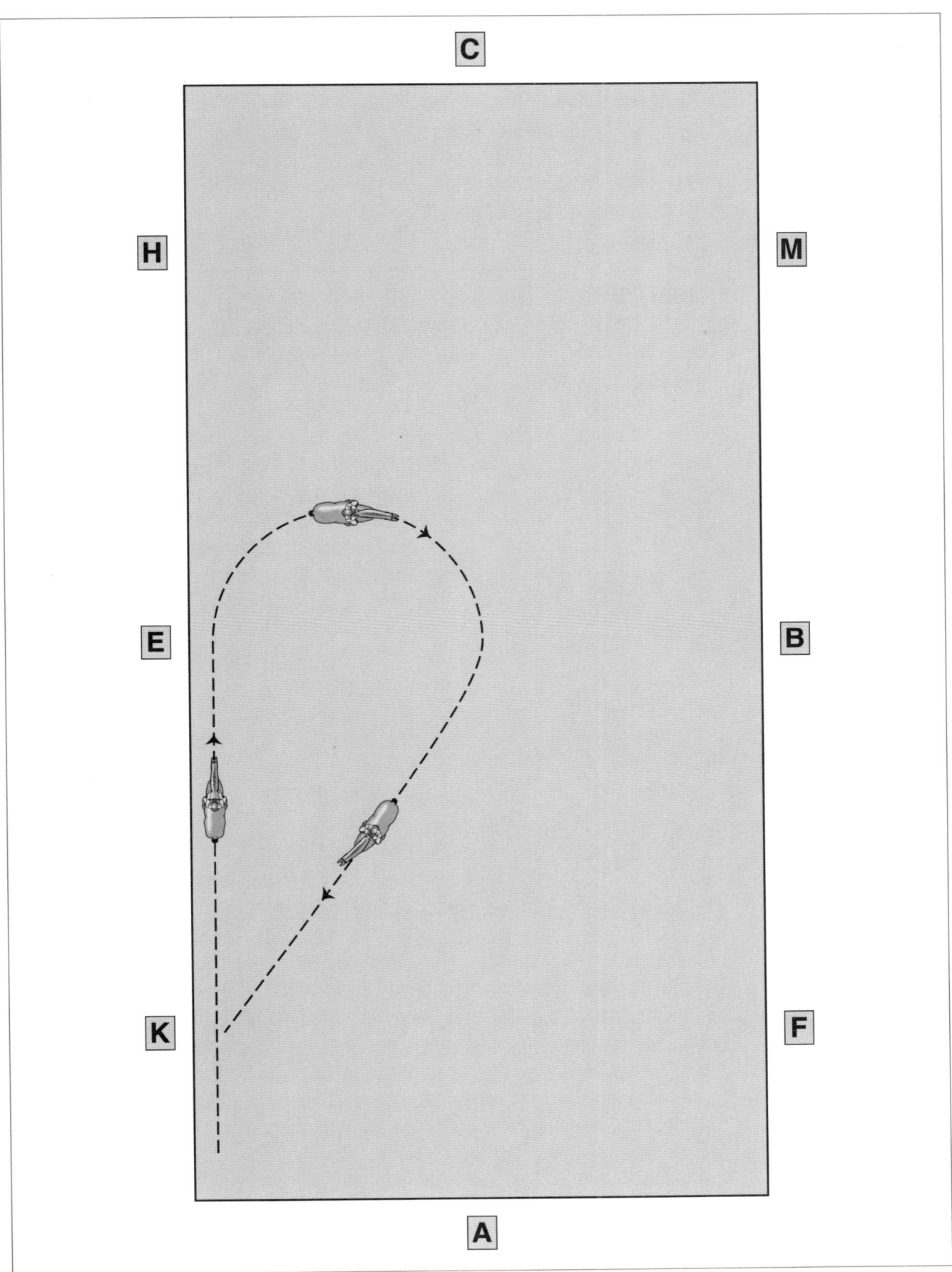

1. 리듬, 균형, 그리고 추진 | 37

EXERCISE 12

수축과 유연성을 위한 후구 사용법
SYLVIA LOCH

Beginners ★★
Preliminary ★★★
Novice ★★★★★
Elementary ★★★★★
Medium ★★★★★

'기승자가 반원을 그리고 바깥쪽 부조를 제대로 사용하여 트랙으로 돌아올 수 있게 되면, 뒤를 중심으로 한 회전은 가장 즐겨 하는 균형/수축운동이 될 것이다'

1. 이 운동을 어떻게 하나?

☐ 오른쪽 고삐를 이용하여 평보로 운동장의 긴 방향으로 기승한다.
☐ E에 가기 전에 오른쪽으로 10m 원을 그리고 E까지 일직선으로 간 다음 후구를 중심으로 90도 꺾어 2걸음 가도록 한다. 그런 다음 B까지 일직선으로 간다. 이렇게 되면 말을 재갈로 지시하는데 도움이 되어 후구를 보다 잘 움직이게 된다.

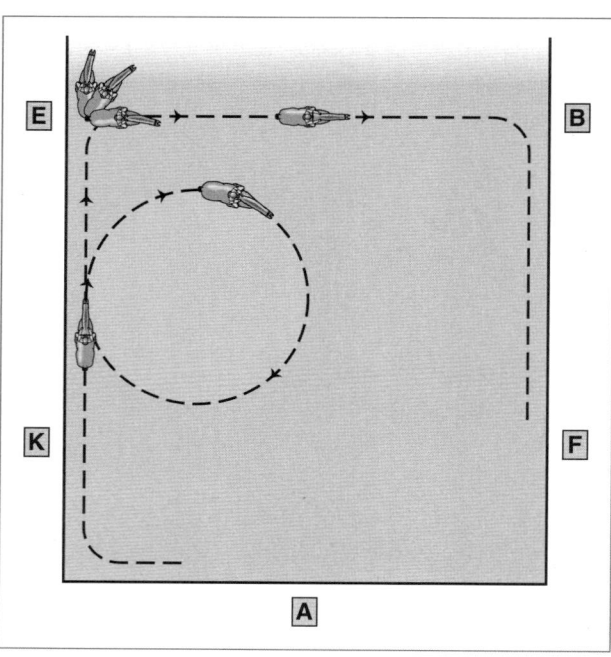

2. 후구를 중심으로 회전을 어떻게 하나?

☐ 오른쪽 고삐로 말이 트랙에서 몸을 똑바로 펴도록 하여 후구 안쪽 구부림의 각도를 유지한다.
☐ 상체와 바깥쪽 고삐로 부드럽게 하프-홀트(Half-Halt)를 하고 복대 뒤에서 바깥쪽 다리로 옆 방향으로 눌러준다. 안쪽 다리는 '자연스럽게' 놓고 다리부조를 조금 양보한다. 안쪽 등자로 무게를 약간 주어야 한다.
☐ 바깥쪽 고삐가 오른쪽으로 앞을 이끄는 동시에 바깥쪽 다리로 복대 뒤에 압력을 가한다.
☐ 방향 전환을 할 때 안쪽 고삐를 너무 잡아당기지 않도록 하되, 부드럽게 잡아 말이 움직일 여유를 둔다.
☐ 회전을 다 하고 나면 바로 안쪽 다리로 전진 부조를 주고 운동장을 가로질러 일직선으로 간다.

3. 문제를 피할 수 있는 방법

훌륭한 깔끔한 회전보다는 말이 사각형을 도는 것처럼 보이도록 하게 되면 약간 일그러진 반원처럼 보일 수도 있다. 이를 개선하기 위해, 매우 직립하게 앉는다. 그렇게 되면 당신의 엉덩이가 바깥으로 미끄러지지 않는다. 나는 종종 기승자들에게 '안쪽으로 갈비뼈가 하나 더 있다고 상상'해보라고 말한다. 상체 안쪽을 곧추 세우고 지탱하면 안쪽 좌골이 제 위치를 유지하게 된다. 행진 하는 군인처럼 몸의 안쪽을 만든다고 생각하면 안쪽 다리는 매우 길게 되어 다림줄처럼 중력으로 늘어지게 된다. 회전을 해야 하므로 몸의 바깥쪽은 약간 유연하게 될 수도 있다. 말이 바깥쪽으로 몸을 뻗었음을 기억하자. 그래서 말에게 충분한 공간을 제공하면서 여러분의 바깥쪽 몸은 약간 더 '양보'가 될 수 있다. 그런 다음, 말은 당신에게 돌아오게 된다. 기승자는 거의 말의 중심축이 된다. 말은 당신에게 되돌아온다. 회전을 할 때 말이 당신에게서 떠나도록 강요하지 않는다.

기승자 팁

기승자의 체중이 바깥쪽으로 미끄러지려고 할 때 허리가 안쪽으로 오지 않도록 주의한다.

4. 말의 상태가 어떻게 되어야 하나?

방향전환을 하도록 말이 배 아래로 안쪽 다리를 좀 더 가져가면서 말의 체중이 부드럽게 뒤쪽으로 실리도록 해야 한다. 말의 머리(정수리)는 가장 높은 지점에 있어야 한다. 말은 유순한 턱으로 수축상태를 유지해야 하며, 주의를 기울여 일직선으로 다시 움직일 준비를 해서 회전운동을 마친다.

5. 확인

다수의 기승자들이 바깥쪽 고삐로 지시를 한다고 생각하지만, 안쪽 손을 뒤로 하고 있다. 이렇게 함으로 실제로 말은 앞쪽으로 회전을 하고 이렇게 되면 말이 자신의 아래에 뒷다리를 가져와 자신의 몸을 밀어내는 대신에 앞다리로 몸을 끌어당긴다.

6. 다음 단계

구보는 아주 잘 훈련된 말로 해야 하긴 하지만, 평보나 구보에서 1/4 피루엣(Firouettes)을 한다. 고급 수준에 도달하여 평보로 하는 1/4 피루엣(Pirouettes)은 부분적 피루엣(Pirouettes)으로 한다. 충분한 구보 피루엣(Pirouettes)은 그랑프리(Grand Prix) 수준에서만 한다. 그러나 후구를 중심으로 회전을 잘 해낼 수 없다면, 구보 피루엣(Pirouettes)은 고사하고 평보, 속보 또는 구보로 정확하게 회전을 할 수 없을 것이다.

7. 잘못된 사례

(1) 말이 앞이나 몸을 중심으로 해서 너무 많이 회전을 한다.

안쪽 고삐를 너무 과하게 사용했을 것이다. 이 운동은 주로 기승자의 체중, 바깥쪽 고삐와 바깥쪽 다리로 통제하므로 안쪽 고삐는 쓸 일이 없다는 점을 알고 있어야 한다(긴 쪽을 따라 내려갈 때 이미 말이 안쪽으로 몸을 부드럽게 벤딩(Bend)하는 경우를 제외하고).

(2) 말이 오른쪽으로 두 걸음을 간 다음에 B를 향해 곧바로 일직선으로 진행하지 않고 비뚤거리면서 간다.

복대 뒤에서 바깥쪽 다리부조로 그렇게 지시를 했기 때문에 말을 살짝 찌트거나 가볍게 두드리게 되었지만 안쪽 다리로 말이 이제 앞으로 가야 하는 두 걸음을 가도록 지시하지 않은 경우이다. 안쪽 다리가 '앞으로' 가도록 빨리 지시하지 않으면 말은 회전을 제대로 하는 대신에 B로 가려고 할 것이다. 안내 없이 말은 오른쪽 어깨로 움직이게 된다.

(3) 말이 숄드-인(Shoulder-in), 즉 V자로 접는다.

이는 흔히 일어나는 일로 말이 회전을 하기 전에 여러분이 회전을 했기 때문에 발생한다. 그렇게 했을 때는 안쪽 엉덩이가 뒤로 가면서 회전을 할 때 말을 지탱해주지 않으므로 말이 이렇게 움직인다. 기승자의 체중이 바깥쪽으로 기울고 회전을 할 때 말을 지탱하고 안내하는 대신에 말을 쓰러지게 하고 옆으로 밀어낸다. 여러분의 체중이 바깥쪽으로 기울 때 말은 분명히 기승자로부터 멀어진다. 대신, 안쪽 좌골과 안쪽 등자로 체중을 약간 더 싣는 느낌을 유지하도록 하면 말은 기승자의 체중에서 멀어지는 쪽이 아니라 체중이 실리는 쪽으로 움직인다.

8. 이 운동이 제대로 되지 않는다면

안쪽 다리로 지시를 하고 기승자가 무엇을 하든지 안쪽 다리가 항상 말이 구부리고자 하는 방향으로 '지줏대'가 되도록 한다. 안쪽 다리가 그 위치에 오지 않으면 말은 벤딩(Bending)을 할 때 축이 없다. 안쪽 다리를 길게 늘이도록 하고 잘못된 위치에 있지 않은지 확실히 하도록 한다. 안쪽 다리가 너무 앞쪽으로 가면 발가락 대신에 뒤꿈치가 복대에 오게 되므로 기승자의 체중이 더 이상 기좌에서 등자까지 바로 실리지 않음을 알게 될 것이다. 안쪽 다리가 너무 뒤로 가 있어 말을 압박하게 되면 이는 단순히 말에게 운동을 하지 말라고 하는 것이다.

기승자 팁

말이 자신이 회전하려고 하는 방향을 살펴볼 수 없는 상태로 혹은 실제로 복대를 통해 유연하지 못한 채로 엉덩이로 회전을 할 수 없기 때문에 항상 안쪽으로 약간 벤딩(Bending)되는 것을 염두에 둔다. 기승자는 일직선으로 갈 때에 항상 말은 약간 안쪽으로 수행하려고 한다.

보너스

이러한 원칙을 적용하게 되면 S자 곡선을 잘 수행하는 데 도움이 될 것이다. 트랙에서 멀어질 때마다 1/4 피루엣(pirouette)을 생각하자. 실제로 속보에서 1/4피루엣(pirouette)을 할 수는 없지만 동일한 부조를 염두에 둔다. 이제, 그렇게 서펜타인(serpentines)을 하게 되면 여러분은 훨씬 정확하게 서펜타인(serpentines)을 하게 될 것이다. 교육생들에게 3연속 서펜타인(serpentines)부터 시작하고 나중에 5연속으로 발전시키도록 한다. 또한, 트랙에서 멀어질 때마다 1/4 피루엣(pirouette)을 생각하라고 말한다. 그리고 트랙으로 다시 돌아올 때마다 '원의 일부'로 생각하라고 말한다. 그렇게 되면 어느 순간 일직선으로 한 상태에서 트랙에서 멀어짐을 알게 된다.

EXERCISE 13

기승자와 말을 위한 하프-홀트(HALF-HALT)

Beginners ★★
Preliminary ★★★
Novice ★★★★★
Elementary ★★★★★
Medium ★★★★★

이 기술은 Jannie Loriston-Clarke의 저서인 'The Complete Guide to Dressage'에서 권장하고 있다. 이 기술은 위치이동의 반복과 결합을 함으로 기승자와 말이 반 정지를 이해하는데 도움이 된다.

보너스
하프-홀트(Half-Halt)는 아래로 이행의 모든 사례의 긍정적인 점을 가지고 있다.

1. 이 운동을 어떻게 하나?
- ☐ 평보로 시작한다. 운동장의 중앙에서 20m 원을 그리고 중앙선을 지날 때마다 정지하도록 지시한다.
- ☐ 말이 기승자의 지시를 예상하기 시작할 때까지 이를 반복한다. 말이 예상하는 시점에 도달했다고 생각하는 동시에 잠깐 말을 압박한다.
- ☐ 이제 속보에서 이 운동을 반복하고 중앙선을 지날 때마다 평보를 하도록 지시하며, 음성, 다리, 앉은 자세와 손을 이용한다. 다시 한 번, 말이 아래로 이행을 예상하기 시작하는 시점에 앞으로 가도록 한다.

하프-홀트(Half-Halt)를 위한 부조
- ☐ 올바른 수직 자세로 앉는다.
- ☐ 복대에서 종아리를 좁혀서 부드럽게 말을 압박하여 제한하되 손은 허용한다.
- ☐ 가볍게 앉는다.
- ☐ 복대에서 다리를 다시 좁히고 말이 반응하게 되면 앞으로 나아가게 한다.
- ☐ 다음 동작을 위해 부조를 사용한다.

2. 말의 상태가 어떻게 되어야 하나?
말은 자신을 공동으로 함께 하도록 하고 재갈에 제대로 걸려있어야 하지만 말이 충분히 앞으로 나가는 추진이 있는 것처럼 느껴야 한다.

3. 확인
중앙선을 지날 때 말이 하프-홀트(Half-Halt)라는 기승자의 부조를 이해하고 있음을 확신한다면 운동장의 다른 지점에서도 이 운동을 해 본다.

4. 다음 단계
구보로 이 운동을 한다.

5. 잘못된 사례
(1) 말이 당신을 무시한다.
    운동을 시작하기 전에 다리 부조를 보다 잘 듣도록 가르친다.

(2) 말이 재갈에 덜 반응한다.
    당신의 지시보다 약간 더 무겁기 때문일 것이다. 보다 주의를 기울이도록 하고 하프-홀트(Half-Halt)를 지시할 때에 보다 부드럽고 점진적인 접근방법을 취하도록 한다.

위의 두 가지 문제점이 늘 연관되어 있다.

6. 이 운동이 제대로 되지 않는다면
부조를 부드럽게 사용하고 요구를 부드럽게 하며, 다리 부조를 듣도록 말을 가르치는 운동을 다시 한다. Exercise 2와 10을 한다.

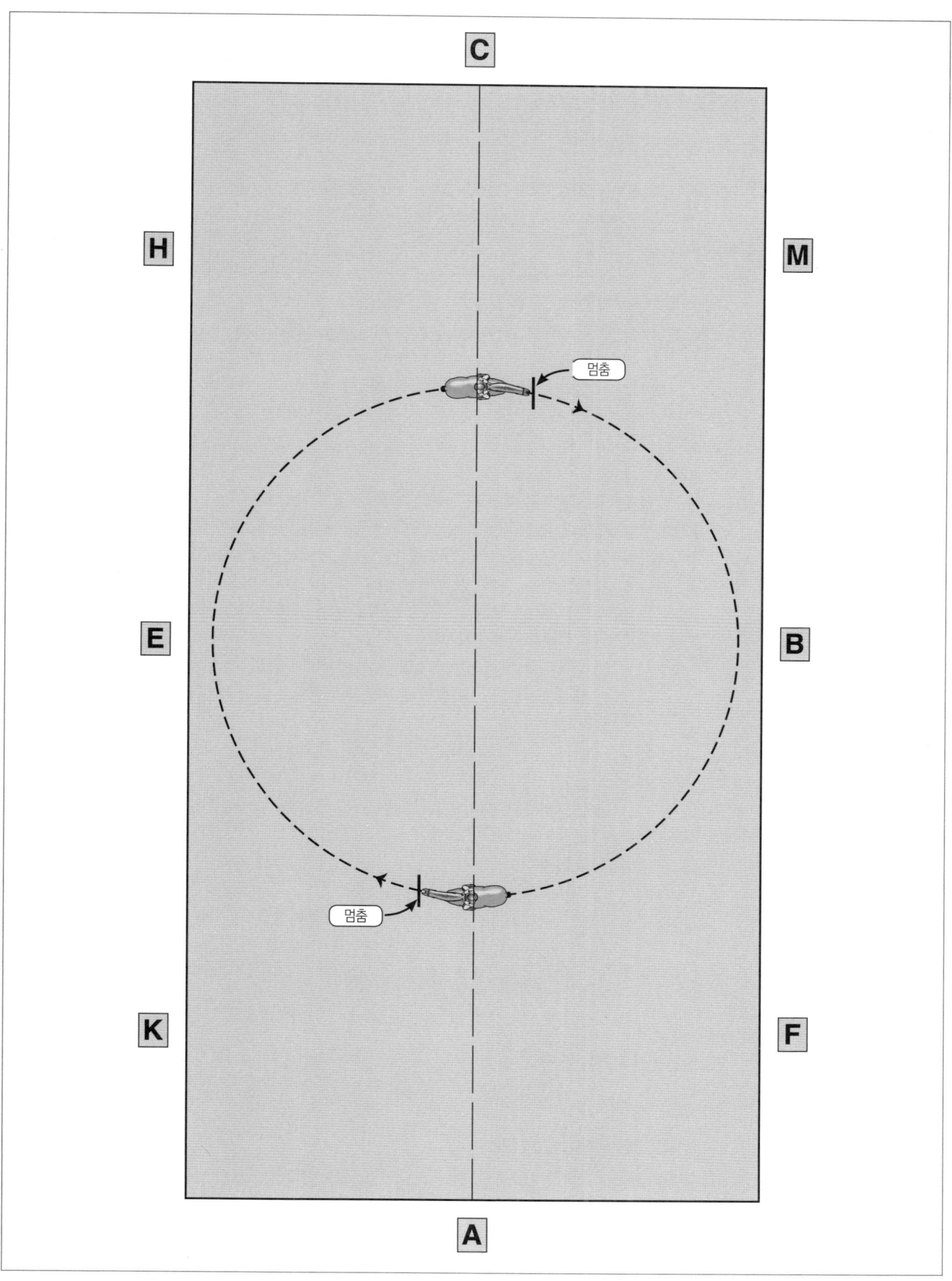

CELEBRITY EXERCISE 14

하프-홀트(HALF-HALT)를 위한 직각운동
RICHARD DAVISON

Beginners
Preliminary	
Novice	★★
Elementary	★★★
Medium	★★★★

이 운동의 첫 부분은 말로 하여금 하프-홀트(Half-Halt)를 준비하게 하는 것이다. 이를 완전히 습득하고 나면 훈련을 완벽히 하도록 두 번째 부분으로 넘어간다. Richard는 '나는 이 운동을 하루에 천 번 연습한다.'고 한다.

기승자 팁

팔이 아니라 손목만을 이용해서 플렉시온(flexion)을 부추긴다. 손목의 움직임은 펜으로 이름을 쓰거나 열쇠를 돌리는 것과 유사하다.

1. 이 운동을 어떻게 하나?
- □ 운동장의 끝부분인 A나 C에서 속보로 20m 사각형을 그린다.
- □ 첫 번째 코너를 돌면서 가능한 한 수축평보로 이행을 한다.
- □ 코너를 돌 때 작은 평보 걸음을 많이 하여 직각에 가까운 코너를 만든다.
- □ 코너를 돌아나가면서 다시 속보를 하고 다음 코너에서 이를 반복한다.
- □ 반대 방향으로 이를 반복한다.

2 단계:
실제로 완전한 평보를 하지 않은 채로 이 운동을 한다. 말은 코너에 가까워지면서 당신의 지시를 거의 예상해야 하며, 약간 벤딩(bending)을 하고 뒷다리를 몸 아래에 오도록 한다. 이렇게 수축된 상태로 코너를 돌게 되며, 다시 앞으로 나아갈 준비를 한다. 이 조합은 하프-홀트(Half-Halt)의 준비과정이다.

고급 팁

나는 상체를 약간 세우고 모퉁이를 돌아나가면서 상체를 약간 앞으로 한다. 상체를 세우면 말이 '돌아오라'는 지침으로(그래서 나는 고삐를 많이 사용하지 않는다), 앞으로 하면 '앞으로 가라'는 지침으로(그래서 나는 다리를 많이 쓰지 않는다) 이해한다. 이 방법으로 말이 보다 세심하게 지시를 듣는다.

2. 말의 상태가 어떻게 되어야 하나?
이 운동은 이행을 이용하여 말을 유연하게 하고 활동성 있게 만든다. 아래로의 이행으로 유연성과 결합이 향상되고, 위로의 이행으로 말이 지시에 보다 반응을 잘하고 활동적이 된다.

3. 확인
매번 아래로의 이행 바로 전에 부조를 명확하게 사용하고 있음을 확실히 한다.

4. 다음 단계
(1) 구보-평보-구보로 이 운동을 한다.
(2) 15m 사각형을 그린 다음 10m 사각형을 그린다.
(3) 이 운동은 말 다리의 비절을 모으고 결합하는 Exercise 38, 사각에서 1/4 피루엣(Pirouettes)을 준비하는데 유용하다.

5. 잘못된 사례
일직선을 유지할 수가 없다.
사각형 중 벽이 없는 곳에 막대를 둔다. 말이 이 운동을 제대로 하면 이를 제거할 수도 있다.

6. 이 운동이 제대로 되지 않는다면
Richard는 '늘 그렇지만, 말이 아래로의 이행에서 더 잘하는지 아니면 위로의 이행에서 더 잘하는지를 분석해서 잘 못하는 쪽을 더 훈련하도록 한다.'고 한다.

Richard의 우선순위

☐ 아래로의 이행을 하면서 당신의 등을 유연한 상태로 유지하여 말의 뒷다리가 몸 아래서 걸음을 할 수 있도록 한다. 또한 매우 작은 평보 걸음으로 제어되고 급격한 코너를 돌기 전에 말에게 안쪽으로 약간 굴곡하도록 지시를 한다.

☐ 평보에서 속보로 갈 때, 하나의 부조만을 쓰면 그에 대해 말이 매우 반응을 잘 하게 된다.

☐ 등선 위로 말이 몸을 구부리도록 항상 격려하면 이행 시 말이 뒷다리를 몸 아래로 가져온다.

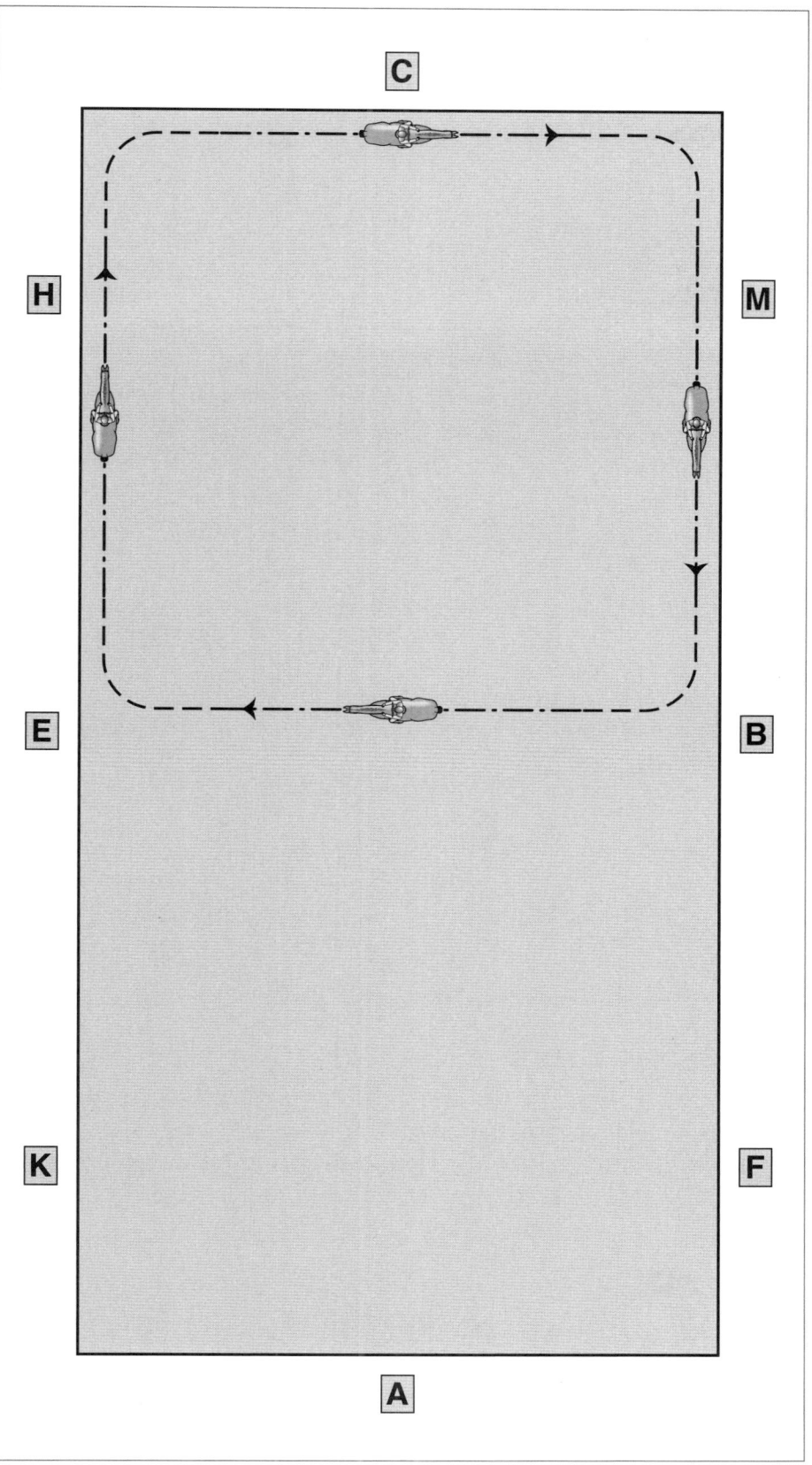

EXERCISE 15

원운동에서의 좋은 이행운동

Beginners
Preliminary ★
Novice ★★
Elementary ★★★
Medium ★★★★

어떤 이행이든 당신이 하려고 준비한 만큼만 잘 하게 된다. 훈련시키는 만큼 말이 이행을 한다. 훈련은 습관이 되어야 한다.

기승자 팁

이 운동에서 말과 기승자가 좌속보를 편안하게 한다면 가장 효과적이다.

1. 이 운동을 어떻게 하나?

- [ ] 운동장의 중앙에서 20m 원을 그리고 올바르고 일관된 속보를 한다.
- [ ] 준비를 잘해서 올바른 평보 이행을 한다.
- [ ] 리듬, 에너지, 아웃라인이 정확하게 진직이 될 때까지 평보를 유지한다.
- [ ] 속보로 제대로 위로의 이행을 준비하고 실행한다.
- [ ] 평보 이행을 준비하고 이를 반복한다.

올바른 평보는 무엇이며 속보는 무엇인가?

평보는 4발이 동일하게 발자국을 만들어야 하며 이는 왼쪽 뒷다리가 걷는 동안에 시간적 여유가 있음을 뜻한다. 왼쪽 앞다리 발굽은 왼쪽 앞과 오른쪽 뒷다리처럼 해야 한다. 말은 넉넉하게 걸음걸이를 하도록 하고 굴레를 수용하며 목은 긴장한 원호로 만들어서 등을 통해 유연하게 만들어지도록 한다.

올바른 속보는 말의 다리가 대각으로 한 쌍을 이루며 움직이고 운동 사이에 정지 시간을 가져야 하며 완벽한 동시성이 이루어져야 한다. 뒷다리는 말의 몸 아래에 위치하도록 하여 걸음을 잘 하도록 해서 말이 충분히 땅에서 떨어지는 정지 시간을 갖도록 한다. 평보와 같이 굴레를 수용하며 목은 긴장된 원호로 만들어서 등을 통해 유연성을 완성되도록 한다.

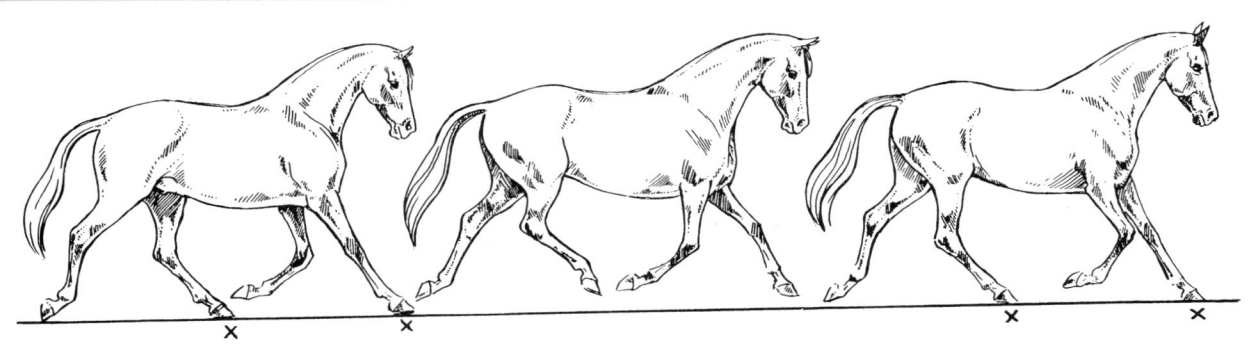

2. 말의 상태가 어떻게 되어야 하나?

아래로의 이행에서 말은 자신의 체중을 후구에 싣고 이를 지탱해야 한다. 위로의 이행에서는 균형을 잡고 굴레를 수용한 채로 말이 뒤 다리를 사용하여 다음 보법으로 가면서 몸을 들어 올리도록 한다.

3. 확인

말이 원운동에서 몸을 똑바로 펴고 있는지, 말의 후구 근육이 안으로나 밖으로 흔들리지 않는지 확실히 한다.

4. 다음 단계

속보와 구보에서 이 운동을 한다.

5. 잘못된 사례

(1) 말이 머리와 목을 이용하여 다음 보법으로 갈 때 자신의 몸을 멈춰서 세운다.
   우선 말이 약간 둥글게 하고 깊이 하도록 지시한다.

(2) 말이 갑자기 멈춰 선다.
   다리를 더 사용하여 말을 굴레 안으로 밀어 넣도록 준비한다.

6. 이 운동이 제대로 되지 않는다면

Exercise 13으로 돌아가 하프-홀트(Half-Halt)를 가르친다.

EXERCISE 16

짧고 긴 발걸음

Beginners
Preliminary ★
Novice ★★
Elementary ★★★★
Medium ★★★★★

이 운동에서는 말이 정말로 당신의 말을 듣도록 가르치며 기승자의 다리부조를 보다 빨리 실행하게 될 것이다.

기승자 팁

수축과는 다른 결합을 이해할 수 있는 최선의 방법은 '축 늘어진' 반대편과 이를 비교해보는 것이다.

1. 이 운동을 어떻게 하나?
- ☐ 오른쪽 고삐로 보통 속보를 시작한다. 다음 긴 측면을 따라가고 걸음걸이를 늘려준다.
- ☑ 짧은 측면으로 가면서 보통 평보로 돌아온다.
- ☐ M이나 K에서 사선으로 바꾼다.
- ☐ 다음 긴 측면을 따라서 이를 반복하면서 걸음걸이를 늘려주고 사선으로 가면서 방향을 바꾸며 F나 H에서 트랙에 다시 돌아온다.
- ☐ 말이 지시사항을 이해했다고 생각되면, 다음 긴 측면을 따라서 가고 첫 번째 지점에서 걸음걸이를 늘리고, 중앙 지점에 오기 바로 전에 2~3걸음걸이를 줄인 다음 다시 이를 늘린다.

2. 말의 상태가 어떻게 되어야 하나?
말의 걸음걸이를 늘리고 줄이면 말의 연결을 향상시키는데 도움이 될 것이다.

3. 확인
말이 늘어난 걸음걸이를 뒤쫓게 하기 보다는 어느 정도 흥분하게 하고 에너지를 주도록 한다.

4. 다음 단계
긴 옆면의 B와 E에서 짧은 걸음걸이를 수차례 시도한다. 이 운동을 구보로 하여 사선을 지날 때에는 속보로 돌아온다.

5. 잘못된 사례
말이 여러분에게서 달아나고 있다.
적당히 길이의 걸음걸이를 만들기 위해서는 말이 어느 정도 연결이 되어야 한다. 그렇지 않으면 말은 앞다리를 '휘적'거리며 앞으로 달리려고 할 것이다.

6. 이 운동이 제대로 되지 않는다면
Exercise 18의 타원 형태로 단순한 길게 하는 걸음걸이를 연습한다.

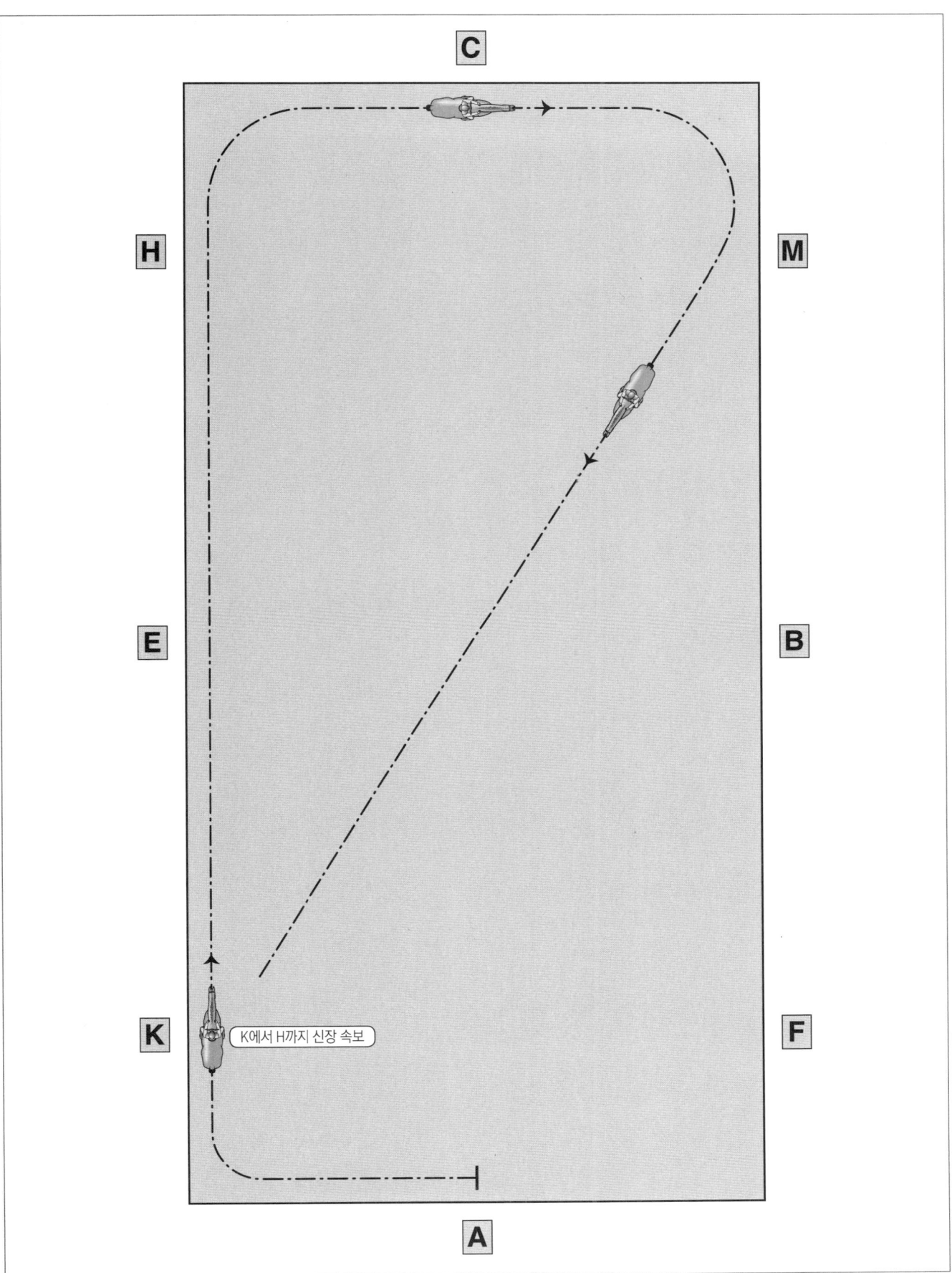

EXERCISE 17 신장걸음에서 정지

Beginners
Preliminary ★★
Novice ★★★
Elementary ★★★★★
Medium ★★★★★

경험 있는 기승자가 말에게 매우 효과적이고 느긋하게 빠른 보법으로부터 이행을 하도록 가르치는 운동이다.

1. 이 운동을 어떻게 하나?
- ☐ A에서 20m 원을 그리며 오른쪽 방향으로 올바른 보통 속보를 확립한다.
- ☐ K에서부터 사선으로 중간 속보를 한다.
- ☐ M 바로 앞에서 수축을 한다.
- ☐ M 이후에는 정지를 하도록 지시하고 운동장의 코너를 이용해서 부조를 보강하는데 도움이 되도록 한다.
- ☐ 말을 가볍게 토닥거려 안심시킨다.
- ☐ 반대방향으로 이를 반복한다.

2. 말의 상태가 어떻게 되어야 하나?
이 운동으로 말의 뒷다리가 몸 아래에 오게 된다. 이 운동은 특별히 덩치가 큰 말에게 좋으며, 중간 속보와 수축 속보로 이행할 때 균형을 잡는데 도움이 된다. 말은 자신을 함께 결집하여 이행을 위해 수축하도록 하고 기승자와 함께 멈춰 서지 않도록 한다.

3. 확인
말이 이 과정에서 겁을 먹지 않게 한다. 말이 아직 균형을 잘 유지하지 못한다면 코너를 겁먹고 있을 수도 있다.

4. 다음 단계
테스트를 위한 훈련으로 이 운동을 구보로 할 수도 있다.

5. 잘못된 사례
말이 균형을 잃고 구보를 한다.
보다 점진적으로 중간 속보로 위로의 이행운동을 한다.

6. 이 운동이 제대로 되지 않는다면
Exercise 1의 기본 평보에서 정지로의 이행운동을 다시 한다.

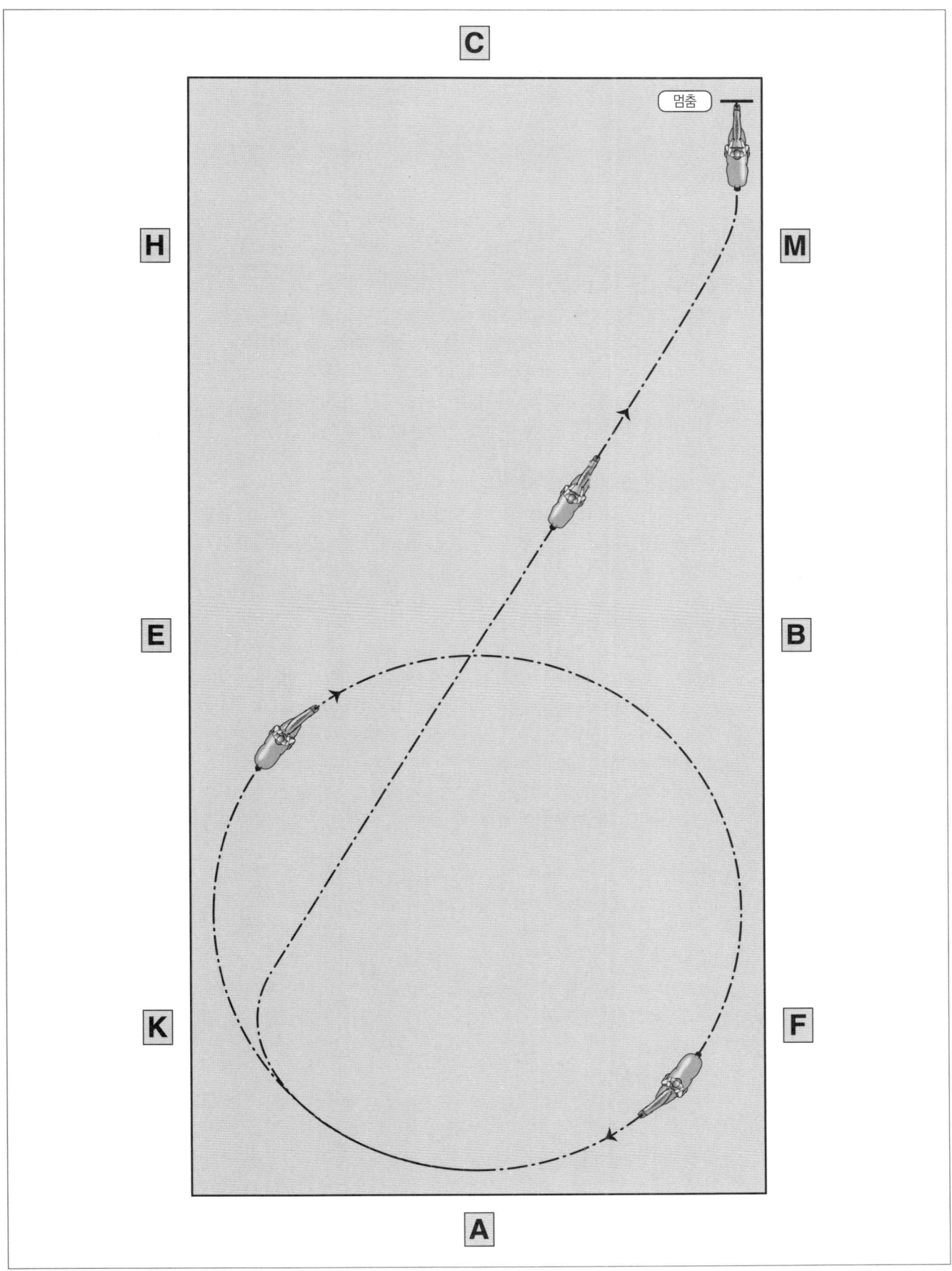

1. 리듬, 균형, 그리고 추진 | 49

EXERCISE 18

큰 타원형에서 속보

Beginners ★★★★
Preliminary ★★★★★
Novice ★★★★★
Elementary ★★★★
Medium ★★★

하나의 운동으로 충분한 운동이긴 하지만, 정확하게 하려면 일직선에서 중간 속보를 수행하고 20m 반원을 정확하게 그리도록 한다.

1. 이 운동을 어떻게 하나?
- 오른쪽 방향으로 K에서 시작을 해서 코너 10m 전까지 속보로 긴 옆면을 탄다.
- 이 지점에서 20m 반원으로 M 약간 뒤쪽에서 끝나도록 한다.
- F 10m 전까지 일직선으로 진행하다가 다시 오른쪽으로 20m 반원을 그린다.
- 이 타원형 패턴을 이용하여 중간속보로 말의 걸음걸이 길이를 향상시킨다.
- 말이 지치게 되면, 휴식을 취하고 반대편 방향으로 이를 반복한다.

2. 왜 타원형으로 이 운동을 해야 하는가?
균형을 바로 잡도록 끝 부분에서 부드럽게 반원을 그릴 뿐만 아니라 운동장 전체를 돌아다니면서 중간속보를 유지할 수 있기 때문이다. 기승자는 말이 준비가 되었다고 생각되는 때에 속보운동을 확립할 수 있다.

3. 걸음걸이 늘리는 것을 어떻게 지시하는가?
걸음걸이 늘리는 것에서 중요한 문제는 당신이 말의 기운을 북돋고 자극을 시켜야 한다는 점이다. 그래야 말이 필요한 열정과 추진으로 앞으로 움직이게 된다. 이를 위해 기승자의 기좌, 다리 또는 이 둘을 모두 사용하게 되면 알게 될 것이다. 그러나 '부족함'이 항상 '지나침'보다 좋다는 것을 기억하자.

4. 말의 상태가 어떻게 되어야 하나?
20m 반원을 부드러운 아치(Arch)로 그리게 되면 말은 균형을 잡고 수축을 하게 되어 중간 속보를 유지하게 된다. 이로 인해 말이 자신감을 갖게 되며 중간 걸음걸이에 도움이 될 것이다.

5. 확인
이 그림을 돌면서 어디에서든 동일한 리듬과 힘을 유지한다.

6. 다음 단계
운동장 전체를 돌면서 중간 속보를 유지하도록 한다.

7. 잘못된 사례
말이 앞쪽과 앞발로 쏠린다.
이는 보통 기승자가 너무 갑자기 중간 속보를 지시했기 때문이다.

8. 이 운동이 제대로 되지 않는다면
20m 원에서 이 운동을 해서 말이 균형을 다시 맞추도록 하여 이 운동을 다시 하기 전에 말이 속보를 재확립하도록 한다.

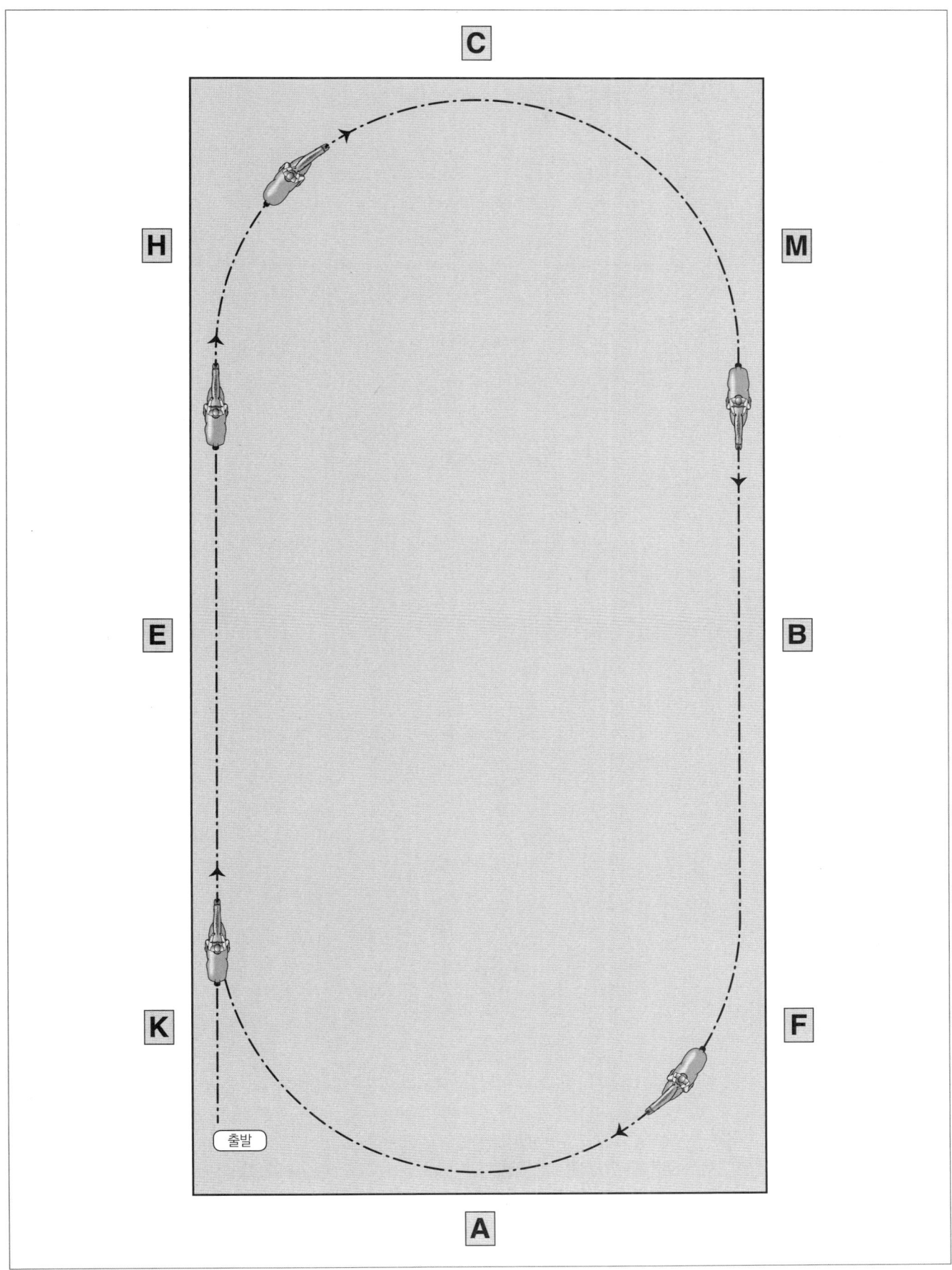

1. 리듬, 균형, 그리고 추진 | 51

CELEBRITY EXERCISE 19

원형에서 신장과 수축운동
MARY KING

Beginners
Preliminary ★
Novice ★★★
Elementary ★★★★★
Medium ★★★★★

'이 운동은 약간 더 말머리 내리는 방법을 배워야 하는 말과 좀 더 앞으로 나아가야 하고 기승자의 다리 앞쪽에 와야 하는 말 등 두 종류의 말에게 효과가 있다. 이 운동을 준비 운동을 할 때 하고, 측면운동을 시작하기 전에 일부 유연한 운동으로 수행한다.'

기승자 팁

각 속보를 얼마만큼 할지 그 시간을 정해야 한다. 그래서 말이 약간 말을 안 듣고 뒤 다리가 앞다리 뒤쪽에 오게 되는 경우 신장 속보로 재빨리 앞쪽으로 오게 하고 수축하기 전에 잠시 동안 신장속보를 유지하게 한다. 그러나 앞으로 가는 속보는 수축하기가 더 어려우며 신장속보로 단시간 동안 앞으로 가야 한다. 말이 잘 할 때면 수축 속보로 이행을 한다.

1. 이 운동을 어떻게 하나?
- [ ] E에서 속보로 20m 원을 그리고 말에게 보법 내에서 다양한 이행으로 원을 그리게 한다.
- [ ] 우선, 반원을 그리도록 올바른 전진으로 보통 속보를 확립하도록 한다(말의 능력에 따라 그 거리가 짧아질 수도, 길어질 수도 있다).
- [ ] 말에게 실제로 활동적인 수축 속보로 돌아오도록 지시한다.
- [ ] 원의 1/4을 그렸으면 신장속보로 앞으로 움직이도록 한다.
- [ ] 반대 방향으로 이 운동을 반복한다.

2. 말의 상태가 어떻게 되어야 하나?
나이든 말 외에 어린 말도 할 수 있는 운동이지만 말이 얼마나 체력이 강한지, 무리하게 지시하지 않도록 한다. 처음에는 어린 말이 걸음걸이를 관대하게 받아들이기 어려워하겠지만 이 운동에서 약간 회전하는 법을 가르쳐서 안쪽 뒷다리가 연결이 되도록 한다. 말은 이를 잘 해낼 수 있을 때까지 회전할 때 규칙적인 걸음걸이를 유지할 수 없을 것이다.

3. 확인
말이 연결된 상태를 유지해서 수축으로 전진하도록 지시할 때 자신의 몸 아래로 뒤 다리가 준비되어야 하는 것이 중요하다. 뒤 다리가 몸 아래 잘 위치하게 되면, 크게, 충분한 걸음걸이를 할 수 있다.

4. 다음 단계
한층 더 수축을 하도록 지시한다.

5. 잘못된 사례
(1) 말이 수축 속보로 돌아오기를 주저한다.
거스르기를 좋아하는 전진하는 말에게는 수축 속보로 돌아오도록 지시할 때에 고삐에 보다 저항이 실림을 경험할 수 있다. 이는 말이 수축걸음으로 뒷다리를 보다 아래에 오도록 지시를 받기 때문이다. 아래로 이행에서 상체를 뒤로 가져가는 것이 중요하며, 뒷다리가 움직일 수 있도록 기승자의 다리를 놓으면 손으로 말이 앞으로 전진운동 하게 할 수 있다.

(2) 말이 수축 속보에서 기운이 빠져 있다.
이는 아주 흔한 일이다. 수축에서 리듬을 유지하도록 하여 충분히 생기가 있는 속보를 유지하도록 하고 신장속보를 준비하도록 말이 약속된 상태에 있도록 한다.

6. 이 연습이 제대로 되지 않는다면
원을 계속 그리고 평보에서 속보로의 이행운동을 하여 말이 기승자의 부조에 주목하게 한다. 말이 정말로 반항을 한다면 당신의 의도를 말이 이해할 때까지 일직선에서 연습을 한다.

EXERCISE 20

원형운동에서 신장구보의 수행

Beginners
Preliminary
Novice ★★
Elementary ★★★
Medium ★★★★★

길게 구보를 확립하는 것은 중간구보를 하기 위한 첫 단계이다. 원형에서 하는 중간 속보와 중간 구보는 시합에서 많이 이용하며, Novice 과정에도 도입이 된 상태이다.

보너스
이 운동은 구보를 길게 하는 데 유용할 뿐 아니라 말의 등과 후구의 힘을 기르는데도 크게 도움이 된다.

1. 이 운동을 어떻게 하나?
- ☐ 20m 원형에서 보통 구보를 확립하고 반 정도를 돌았을 때 걸음걸이의 수를 센다.
- ☐ 나머지 반원은 동일한 리듬으로 후구에 더 힘을 주어 말을 약간 압박하여 더 큰 걸음걸이를 가게 한다.
- ☐ 최소한 원래 걸음걸이 수보다 1~2걸음 정도 줄이도록 한다.
- ☐ 매번 첫 번째 반원과 두 번째 반원을 돌 때에 확실한 차이가 있을 때까지 이 운동을 반복한다.

2. '좀 더 큰 걸음걸이'를 어떻게 하나?
좀 더 큰 걸음걸이를 하기 위해서는 말이 보다 흥분하고 힘을 갖게 한다.
- ☐ 기승자의 안쪽 다리에 말이 머물게 하고 기승자의 기좌로도 크게 흔들어 움직임을 하도록 지시하여 더 큰 걸음을 지시한다.
- ☐ 어깨로 더 큰 흔들림을 하지 않도록 주의한다.

3. 말의 상태가 어떻게 되어야 하나?
이 운동을 통해 말의 실력이 향상되면서 말은 다양한 연결 운동이 되어 말 몸의 앞부분이 전진하게 된다.

4. 확인
정확하게 원을 그리는지 확인하고, 말이 바깥쪽 어깨로 치우치는지를 살펴본다.

5. 다음 단계
X와 C에서 보다 정확한 위와 아래로의 이행으로 구보보법 내에서 중간 구보로 원을 그린다.

6. 잘못된 사례
(1) 말이 바깥쪽 어깨를 통해 기울어질 수도 있다.
   바깥쪽 부조로 원을 돌도록 한다(상기 회전 팁 참조).
(2) 말이 재갈의 신호를 받는다.
   손으로 잡아당기지만 말고 기승자의 등, 엉덩이, 다리로 붙잡아 말이 재수축하도록 한다.

7. 이 운동이 제대로 되지 않는다면
Exercise 15, 16, 19대로 이행운동을 다시 한다.

회전 팁

말이 몸을 구부리게 하는 지시가 안쪽 부조이고, 회전을 하게 하는 지시가 바깥쪽 부조임을 기억하자. 기승자가 바깥쪽 고삐와 다리를 이용하여 말을 리드하는 대신에 안쪽 고삐를 사용하여 말에게 회전을 지시하기 때문에 원을 이용한 훈련이 종종 실패하곤 한다. 이처럼, 기승자는 올바른 영향력을 행사해야 말이 원 안으로나 밖으로 치우지지 않게 되며, 원의 모양을 더 확실하게 그릴 수 있게 된다.

EXERCISE 21

속보에서 구보로의 이행

Beginners ★★
Preliminary ★★★★★
Novice ★★★★
Elementary ★★★
Medium ★★

구보 발진에 대한 부조는 복대 쪽에 안쪽 다리와 복대 뒤쪽의 바깥쪽 다리이다. 그러나 말은 종종 둘 중 하나를 무시하거나 기승자의 지시를 의식하지 못하고 예를 들자면 좌측 코너로 가야 하기 때문에 단지 좌측 이끌림으로 간다. 이 운동은 말에게 구보 발진을 하도록 부조를 인정하고 이에 반응하도록 가르친다.

보너스
이 운동은 가장 중요한 훈련 중 하나이며 말에게 플라잉 체인지(flying change)를 가르칠 때 유용하기도 하다.

1. 이 운동을 어떻게 하나?
- ☐ 운동장 왼쪽 방향으로 속보운동을 하고 B에서 구보 이행을 한 다음 경기장 주변에서 이 운동을 계속 한다.
- ☐ H에서 F까지 방향을 사선으로 바꾸어준다.
- ☐ F에서 구보에서 속보로의 이행을 하고, E까지 트랙을 유지한다.
- ☐ E에서 구보이행을 한다.
- ☐ M에서 K까지 방향을 사선으로 바꾸어준다.
- ☐ K에서 구보에서 속보 이행을 한다.

2. 말의 상태가 어떻게 되어야 하나?
한쪽 다리로 구보하는 법을 말이 배울 때, 말이 가고 있는 방향과 관련이 있으므로 어느 쪽 다리가 발진하도록 하는지 말이 이해하곤 한다. 예를 들어, 왼쪽 곡선의 경우에는 왼쪽고삐로 운동을 리드한다. 그러나 플라잉 체인지(Flying Change)를 하면서 기승자는 안장 위에 있기 때문에 말은 왼쪽 리드에서 하는 구보를 이해해야 한다.

이 운동에서 말에게 구보에서 속보로의 이행을 지시하기 전에 말은 기승자의 안쪽 자세를 제대로 느끼고 이에 반응해야 한다. 그렇게 되면 말은 기승자의 다리가 약간 뒤쪽으로 가 있어 구보 이행을 하기 전과 하는 동안 뒤쪽 후구 근육을 어떻게 해야 하는지 지시함을 알아채야 한다. 즉, 후구가 바깥쪽으로 슬며시 가지 않도록 한다. 결과적으로 말은 균형을 잘 잡고 안쪽으로 이끌리는 구보 이행을 잘 듣게 된다.

3. 확인
안쪽 다리는 약간 앞으로 바깥쪽 다리는 뒤로 하여 기승자의 다리 위치를 명확히 강조하는 것이 이 운동에서 가장 중요하다.

4. 다음 단계
X지점에서 구보에서 속보로의 전환으로 중앙선을 따라 운동을 한다.

5. 잘못된 사례
말이 속보로 약간 앞으로 뛰고 그렇게 할 때에 말의 볼기가 바깥쪽으로 돌아가며 바깥쪽으로 이끌리는 구보가 더 강해진다.

말이 다시 속보를 하게하고, 다시 한 번 구보를 지시하도록 다음 긴 측면에 올 때까지 기다린다. 기승자의 부조가 일관적이고 명확한지 확실히 하고 말에게 지시 사항을 이해할 시간을 준다.

6. 이 운동이 제대로 되지 않는다면
일직선에서 평보에서 구보로의 이행운동을 하면 말이 부조에 앞서 추진이 떨어지지 않아야 함을 이해하게 된다.

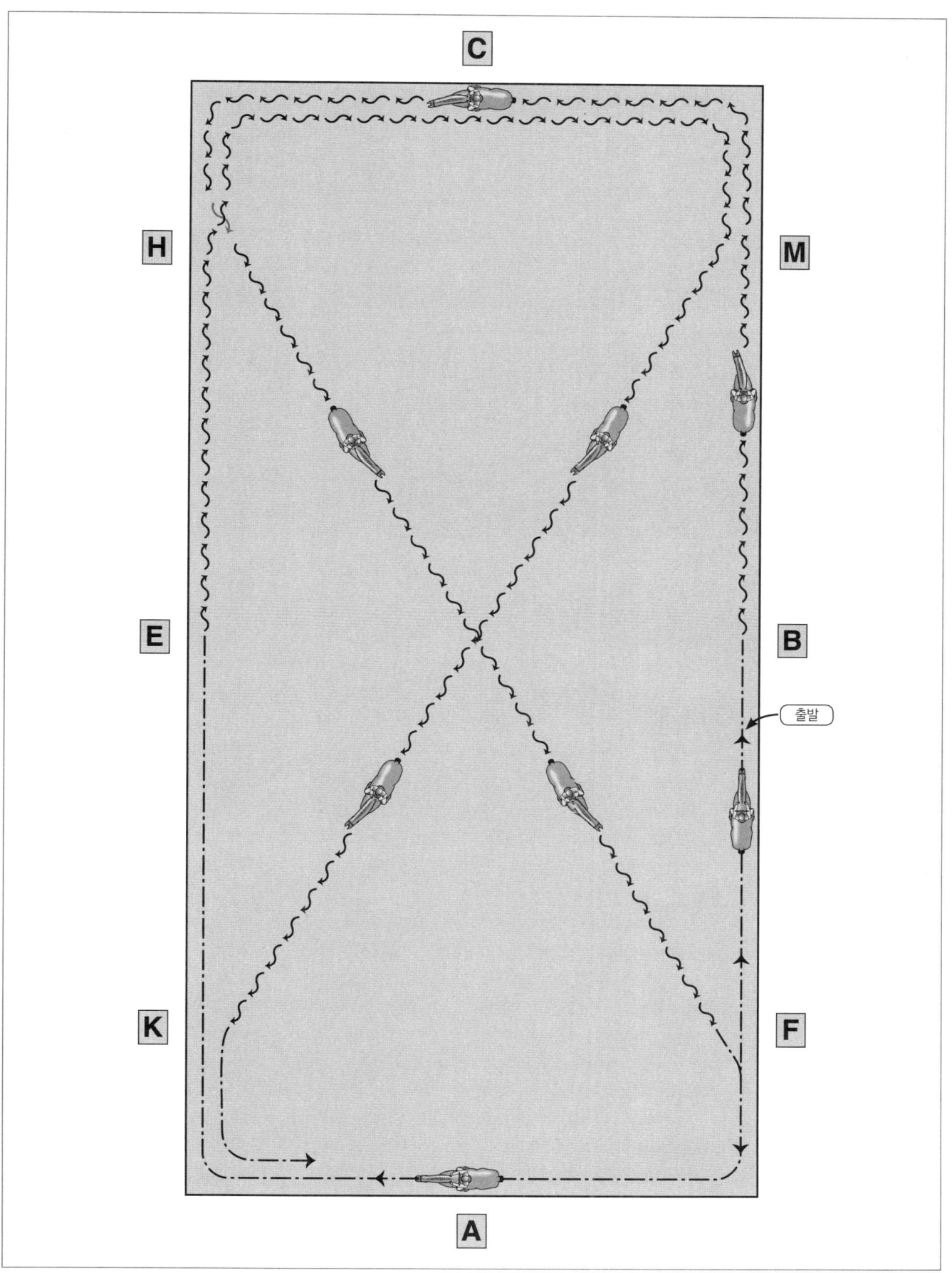

1. 리듬, 균형, 그리고 추진 | 55

CELEBRITY EXERCISE 22

긴장해소
TIM STOCKDALE

Beginners
Preliminary
Novice ★★★
Elementary ★★★
Medium ★★★★★

Tim에 의하면 '수년 전, 나는 최고로 다양하게 연결운동 되어 있는 말이 경주마임을 알게 되었다. 경주를 시작할 때 Frankie Dettori가 구보하는 것을 보면 굉장히 편안해 하며 등자는 위로 되어 있고, 고삐는 말의 목에 걸쳐져 있으며, 말은 전적으로 연결운동 되어 있다. 말의 등이 열려 있으며 뒤에서부터 시작해서 움직임을 볼 수 있다. 말의 등이 편안한 상태가 되어 훨씬 등을 잘 활용할 수 있다. 그래서 나는 이 운동을 훈련에 추가했으며 이는 효과가 있었다. 나는 훈련 프로그램에서 일주일에 2회 정도 이 운동을 한다. 여기에서는 제어가 궁극적인 열쇠이다-경기장 주변을 전속력으로 달리는 것은 위험하기만 하다.

1. 이 운동을 어떻게 하나?
- 등자 길이를 2~3구멍 줄이고 경기장을 돈다. 거의 경마에서 그러하듯 엉덩이는 열린 상태로 연결된 고삐를 손으로 잡는다.
- 당신이 균형을 잡으면 통상적인 절반 구보로 운동장 전체를 구보로 돈다. 속보를 0으로 습보를 10으로 본다면 여기에서는 5내지 5.5정도를 말한다.
- 손에 있는 연결고리로 말을 제어하고 기승자는 말이 앞쪽에서 부드럽고 좋은 자세를 취하고 이를 유지하도록 손목을 부드럽게 굴린다.

2. 말의 상태가 어떻게 되어야 하나?
등이 편안하기 때문에 이제 등을 이용하는 말들의 수는 놀랍다. 말이 뒤에서 부터 혹은 등을 통해 움직이는 것을 잘 못하는 경우에 특별히 좋은 운동이다. 결국 기승자가 반쯤 앉은 자세로 갈 때, 말은 자동적으로 뒤쪽을 열어놓고 시작하여 연결운동 상태를 유지한다.

3. 확인
어린 말이나 뻣뻣한 말에게 이 운동을 시킬 때에는 조심한다. 믿기 힘들겠지만 이 운동으로 전에 사용하지 않았을 등 근육을 사용하면서 매우 아플 수 있기 때문이다.

4. 다음 단계
약간 먼 거리에서 이 구보를 유지해 본다. 그렇게 해서 말이 주로에서 절반을 구보로 가는지 확인 한다-2번. 그러나 한 번에 과도하게 하지 않아야 한다. 이 운동으로 기승자의 생각보다 말이 더 지칠 수 있다.

5. 잘못된 사례
구보가 통제되지 않는다.
우선, 기승자가 너무 앞으로 가 있을 것이다. 이 운동은 반쯤 하는 구보에서 해야 하며(앞 페이지 참조) 말은 이 구보를 유지하는 법을 익혀야 한다. 말이 앞쪽에 너무 과하게 가지 않도록 한다. 앞쪽 끝을 가볍게 하도록 손목을 돌려야 하기 때문이다.

6. 이 운동이 제대로 되지 않는다면

이 운동은 경기장이나 운동장과 같은 한정된 공간에서 해야 한다. 이는 모두 균형과 제어에 관한 운동이며, 이에 확신을 하지 못하면 등자를 줄이지 말고 반쯤 앉은(또는 가볍게 앉은)자세로 이 운동을 한다. 당신과 말이 자신감을 갖게 되면, 등자의 길이를 줄인다. 말이 약간 앞으로 가고 당신이 운동 중에 제어 능력을 잃는다면, 제어 능력을 되찾도록 운동장의 코너를 이용하거나 원형을 없앤다.

고급 팁

당신이 이 운동을 하는 것을 누군가 지켜보게 한다. 당신이 처음으로 이 운동을 시작할 때에나 순환을 몇 번 돌고 난 후에는 '아무것도 아니잖아' 하고 놀랄 것이다. 그렇지만, 이를 지켜보는 사람은 말이 자신을 이용하게 되면서부터 말의 등에 탄력이 더 생기고 콘서티나(Concertina)와 비슷해져 감을 느낄 수 있다.

이 운동은 기본적인 기승에서는 하지 않는다.

EXERCISE 23

깊고 높게

Beginners
Preliminary	
Novice	★
Elementary	★★★
Medium	★★★★

이 운동을 시도하기 전에 말은 당연히 '온 더 브라이들(On the bridle)'이 되어야 하며 등을 유연하게 하고 제대로 흔들어 움직여야 한다.

보너스
말이 제대로 언덕을 오르는 자세를 할 수 없다 하더라도 적정한 능력으로 훈련을 받고 자신의 모든 잠재력을 발휘할 수 있을 것이다.

1. 이 운동을 어떻게 하나?
- ☐ 속보로 원형에서 하는 것이 가장 좋다.
- ☐ 첫 번째 순환에서 말이 깊게 하고 낮은 자세를 하도록 한다(좌측 그림)
- ☐ 그런 다음 후구를 가장 높은 곳에 오도록 하고 말에게 더 짧게, 더 높게, '경사지게' 자세(우측 그림)를 하도록 지시한다.

2. 어떻게 더 깊고 높이를 어떻게 하나?
- ☐ 고삐를 점점 늘려 말이 깊고 낮은 자세를 취하게 하는데 이때, 말이 온 더 빗(On the bit) 하면서 여러분의 지시를 회피하려고 하면 말을 교정하도록 주의한다.
- ☐ 고삐를 길게 한 채로 말이 유연하고 둥근 형태를 유지하게 한다.
- ☐ 반 정지를 하도록 고삐를 점점 짧게 잡고 말의 후구가 가장 높이 올 때까지 다리를 이용해 말이 생동감 있게 추진을 유지하게 한다.
- ☐ 이 자세에서 고삐로 살짝 말에게 보상을 한다.
- ☐ 이때에 말이 편안해 하고 고정되어 있지 않도록 하는 것이 중요하다.

3. 말의 상태가 어떻게 되어야 하나?
말은 뒷다리로 좀 더 걷고, 후구를 이용하여 어깨를 땅에서 들어 올리며 경사진 자세로 움직이는 법을 익혀야 한다. 말이 깊고 낮게 움직이면서 말은 균형을 유지하고 등을 미묘하게 흔들 줄 알아야 한다.

4. 확인
말이 가장 깊은 자세에서 가장 큰 '경사진' 자세를 취하면서 추진이 증가한다.

5. 다음 단계
속보와 구보를 번갈아 가며 한다.

6. 잘못된 사례
(1) 말이 좀 더 깊은 자세에서 앞쪽으로 쏠린다.
   말이 원을 그리도록 하고 균형을 잡을 때까지 깊게 하고 약한 자세를 유지하게 한다.

(2) 짧은 프레임 내에서 말이 혼란스러워하고 저항을 한다.
   부조가 너무 혹은 약간이라도 과하게 요구하지 않는지 확인하고 말의 능력에 맞는지 의문을 갖는다.

7. 이 운동이 제대로 되지 않는다면
깊게 하고 약한 자세와 중간 정도의 자세를 번갈아 가며 하고 말이 경사진 자세에서 편안해 하는지 의문을 갖는다.

SECTION 2

유연성과 진직

원운동과 회전운동

연습

24	트랙(TRACK)에서 1/2 원운동과 진직운동	62
25	나선형 운동	64
26	완벽한 20m, 15m, 10m 원운동	65
27	원운동을 활용한 방향전환	66
28	20m 원형에서 4개의 작은 수축 원운동	68
29	1/2 루프(LOOPS)에서 유연함과 제어	70
30	8자 도형에서 바깥쪽 부조 활용법	72
31	8자 도형의 다양한 활용법	73
32	짧은 대각의 10m 원운동	74
33	효과적인 부조반응을 위한 코너에서 구보 원운동 –MARY KING	76
34	부조를 점검하기 위한 중앙선에서의 10m 원운동	78
35	무릎관절 발달을 위한 수축과 연결	80
36	일반적인 코너운동	82
37	정밀한 코너운동	84
38	1/4 피루엣 (PIROUETTES)을 활용한 운동	86

운동의 목표

회전과 원운동을 하면서 다음 전제조건들을 잊지 않도록 하자.
- ☐ 말의 후구 근육은 안으로나 밖으로 흔들지 않아야 한다.
- ☐ 말은 몸 전체를 고르게 벤딩(Bending) 되어야 한다.
- ☐ 트랙에서 곧은 자세를 유지하고 안으로나 밖으로 기대지 않는다.
- ☐ 원운동이나 회전, 벤딩(Bending)을 시작하여 마칠 때까지 일정한 리듬을 유지한다.
- ☐ 말은 양쪽 고삐로 고르게 동작을 잘 할 수 있어야 한다.

양쪽으로 똑같이 몸을 잘 구부리게 되기 전까지는 어떠한 말도 실제로 몸을 똑바로 하지 않는다고 한다. 원운동과 회전은 말의 벤딩(Bending)과 유연성 발달에 도움이 되지만 어느 한쪽 고삐에 더 뻣뻣하게 반응함을 알게 될 것이다. 보다 유연한쪽 고삐로 각각 운동을 시작한다. 훈련 초기라면 평보, 속보, 구보로 대부분 20m와 15m 원을 그린다. 그러다 점차 평보와 속보로 10m 원을 그리다가 말이 수축과 벤딩(Bending)을 매우 잘 하게 되면 더 작은 8m와 6m 원(Volte)을 그려본다. 각 코너는 원의 일부이며 원의 크기는 말의 능력에 따라 달라진다는 점을 기억하자. 원운동이나 회전을 할 때 말의 뒷다리는 앞다리와 같은 트랙에 있어야 하며(혼란스럽게도 '단순한 직진'로 알려짐), 말은 안쪽 뒷다리에 체중을 더 싣게 된다. 안쪽 다리에서 바깥쪽 손으로 기승을 하면 이렇게 된다. 원운동을 하면서 말은 일정한 벤딩(Bending)을(도식 참조) 유지하고 말의 후구를 바깥쪽으로 '끌어'가는 경우에 목을 통해 구부리지 않도록 해야 한다.

회전이나 원운동 시의 부조

- ☐ 당신의 자세를 확인한다.
- ☐ 간헐적으로 안쪽 고삐를 사용하여 탄력성 있게 연결하고 안쪽으로 약간 구부리도록 지시한다. 그러면, 말은 기승자가 의도하는 회전방향을 알게 된다.
- ☐ 추진이나 구부리는 정도를 제어하기 위해 고삐를 사용해야 할 필요가 없는 한, 일정하게 연결 상태를 유지하면서 바깥쪽 고삐로 말이 목과 몸을 구부리도록 한다.
- ☐ 진행하려고 하는 방향을 본다. 그러면 자동적으로 어깨가 안쪽으로 약간 돌아간다.
- ☐ 체중을 안쪽 좌골과 안쪽 등자에 약간 더 싣는다.
- ☐ 복대에 있는 안쪽 다리로 말의 안쪽 뒷다리가 앞으로 가도록 격려한다.
- ☐ 필요하다면 복대 바로 뒤에서 바깥쪽 다리를 이용하여 말의 후구를 흔들지 않도록 한다.
- ☐ 양쪽 다리와 유연하게 앉은 자세를 이용하여 추진을 하게하고 이를 유지한다.

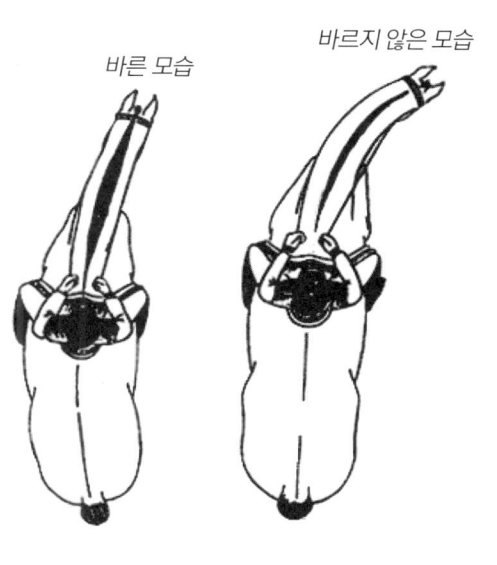

바른 모습 바르지 않은 모습

EXERCISE 24

트랙(TRACK)에서 1/2 원운동과 진직운동

Beginners ★
Preliminary ★★
Novice ★★★
Elementary ★★★★
Medium ★★★★★

말의 걸음걸이가 빠르고 고르지 않다면 이 운동으로 보다 규칙적인 리듬을, 이후에는 보다 힘찬 거리를 혹은 신장 걸음걸이를 확립하도록 한다.

기승자 팁

기승자 자신이 시선을 위로 내다보면서 말이 위쪽을 쳐다보게 한다.

1. 이 운동을 어떻게 하나?
- [ ] E를 지나면서 고삐로 속보를 확립한다.
- [ ] H 바로 앞에서 10m로 정확한 원을 만들어 회전을 하고 B방향으로 직진하나 벤딩(Bending) 상태는 그대로 유지한다.
- [ ] 트랙으로 돌아와 이 운동을 반복하고 F 바로 앞에서 방향 전환을 하며 E 방향으로 직진한다.
- [ ] 반대쪽 방향으로 이를 반복한다.

2. 말의 상태가 어떻게 되어야 하나?
C와 A 전에 균형 잡힌 회전을 하게 되면 말이 자신의 바깥쪽 어깨 쪽으로 가는데 도움이 되고 안쪽 뒷다리가 연결운동 상태가 된다. 말이 시선을 위로 하면, 말의 어깨는 전보다 풀리고 자유롭게 되어 뒷다리가 말의 체중을 보다 더 지탱할 수 있다.

3. 확인
말이 운동하는 동안 올바른 자세로 안쪽으로 벤딩(Bending)한 상태를 유지하는지 확실히 한다(도표 참조).

4. 다음 단계
트랙에서 벗어나면서 걸음걸이 수를 늘려본다. 이 운동에는 구보에서도 괜찮다.

5. 잘못된 사례
말이 회전을 하면서 말의 볼기를 바깥쪽으로 흔든다.
바깥쪽 다리로 이렇게 하지 못하도록 하거나, 회전을 빨리 하거나 천천히 한다.

6. 이 운동이 제대로 되지 않는다면
안쪽 벤딩(Bending)을 한 채로 3/4라인을 다시 훈련한다(Exercise 9).

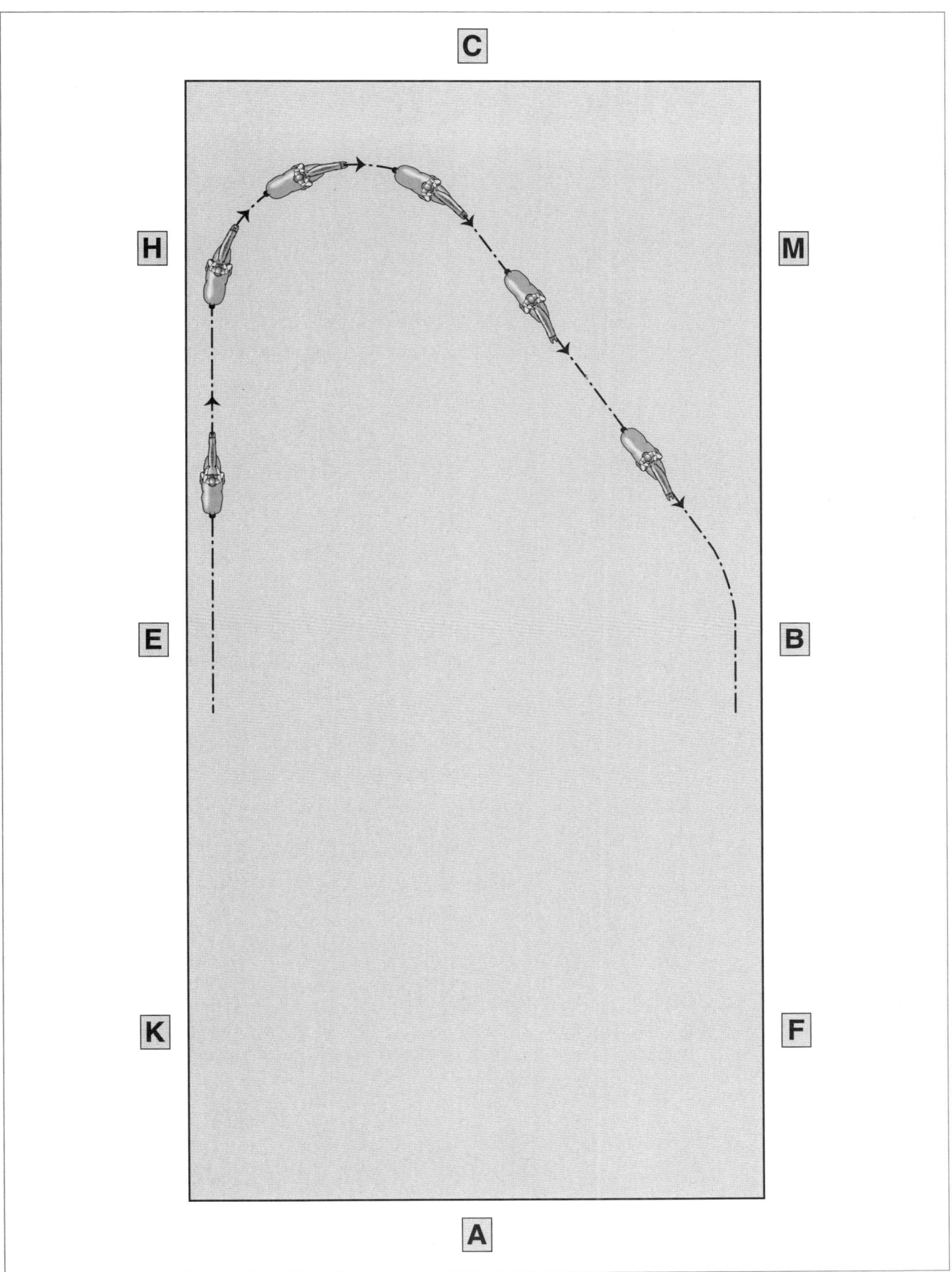

2. 유연성과 진직 | 63

EXERCISE 25

나선형 운동

Beginners ★
Preliminary ★★★
Novice ★★★★
Elementary ★★★★★
Medium ★★★★★

이 운동은 말에게 10m 원운동을 하는 방법이다. 아래로의 이행에서 말이 항상 온 더 빗(On the bit) 상태에 있다면, 말이 후구로 체중을 싣는데 도움이 되고 균형을 찾으며 앞쪽으로 다가 오는데 있어 좋은 운동이다.

1. 이 운동을 어떻게 하나?
☐ 평보로 운동장의 중앙에서 20m 원을 그린다.
☐ 여기에서 중심은 그대로 하고 점차 10m 원으로 나선을 그린다.
☐ 말이 균형을 잡고 정확하게 벤딩(Bending)을 했다고 생각될 때까지 10m 원을 계속 그린다.
☐ 그런 다음, 나선을 그리며 원형에서 나온다.

2. 어떤 부조를 사용하나?
☐ 안쪽 고삐로 적절한 벤딩(Bending)을 유지한다.
☐ 바깥쪽 다리와 고삐로 압력을 가해서 원의 크기를 줄인다.
☐ 안쪽 다리로 점차 압력을 증가시키며 바깥쪽 손으로 바깥쪽 어깨를 지탱하는데 주의한다.

3. 말의 상태가 어떻게 되어야 하나?
말은 작은 원을 그려나가기를 예상하거나 주저하지 않고 균형을 잡은 채로 원의 크기를 줄여나갈 수 있어야 한다. 10m 원형에서 말은 머리를 틀거나 뒤로 젖히지 않은 상태로 척추를 통해 균일한 벤딩(Bending)을 유지해야 한다. 말의 뒷다리는 앞다리 자리를 딛고 트랙의 안쪽이나 바깥쪽으로 가지 않도록 한다.

4. 확인
말이 잃은 균형을 보상하려고 당신의 어깨를 비틀지 않도록 한다.

5. 다음 단계
속보와 구보로도 이 운동을 한다.

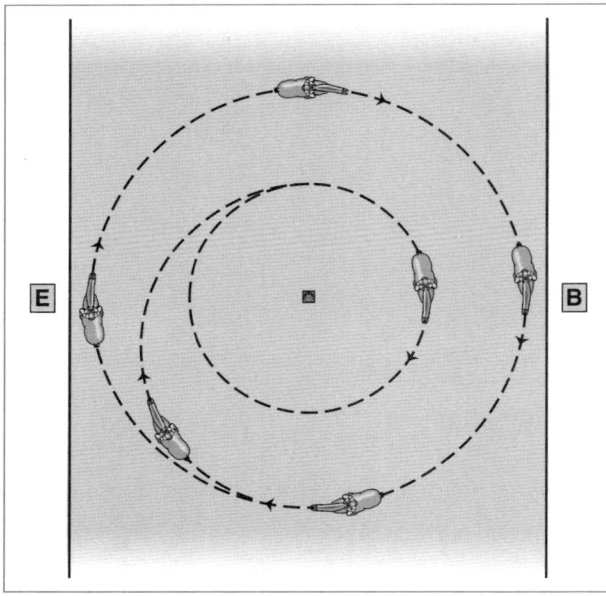

6. 잘못된 사례
나선이 균일하지 않다.
말이 어깨를 통해서 안쪽이나 바깥쪽으로 몸이 기울었기 때문이다. 말이 바깥쪽으로 기울면 바깥쪽 고삐와 다리로 말을 지탱해주고, 안쪽으로 기울 때에는 안쪽 다리를 이용한다.

7. 이 운동이 제대로 되지 않는다면
말이 균형을 잘 잡기 전에 20m, 15m, 10m 원운동을 한다.

EXERCISE 26

완벽한 20m, 15m, 10m 원운동

Beginners	★
Preliminary	★★
Novice	★★★★
Elementary	★★★★★
Medium	★★★★

실수하지 말자, 원은 정확하게 그리기가 가장 어려운 형태이다. 모양에도 역시 집중을 해야 하지만, 이 운동은 원의 크기를 제대로 그리도록 집중하는데 유용할 것이다.

1. 이 운동을 어떻게 하나?
- ☐ B에서 시작해서 속보로 20m 원을 그린다.
- ☐ B에서 트랙으로 다시 돌아와서 15m 원을 그린다.
- ☐ 똑 같은 방법으로 10m 원을 그린다.
- ☐ 방향을 바꿔서 반복한다.

2. 말의 상태가 어떻게 되어야 하나?
일정하게 벤딩(Bending)을 유지하게 되면 말이 균형 잡히고 리듬감 있는 걸음걸이를 하게 된다. 원이 작을수록 말은 몸 아래에 뒷다리를 가져오게 된다.

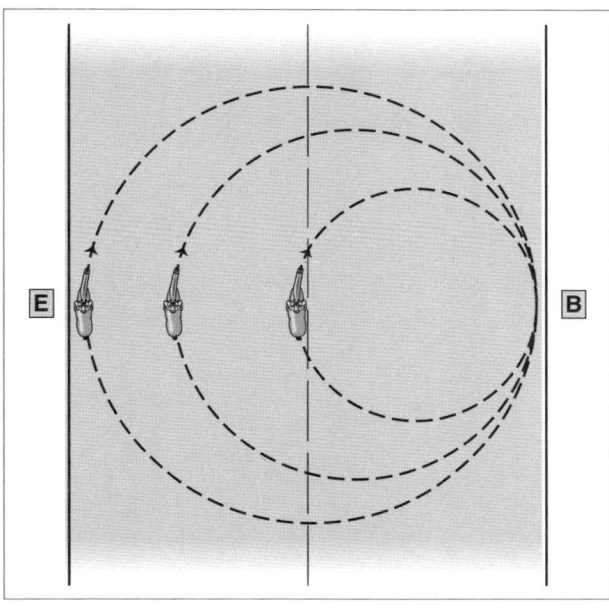

3. 원을 어떻게 그리나?
원하는 벤딩(Bending)을 기승자의 어깨를 일직선으로 만들고 안쪽 다리를 이용하고, 여러분의 안쪽 좌골과 상체를 통해 말을 지탱하여 말이 몸을 통하여 정확하게 벤딩(Bending)을 취하도록 도와준다.

4. 확인
당신의 안쪽 자세를 잊지 말고 확인한다.

5. 다음 단계
보법을 바꾼다.

6. 잘못된 사례
첫 번째 1/4을 항상 너무 큰 경우 원이 정확하게 그려지지 않는다. 이는 보통 말이 제대로 원을 그리지 못하고 트랙을 따라 갈 것으로 예상하기 때문이다. 제대로 부조를 사용하도록 하고, 바깥쪽 다리와 고삐로 원을 그릴 준비를 한다.

7. 이 운동이 제대로 되지 않는다면
원을 완벽하게 그리도록 20m 원을 다시 그려본다.

기승자 팁

안쪽 고삐는 말을 구부리게 하고 바깥쪽 고삐는 회전을 하게 함을 기억하자. 기승자가 바깥쪽 고삐와 다리로 말을 안내하는 대신 안쪽 고삐로 말에게 회전을 지시하기 때문에 원의 모양이 종종 이상해진다. 이 운동은 원을 그리거나 정확한 회전운동을 하기 위한 방법이며, 기승자가 올바른 영향력을 주장하는 유일한 방법이기도 하다.

EXERCISE 27

원운동을 활용한 방향전환

Beginners
Preliminary ★
Novice ★★★
Elementary ★★★★
Medium ★★★★★

이 운동에서 중요한 점은 약 15m의 원 세 개를 운동장 내에 만드는 것이다! 이는 복잡해 보이지만, 실제로 아주 간단하며, 8자 도형에서 보다 말에게 지시를 하는 고삐를 살짝 바꾸어주므로 할 만한 가치가 있고, 말의 어깨를 계속 제어할 수 있는 시간이 생긴다.

보너스

원운동과 서펜타인(Serpentine) 운동은 말을 유연하게 하는 데 있어 가장 좋은 운동이다. 말의 양쪽을 각각 점진적으로 발달시키는데 사용한다면, 말의 몸이 고르게 발달하여 결국 실제로 일직선으로 갈 수 있다.

1. 이 운동을 어떻게 하나?
- ☐ 마음속에 원 1, 2, 3을 그리도록 도표를 본다.
- ☐ K에서 왼쪽방향으로 평보를 하면서 원 1을 그린다.
- ☐ E를 마주하게 될 때, 벤딩(Bending) 방향을 바꾸고 원 2로 간다.
- ☐ M을 마주할 때까지 원 2를 그린다.
- ☐ 그런 다음 벤딩(Bending) 방향을 바꾸고 원 3으로 간다.
- ☐ H와 B 사이의 중간쯤에서 B를 마주할 때까지 원 3을 그린다.
- ☐ 벤딩(Bending) 방향을 바꾸고 원 2로 간다.
- ☐ E를 마주할 때까지 원 2를 따라간다.
- ☐ 벤딩(Bending) 방향을 바꾸고 원 1로 가서 이 운동이 끝나는 K에서 트랙으로 돌아온다.
- ☐ 반대쪽 방향으로 반복한다.

2. 말의 상태가 어떻게 되어야 하나?
벤딩(Bending) 방향을 자주 바꾸면 측면운동에 쓰이는 주요 근육들이 번갈아 가며 이완과 수축을 한다.

3. 확인
기승자의 체중을 안쪽 등자와 안쪽 좌골에 싣는다.

4. 다음 단계
프랑스식 서펜타인(Serpentine)을 한다(Exercise 42).

5. 잘못된 사례
말이 목을 갑자기 구부리거나 과하게 구부린다.
말은 아마도 바깥쪽 어깨를 통해 바깥쪽으로 기울어져 있는 상태일 것이다. 바깥쪽 벤딩(Bending) 부조에 집중하여 다시 해 본다.

6. 이 운동이 제대로 되지 않는다면
3루프 서펜타인(Three-loop Serpentine)을 한다(Exercise 41).

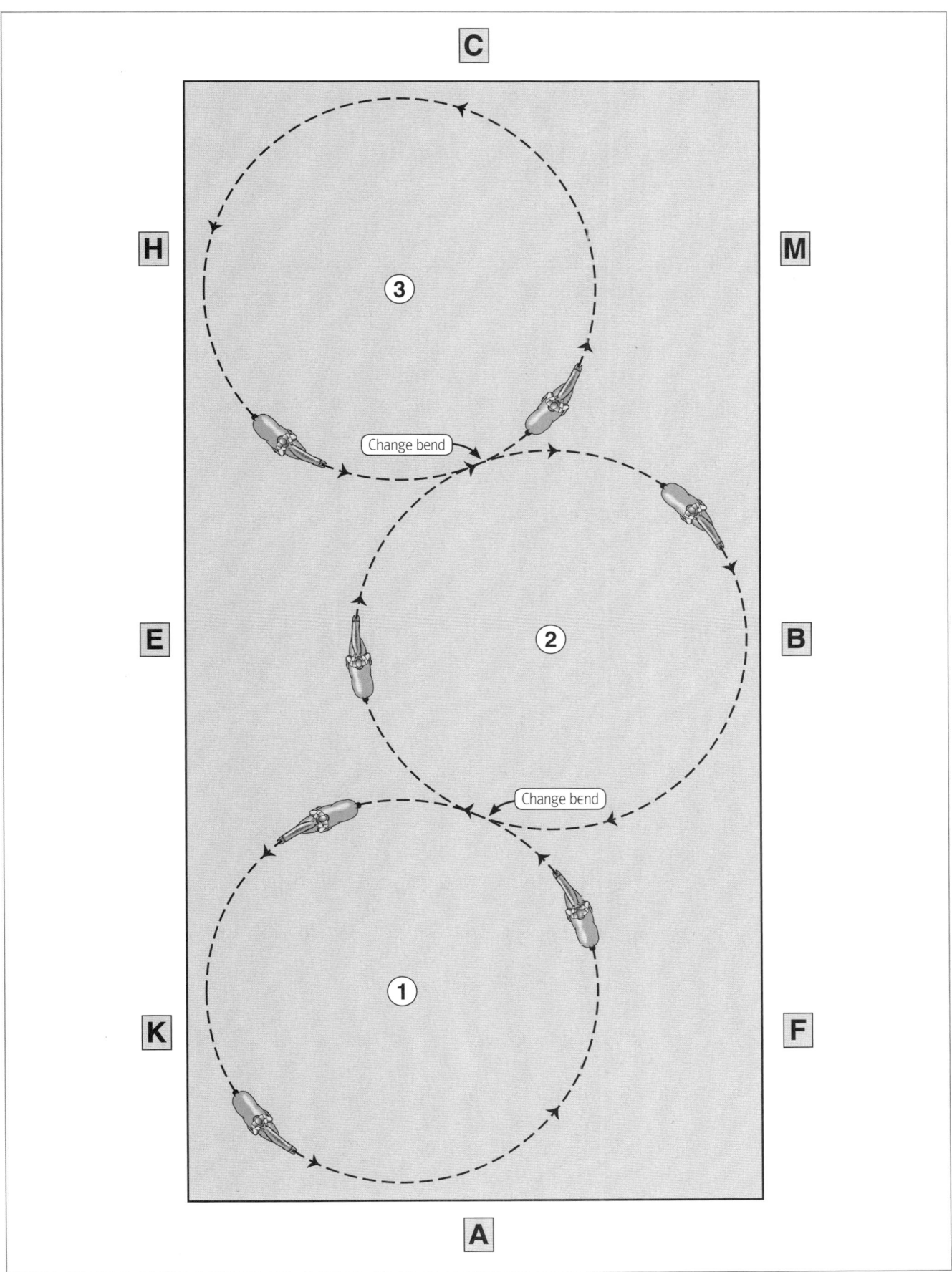

EXERCISE 28

Beginners ★
Preliminary ★★
Novice ★★★
Elementary ★★★★
Medium ★★★★

20m 원형에서 4개의 작은 수축 원운동

이 운동은 평보, 속보, 구보 셋 중 어느 보법으로 해도 좋다. 고급 과정에 있는 말에게 구보 피루엣(Pirouette)을 준비하기에 좋은 운동이다.

1. 이 운동을 어떻게 하나?
- [ ] 20m 원을 그린다.
- [ ] 원 내에서 10m 원 4개를 그린다.
- [ ] 작은 원형에서 보다 추진이 생기도록 말이 수축하도록 한다.
- [ ] 작은 원들을 정확하게 그리도록 하고 말이 제대로 벤딩(Bending) 했는지 확인한다.
- [ ] 이런 방법으로 4개의 원을 그렸으면 20m 원을 다시 그리고 그 보법으로 속도를 올린다.
- [ ] 양쪽 고삐로 이 운동을 해서 한쪽으로만 발달하지 않도록 한다.

2. 말의 상태가 어떻게 되어야 하나?
말의 뒷다리가 앞쪽으로 제대로 일렬로 늘어선 상태를 이루고 있다면, 말은 비절을 더 구부리고 후구 근육을 더 낮출 것이다.

3. 확인
말이 제대로 벤딩(Bending)을 하고 바깥쪽 고삐로 회전을 하는지 확인한다.

4. 다음 단계
보법의 속도가 빨라질수록 운동이 더 힘들어진다. 말의 훈련 단계에 따라 여러분이 시도하고 있는 보법에서 말이 안정적으로 훈련을 받는다면, 속도를 더 올릴 수 있다.

5. 잘못된 사례
말이 머리를 뒤로 젖히면서 벤딩(Bending)을 하려고 하지 않는 경우가 있다.
잠시 동안 바깥쪽 고삐를 좀 더 사용하고 안쪽 고삐를 덜 사용한다.

6. 이 운동이 제대로 되지 않는다면
E와 B에서 15m 원 두 개를 그린다.

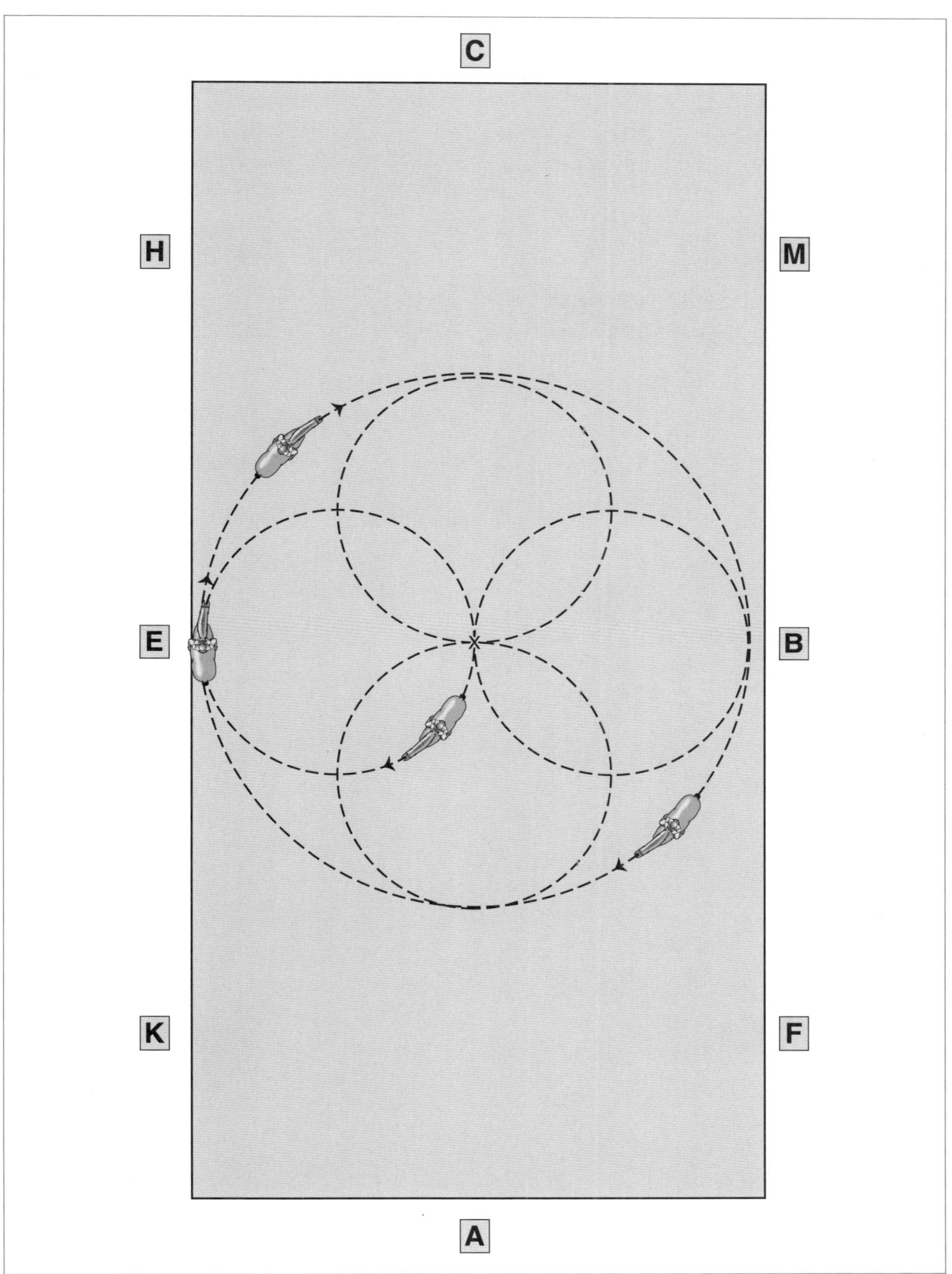

2. 유연성과 진직 | 69

EXERCISE 29

1/2 루프(LOOPS)에서 유연함과 제어

Beginners	★★★★★
Preliminary	★★★★★
Novice	★★★★
Elementary	★★
Medium	

이 운동은 운동장의 1/4선과 3/4선을 이용하여 연습하기에 좋고, 말이 기승자의 말을 듣도록 훈련시키는데도 좋다. 이 기초적인 운동을 능숙하게 하면, 보법의 속도를 올리거나 10m 반 고리를 추가할 수도 있다(아래, '다음 단계' 참조).

보너스
말이 균형을 잡도록 도와주는 유용한 운동이다.

1. 이 운동을 어떻게 하나?
- □ 오른쪽 방향으로 운동장을 평보로 간다.
- □ K와 E 사이에서 1/4선의 오른쪽으로 반원을 그린다.
- □ 벤딩(Bending) 방향을 바꾸고 왼쪽으로 15m 반원을 그린다.
- □ F를 바로 지나서 E와 H의 중간 지점까지 운동장을 가로질러 사선으로 방향을 바꾼다.
- □ 3/4선에 오른쪽으로 15m 반원을 그린다.
- □ 벤딩(Bending) 방향을 바꾸고, 왼쪽으로 5m 반원을 그리고 M을 지나서 바로 트랙으로 간다.
- □ 반대편 방향으로 반복한다.
- □ 말이 운동을 하는 동안 평보로 균형을 잘 잡는다고 여겨지면 속보로도 한다. 이때, 원의 크기는 8m와 12m로 한다.

기승자 팁
벤딩(Bending) 방향을 바꾸려고 할 때마다 하프-홀트(Half-halt)를 하고 일직선으로 몇 걸음을 가서 말이 균형을 잡고 당신도 고삐를 바꾸도록 한다.

2. 말의 상태가 어떻게 되어야 하나?
말이 좌우 벤딩(bending)과 일직선으로 가는 동작 사이에 움직이게 되면서 이 운동은 당신의 제어 능력과 말의 유연성을 시험한다.

3. 확인
말이 균형을 유지하고 성공적으로 방향 전환을 하는데 도움이 되도록 손과 다리 부조에 말이 제대로 오게 한다.

4. 다음 단계
M을 지나서 바로 트랙으로 가고 B에서 중앙선을 향해 오른쪽으로 10m 반원을 그리고 벤딩(Bending) 방향을 바꾸어 반대편 트랙으로 가도록 왼쪽으로 10m 반원을 그린다.

5. 잘못된 사례
말이 안쪽 어깨를 통해 안으로 기울어질 가능성이 있다.
바깥쪽 고삐와 다리로 말을 유지하고 앞으로 전진운동 하게 한다.

6. 이 운동이 제대로 되지 않는다면
간단한 3-루프 서펜타인(Three-loop serpentine)을 한다(Exercise 41 참조).

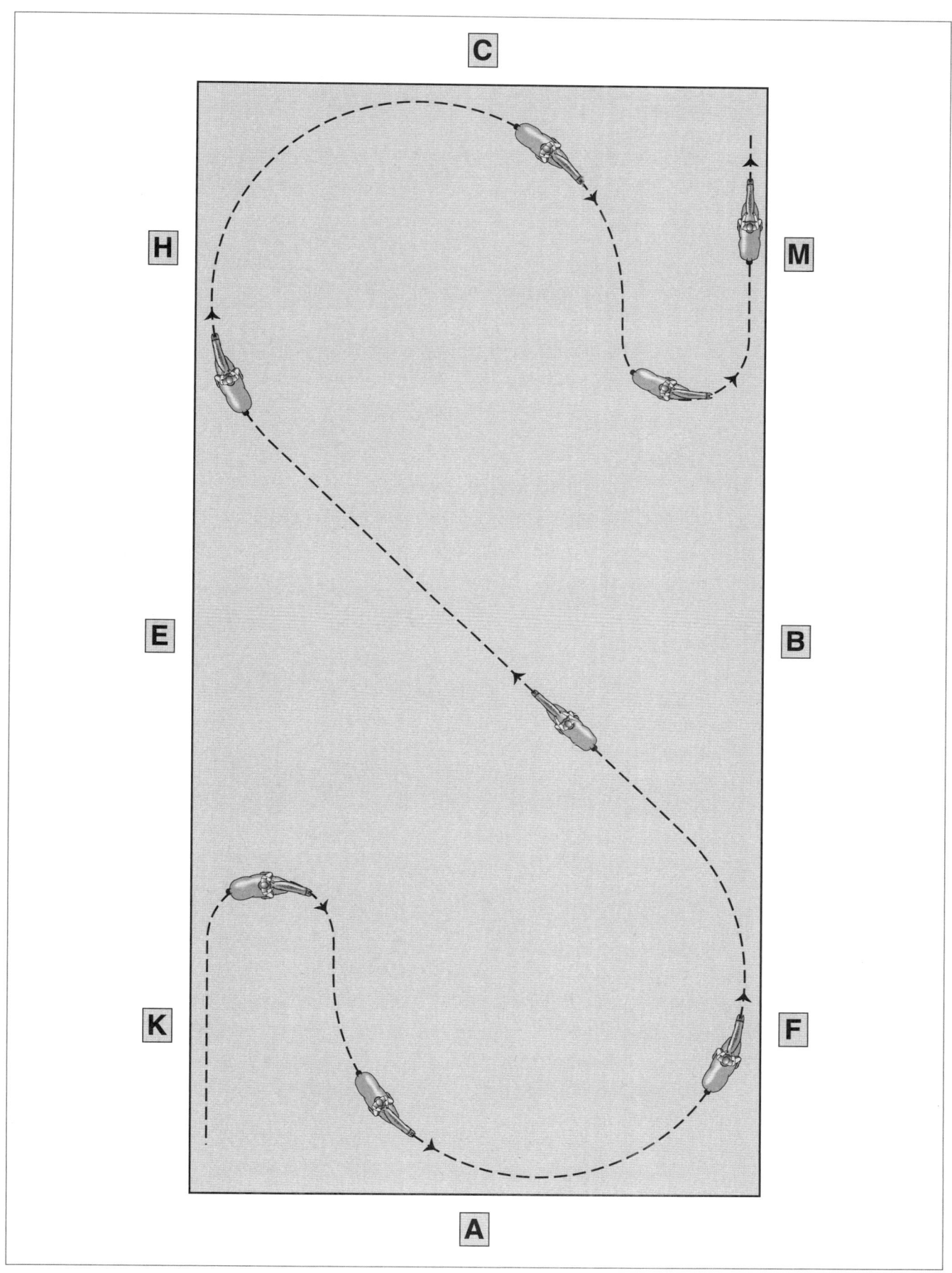

2. 유연성과 진직 | 71

EXERCISE 30

8자 도형에서 바깥쪽 부조 활용법

Beginners ★
Preliminary ★★
Novice ★★★★
Elementary ★★★★★
Medium ★★★★

길고 좁은 8자 도형은 경기장의 측면을 이용하여 각 반원의 크기를 제한하고 말이 방향전환을 할 때 바깥쪽으로 움직이지 않도록 한다. 이 운동은 바깥쪽 부조가 방향전환을 제어하는 방법을 이해하는데 도움이 되며, 말이 바깥쪽 고삐와 다리로 하는 부조를 듣게 된다.

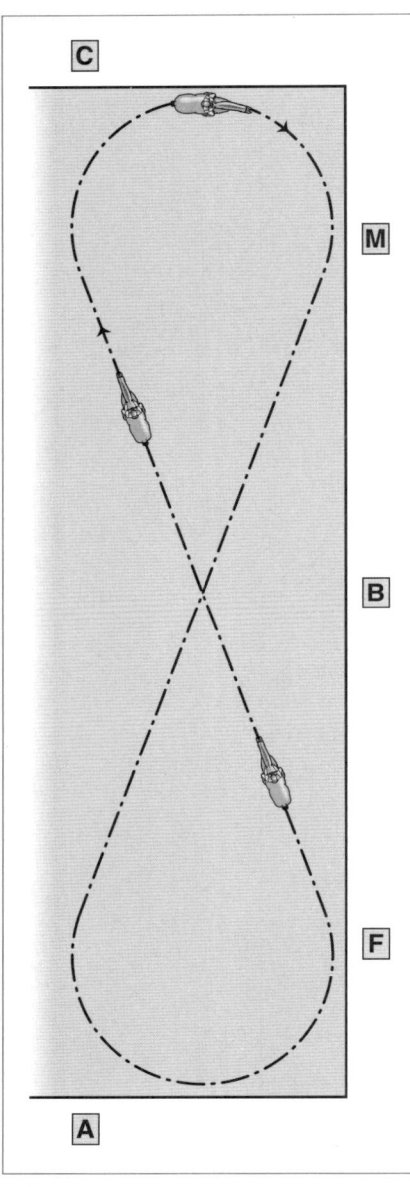

1. 이 운동을 어떻게 하나?
- ☐ 속보로 왼쪽 방향으로 운동장을 돈다.
- ☐ F에서 트랙을 벗어나고 C를 향해 사선을 그리며 일직선으로 간다.
- ☐ 코너에서 오른 쪽으로 10m 반원을 그린다.
- ☐ M에서 멀어지며 A를 향해 간다.
- ☐ 출발점으로 오도록 왼쪽으로 10m 반원을 그린다.

2. 말의 상태가 어떻게 되어야 하나?
운동장의 코너를 이용하여 고삐로 너무 당기지 않고도 말이 절제된 방향전환을 하는 법을 익힌다.

3. 확인
정확하게 벤딩(Bending)을 하도록 지시하여 말이 방향전환을 준비하게 하고, 동시에 '향후' 안쪽 위치가 되는 곳에 앉도록 한다.

4. 다음 단계
끝 쪽에서 수축 속보를 하고, 사선으로 가면서 길게 늘이는 걸음이나 중간 속보를 지시한다. 혹은, 끝 부분에서 속보를 하고 사선에서 구보를 하며 코너에서 구보로 이행을 한다. 사선에서 플라잉 체이지(Flying change)를 하면서 구보를 하기에 좋은 운동이다.

5. 잘못된 사례
말이 '향후' 안쪽 어깨가 앞쪽으로 기울어질 수가 있다.
간단한 사선 대신에 트랙에서 멀어지면서 레그-일딩(Leg-yielding)을 한다.

6. 이 운동이 제대로 되지 않는다면
12m 또는 15m 반원을 그린다.

EXERCISE 31

8자 도형의 다양한 활용법

Beginners ★
Preliminary ★★
Novice ★★★
Elementary ★★★★
Medium ★★★

기본적인 8자 도형을 습득하고 나면, 이는 많은 용도로 쓰인다. 예를 들어, 한 가지 보법으로 하나의 원을 그리고 다른 보법으로 두 번째 원을 그리거나 두 가지 보법으로 각 원을 그리며 중앙 지점이나 A와 C를 지나면서 보법을 바꾼다. 10m 원에서의 8자 도형과 20m 원에서의 8자 도형을 결합하여 하루 종일 경기장에서 연습을 할 수 있다!

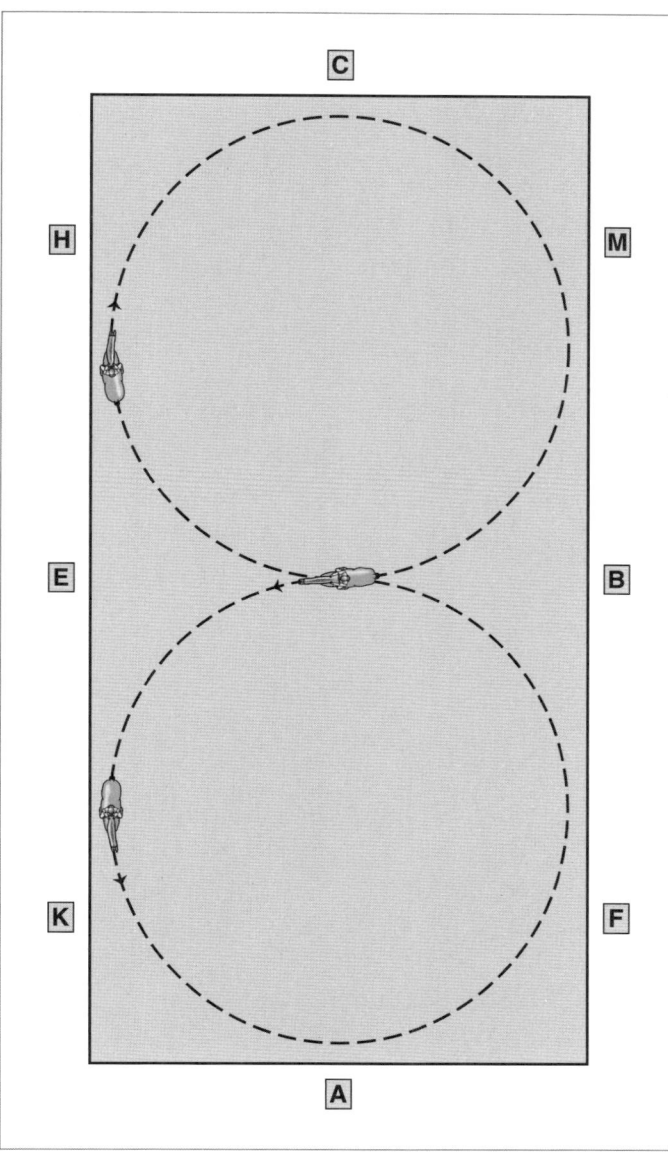

1. 이 운동을 어떻게 하나?
- 오른쪽 방향으로 운동장을 평보 한다.
- A나 C에서 20m 원을 그리기 시작한다.
- X를 지나기 바로 전에 1~2걸음걸이를 진행 한 후에 방향을 바꾼다.
- 운동장의 반대쪽 끝에서 20m 원을 그린다.
- X에 오기 바로 전에, 다시 한 번 1~2걸음걸이를 진행 한 후에 방향을 바꾼다.
- 처음의 20m 원을 완성한다.

2. 말의 상태가 어떻게 되어야 하나?
이 운동의 목적은 말이 균형을 잃지 않고 벤딩(Bending) 방향을 바꿀 수 있는가를 확인 하는데 있다. X를 지나면서 직선걸음을 하여 말로 하여금 점차 벤딩(Bending) 방향을 바꿀 시간을 주며, 말의 균형 감각이 좋아지면서 걸음걸이 수가 감소한다.

3. 확인
양쪽으로 골고루 말과 연결하도록 하고, 왼손이나 오른손으로 고삐 연결이 더 되지 않도록 유지한다.

4. 다음 단계
다른 보법으로 8자 도형을 한다. 이 연습을 반복하고 E나 B에서 시작하여 10m 원을 그린다.

5. 잘못된 사례
말이 오른쪽 고삐에서 왼쪽에서 오른쪽으로 바꿀 때 원을 유지하는데 문제가 있다.
X에서 직선 걸음을 더 오래 한다.

6. 이 운동이 제대로 되지 않는다면
기본적인 원운동을 다시 훈련한다(Exercises 23과 25).

보너스
8자 도형을 이용하여 각 고삐에서 당신의 기술수준을 비교한다. 훈련의 목적은 말로 하여금 골고루 균형을 맞추고 양쪽 고삐에 유연하게 대처해서 이 운동을 하면서 각 '반원'을 돌면서 그렇게 할 수 있는지를 살펴본다. 왼쪽과 오른쪽 자세에서 기승이 동일한지, 두 자세가 거울상인지, 어깨나 다리에 치우침이 있는지를 확인한다.

EXERCISE 32

짧은 대각의 10m 원운동

Beginners	★★★★
Preliminary	★★★★★
Novice	★★★★★
Elementary	★★★★
Medium	★★★★

이 운동은 말의 진직과 벤드(Bend)에 도움이 된다. '정확하게 벤드(Bend)를 수행하는 말은 바른 말이다'. '말의 진직'은 직선에서나 곡선에서 머리와 앞쪽, 후구와 뒤 쪽이 제대로 정렬을 이루었음을 의미한다. 그러므로 뒷다리는 앞다리가 있던 자리로 내딛도록 한다.

1. 이 운동을 어떻게 하나?
☐ 평보로 짧은 측면을 진행하고 코너에서 10m 원을 그린다.
☐ 원형에서 벗어나면서 E나 B를 향해 잠깐 사선을 그린다.
☐ 지점에 오기 바로 전에 첫 번째 원과는 반대방향으로 다른 10m 원을 그린다.
☐ 다음 코너 쪽으로 잠깐 사선을 그린다.
☐ 첫 번째 원과 같은 방향으로 10m 원을 하나 더 그린다.
☐ 결과적으로 세 개의 10m 원을 그리고 사선으로 2번 직선을 그린다. 각 원을 그리고 난 후에는 사선에서 말의 몸을 똑바로 한다.
☐ 전후에 방향전환을 원활하게 하고 중앙선에 똑바로 줄을 서서 이 운동을 마무리 한다.

2. 말의 상태가 어떻게 되어야 하나?
각 원에 근접하면서 말이 하프-홀트(Half-halt)를 하고 새로운 방향으로 벤딩(Bending)하게 하여 원을 그릴 준비를 한다. 원을 그리고, 말이 몸을 똑바로 하고 나서 새로이 벤딩(Bending)을 할 준비를 한다. 운동장을 대각으로 갈 때마다 기승자와 말이 벤딩(Bending)을 준비하기 전에 10m 원에 똑바로 가도록 한다.

3. 확인
원을 정확하게 그린다.

4. 다음 단계
고급 과정으로 훈련된 말에게 이 운동은 중앙선에서 플라잉 체인지(Flying change)를 하는 구보를 할 때 좋다.

5. 잘못된 사례
말이 안쪽 어깨 쪽으로 기울어진다.
안쪽 다리와 고삐로 말을 지탱해준다.

6. 이 운동이 제대로 되지 않는다면
15m 원을 그려본다.

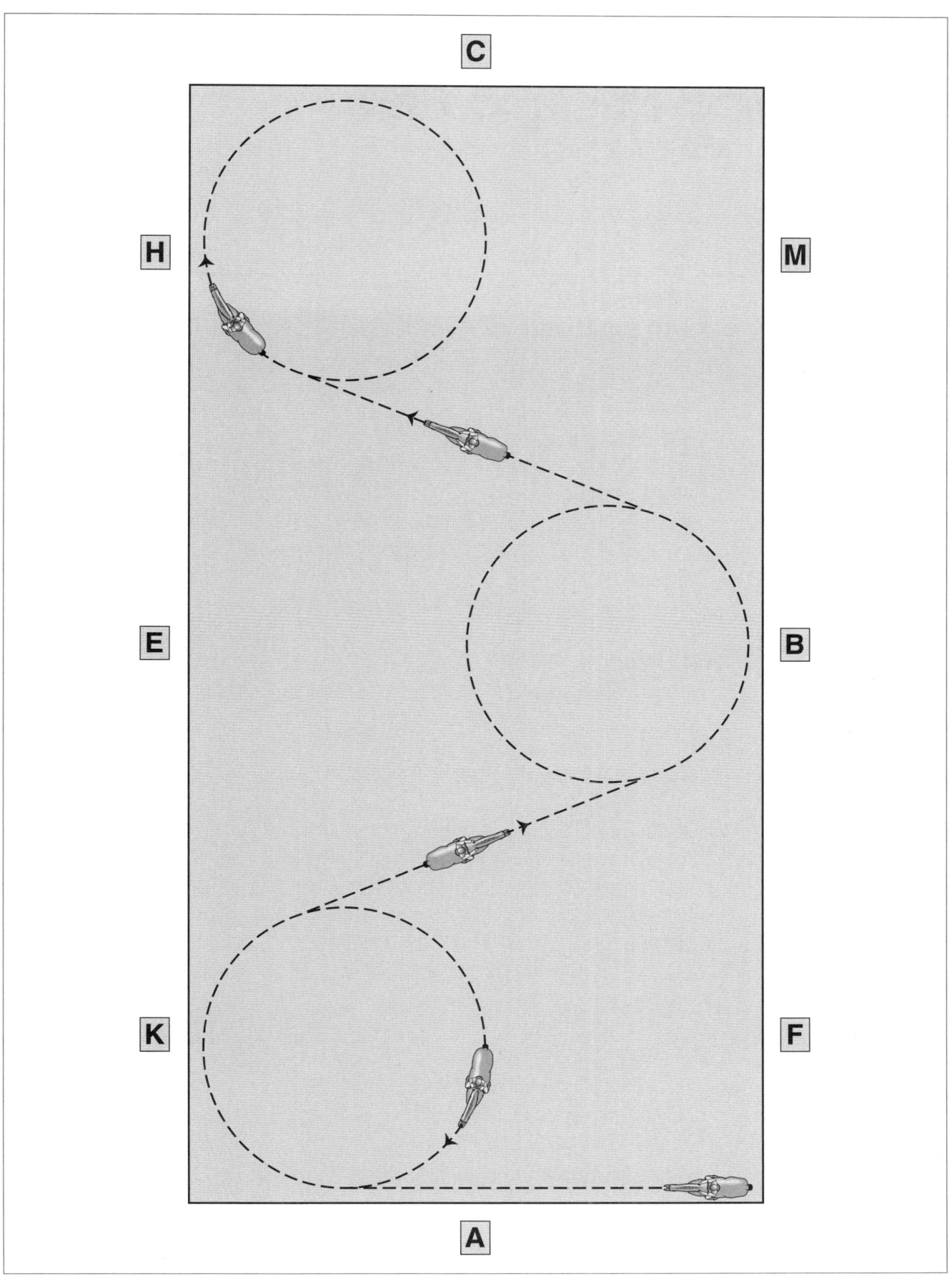

2. 유연성과 진직 | 75

CELEBRITY EXERCISE 33

효과적인 부조반응을 위한 코너에서 구보 원운동
MARY KING

Beginners
Preliminary
Novice ★
Elementary ★★★
Medium ★★★★★

'말에게 복종을 가르치고 기승자의 다리 앞에 오게 하는데 좋은 운동이다. 원이 작을수록 연결동작에 도움이 된다.'

기승자 팁

이 운동을 정확히 수행하기 위해서는 말이 다리부조에 즉각 반응하게 한다. 말이 약간 느릿하게 움직이면 재빨리 예리하게 쿡 찔러준다. 그러나 고삐로 말을 엄격하게 대하지 않도록 주의한다. 고삐를 쓰면 말이 앞으로 진행함을 방해할 수 있다. 말이 즉각 반응하기를 원하므로 이 방법이 약간 빠르기는 하지만 말을 쿡 찌르는 동안 고삐를 꽉 잡고 있기가 쉽다. 그러므로 다리로 말을 확실하게 쿡 찔러주고 고삐는 부드럽게 잡는다. 말이 균형을 잡기 전에 몇 회의 걸음걸이를 하도록 앞으로 전진운동하게 말을 가볍게 두드려주고 되돌아오게 한다. 이러한 방법으로 말은 지시를 받았을 때 전진하는 동작에 반응하는 법을 배운다.

고급 팁

말을 톡톡 두드리거나 음성으로 항상 보상을 해준다. 항상 실수는 즉시 바로잡는다.

---

1. 이 운동을 어떻게 하나?
- ☐ 오른쪽 방향으로 구보를 하고, A에서부터 중앙선으로 오른쪽 회전을 한다. 말이 계속 전진하도록 한다.
- ☐ H와 M 사이의 짧은 측면에 가까워지면서 약간 더 수축하도록 지시하고 오른쪽 구보로 10m 원을 3/4선에서 그린다.
- ☐ 운동장의 3/4선을 가로지르면서 짧은 측면에 평행하게 3~4걸음을 간다.
- ☐ 반대쪽 3/4선에 가까이 가면서 말에게 다시 수축을 지시하고, 그 코너에서 오른쪽으로 10m 원을 일부 그리도록 한다.
- ☐ 중앙선에 다시 오면서 A까지 내려온다.
- ☐ K와 F 사이에서 A에 오기 바로 전에 운동장의 끝에서 했던 방법으로 두 개의 원을 그리고 나서 중앙선으로 돌아온다.
- ☐ 속보로 돌아와 왼쪽 구보로 발진을 해서 왼쪽 방향으로 이 운동을 반복한다.

2. 말의 상태가 어떻게 되어야 하나?
원을 그리면서 균형을 유지할 수 있도록 긴 측면의 끝에서 말이 수축해야 한다.

3. 확인
바깥쪽 고삐와 다리로 원형에서 방향전환을 하고 고삐로 말을 엄격히 대하지 않는다.

4. 다음 단계
마지막 원을 그리면서 K에서 속보로 이행을 하도록 지시하고 운동장을 가로지르면서는 중간 혹은 신장속보로 충분한 대각선으로 간다. 마장마술 테스트에서는 코너를 벗어날 때 중간 혹은 충분한 대각선으로 신장속보를 가르친다. 이 운동으로 그에 대해 준비를 하며, 사선의 끝에 왔을 때 이미 이 운동을 했기 때문에 말이 매우 반응적이며 기승자에게 돌아오려 함을 알게 된다.

운동장의 '중앙선'을 따라 다른 쪽으로 움직이면서 구보를 유지하고 코너에서 8m 원을 그리는 운동도 있다.

5. 잘못된 사례
(1) 긴 측면을 따라 내려가면서 말이 앞쪽으로 달린다.
말이 뒷다리로 돌아와 원형에서 균형을 유지하면서 코너 운동을 위해 수축으로 돌려놓는 게 도움이 될 것이다.

(2) 말이 수축에 저항한다.
작은 원으로 방향전환을 하면 손으로 강하게 부조를 주지 않고도 기승자의 말을 듣게 된다.

6. 이 운동이 제대로 되지 않는다면

말이 구보를 유지할 수 없고 속보로 간다면, A와 C에서 20m 원을 그리다가 이 운동을 다시 하기 전에 점차 15m 원, 10m 원으로 줄여간다.

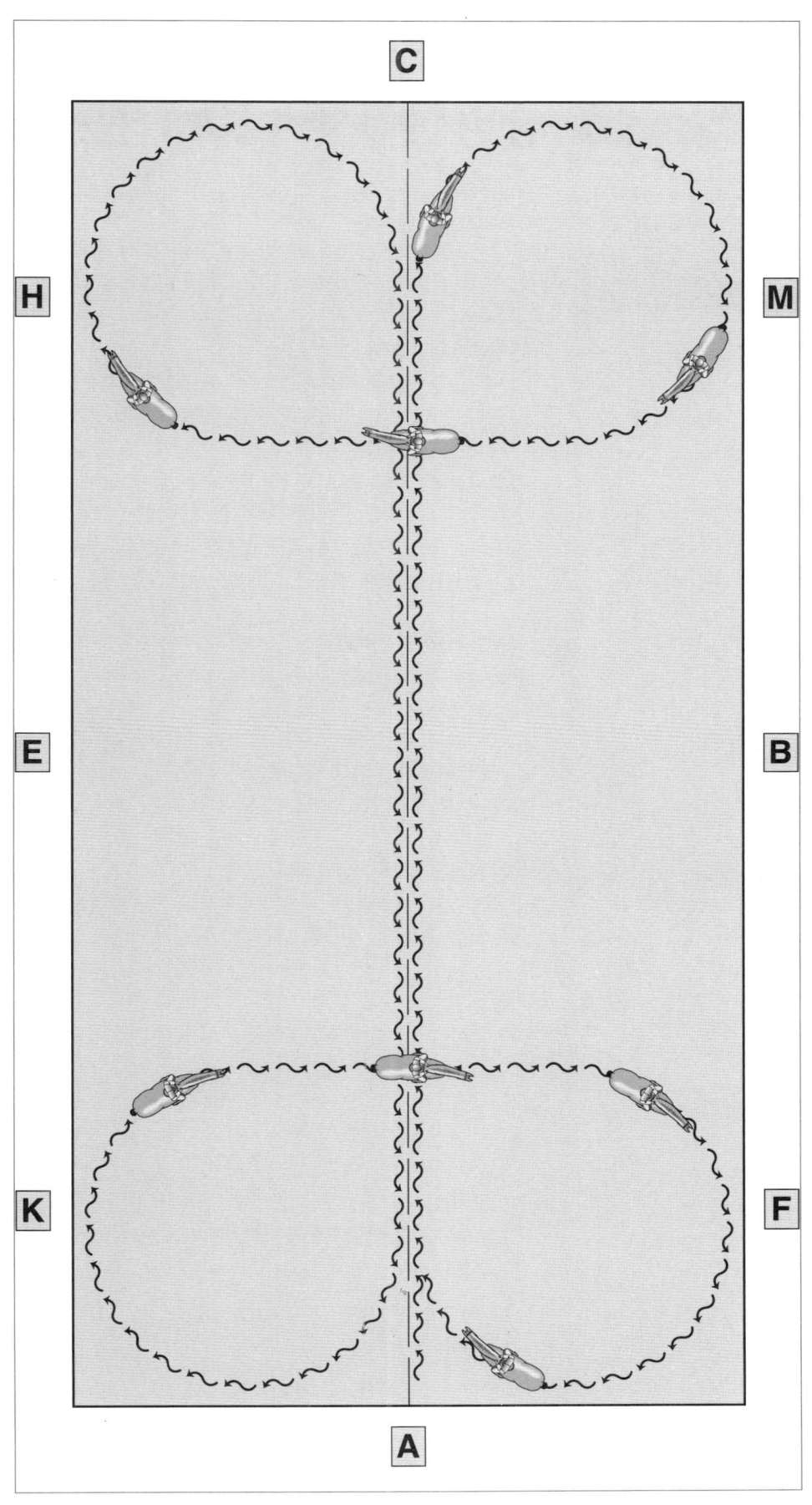

EXERCISE 34

부조를 점검하기 위한 중앙선에서의 10m 원운동

Beginners ★★★★★
Preliminary ★★★★★
Novice ★★★★
Elementary ★★★
Medium ★★

이 운동은 너무 간단해 보인다! 여기에는 평보로 수행하는 것과 속보로 수행하는 것에 따라 목표가 달라진다. 평보에서는 말이 기승자의 부조를 이해하도록 가르치며, 속보에서는 훌륭한 부조강화 훈련이다.

1. 이 운동을 어떻게 하나?

☐ 평보로 중앙선을 따라 내려가고 우측으로 벤딩(Bending)할 것을 지시한다.
☐ 말이 제대로 하면(어깨를 통해 안쪽으로 치우치거나 오른쪽으로 회전하지 않고), 오른쪽 방향으로 10m 원을 그린다.
☐ 중앙선으로 다시 돌아와 약간 왼쪽으로 벤딩(Bending)을 하도록 지시한다.
☐ 말이 제대로 하고 있을 때, 왼쪽 고삐로 두 번째 10m 원을 그린다.
☐ 중앙선으로 다시 돌아오고 공간이 허락한다면 오른쪽 방향으로 이를 반복한다.
☐ 이 운동의 목표는 가능한 한 제대로 균형 잡힌 원을 중앙선에서 많이 그리는데 있다.

2. 이 운동을 왜 해야 하나?

평보로 이 운동을 하게 되면 말에게 안쪽 어깨를 통해 안으로 치우치지 않고 기승자의 부조에 따르도록 가르친다. 처음에 우측으로 벤딩(Bending)을 지시했을 때, 말은 오른쪽 벤드(Bend)를 하기 보다는 안쪽 어깨를 통해 안으로 치우치거나 오른쪽으로 회전을 한다. 원을 그리기 전에 제대로 벤딩(Bending)을 하는 것이 중요하다! 속보에서는 체력과 힘을 기르고 아웃라인을 유지하고 중급으로 올라가는데 유용한 운동이다.

3. 말의 상태가 어떻게 되어야 하나?

말의 후구를 흔들지 않고 기승자의 지시에 따라 벤딩(Bending)을 해야 한다. 정확하게 하면 이 운동으로 10m 원형에서 균형을 잘 잡은 상태로 벤딩(Bending)을 할 수 있다.

4. 확인

바깥쪽 다리를 뒤로 하고 운동을 하는 동안 후구를 제어하도록 한다.

5. 다음 단계

속보로 이 운동을 한다.

6. 잘못된 사례

(1) 말이 안쪽 어깨를 통해 안으로 기울거나 바깥쪽 어깨를 통해 밖으로 기울어진다.
   이 경우에는 반원과 원 운동을 다시 한다(Exercise 18, 20, 23 참조).

(2) 말이 기승자의 바깥쪽 다리의 제어로부터 벗어나는 경우도 있다.
   바깥쪽 다리 부조에 반응하도록 더 훈련할 필요가 있다(Exercise 3과 31 참조).

(3) 말이 등을 오목하게 하지 않을 수 있다.
   아래 참조.

7. 이 운동이 제대로 되지 않는다면

말이 등을 오목하게 하지 않음을 발견한다면, 아마도 말이 기승자의 연결을 피하려고 하거나 안쪽 뒷다리로 제대로 발걸음을 하려 하지 않거나 두 가지 모두 해당될 수 있다. 어떤 경우든, 20m 원형에서 다시 훈련을 하고 Exercise 23, 25, 28을 통해 말이 재갈을 더 수용하고 뒤의 말의 후구의 연결동작을 향상시킨다.

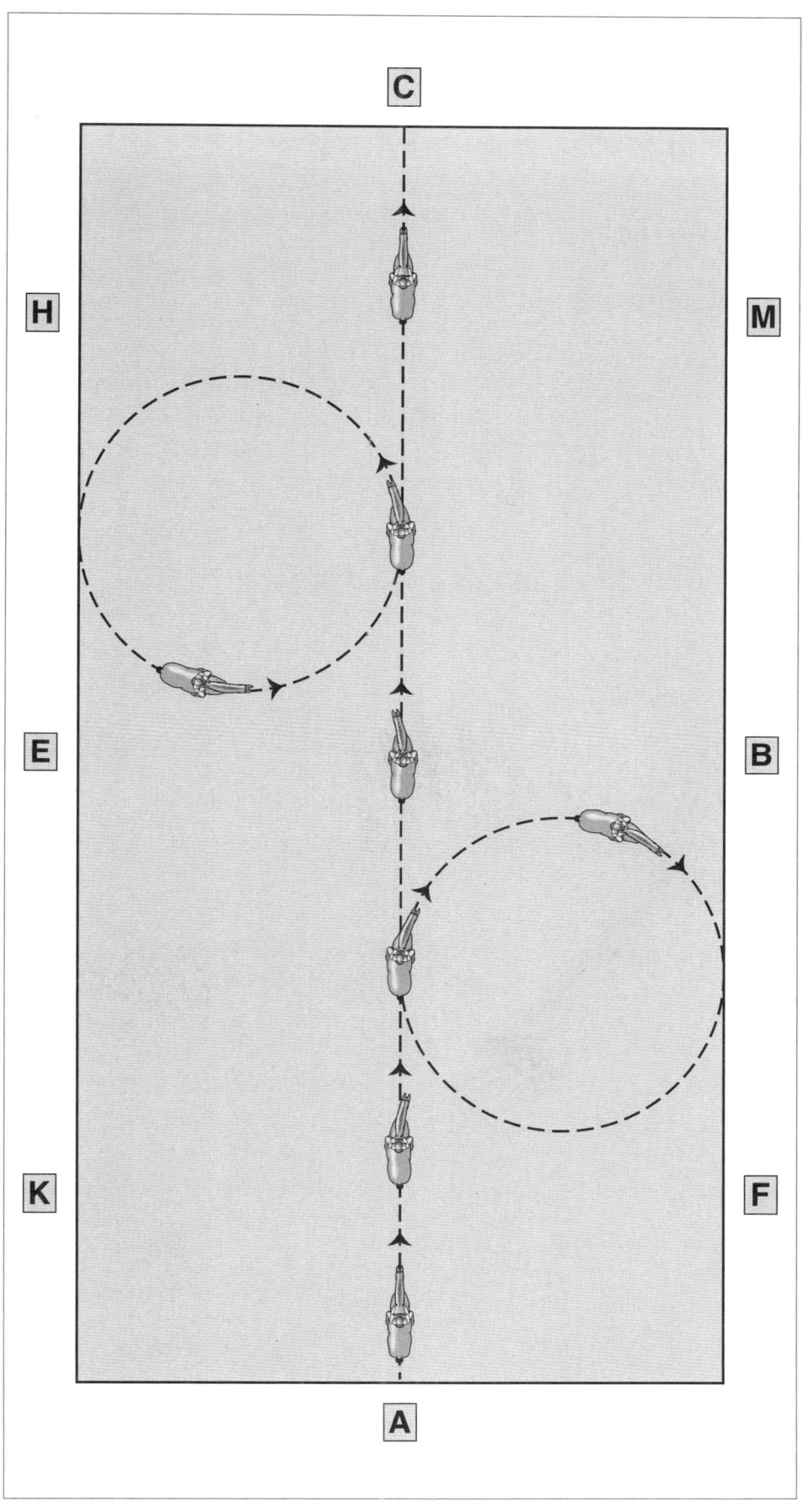

EXERCISE 35

Beginners
Preliminary
Novice ★
Elementary ★★
Medium ★★★★★

무릎관절 발달을 위한 수축과 연결

이 운동을 할 때에는 상당히 집중해야 한다! 이 운동을 20m x 40m 운동장에서 하는 것으로 가정하나 운동장이 더 큰 경우에는 속보로 하고 10m 원을 그린다.

기승자 팁

이 운동에서는 방향감각을 잃기 쉽다. 처음의 원 중앙에 지점에 놓으면 도움이 된다.

1. 이 운동을 어떻게 하나?
☐ 왼쪽 방향으로 평보로 X 지점을 중심으로 6m 원을 그린다.
☐ 이 원을 계속 그리나 중앙선에 올 때마다 오른쪽 고삐로 6m 원을 그린다.
☐ 처음의 원으로 돌아와 B나 E를 향해 오른쪽 방향으로 새로운 6m 원을 그린다.
☐ 처음의 원으로 돌아와 반대쪽에 6m 원을 새롭게 그린다.
☐ 오른쪽 방향으로 시작하여 반복한다.

2. 말의 상태가 어떻게 되어야 하나?
이 운동에서 빈번하게 벤딩(Bending) 방향을 바꾸고 작은 원을 그리는 동작이 실제로 말이 비절을 수축하고 연결운동 하는데 유용하다. 몇 번 운동을 한 뒤에는 고삐 연결이 부드러워진다.

3. 확인
여기에서는 정확성이 중요하므로 각 원을 중앙선으로 이등분한다(도표 참조).

4. 다음 단계
운동장의 규모가 크다면, 원의 크기를 10m로 늘리고 속보로 한다.

5. 잘못된 사례
방향을 바꿀 때 말이 균형을 잃는다.
안쪽에서 너무 구부리도록 지시하지 않았는지 주의한다.

6. 이 운동이 제대로 되지 않는다면
10m, 15m, 20m 원형에서 다시 훈련한다(Exercise 26 참조).

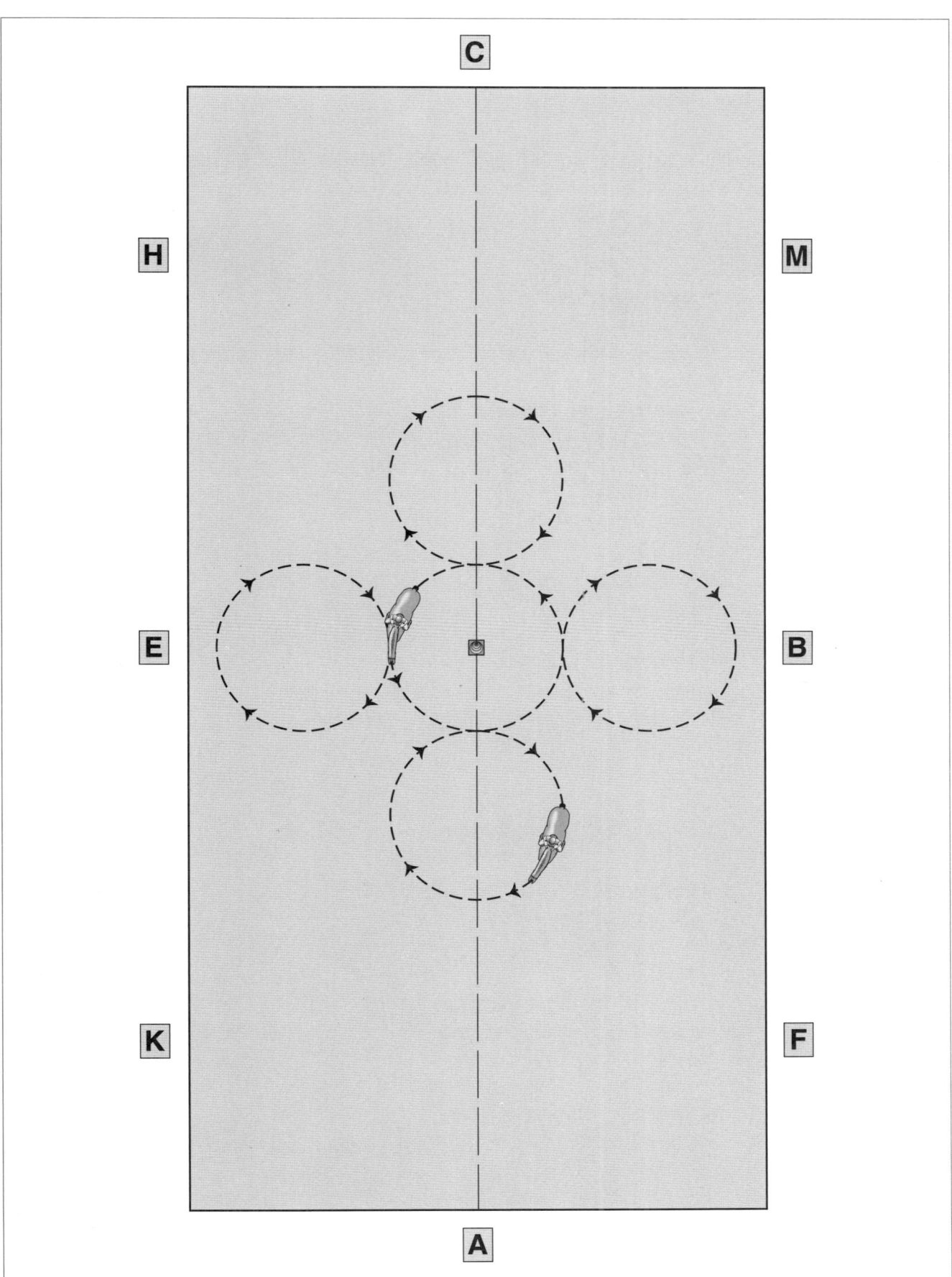

2. 유연성과 진직 | 81

EXERCISE 36

일반적인 코너운동

Beginners

Preliminary	★
Novice	★★★
Elementary	★★★
Medium	★★★★★

짧은 회전은 훈련이 잘 된 말이 코너를 정확하게 진행 할 수 있는 방법이다. 이 운동은 울타리의 간섭과 지지 없이도 똑같이 코너를 돌 수 있게 만들어 말에게 코너를 진행하는 방법을 가르치기에 가장 좋은 방법이다.

1. 이 운동을 어떻게 하나?
- □ 안쪽으로 약간 구부린 상태로 왼쪽 고삐를 사용해서 평보로 긴 옆면을 따라 올라간다.
- □ B에 오기 2~3m 전에 왼쪽으로 짧은 방향전환을 시작해서(아래 참조) 정확하게 B에서 E로 가로지른다.
- □ X까지 똑바로 진행한 다음 약간 왼쪽으로 구부리도록 다시 지시한다.
- □ E에 오기 2~3m 전에 왼쪽으로 짧은 방향 전환을 하여 트랙으로 돌아간다.
- □ K에 오기 4m 전에 F를 지나서 바로 트랙으로 가도록 20m 반원을 그린다.
- □ 이를 반복한다.
- □ 반대쪽 방향으로 연습을 한다.

2. 짧은 회전이란?
6회의 동일한 걸음으로 하는 90도 회전을 말한다.

3. 말의 상태가 어떻게 되어야 하나?
말이 방향 전환을 하는 행위는 앞쪽의 위치를 다시 잡는 것이 전부다. 앞쪽이 무거운 말은 방향 전환을 하기 어렵다. 자주 정확한 부조를 사용하여 방향 전환을 하면 말이 앞쪽을 가볍게 하는데 도움이 된다.

4. 확인
안쪽 고삐가 아니라 바깥쪽 손의 영향을 받아 방향 전환을 한다.

5. 다음 단계
구보로 이 운동을 한다.

6. 잘못된 사례
말의 후구가 E-B 선을 가로질러 갈 때에 흔들린다.
아마도 말에게 너무 갑자기 방향 전환을 하도록 지시를 하고 바깥쪽 다리를 제대로 사용하지 못했을 것이다.

7. 이 운동이 제대로 되지 않는다면
안쪽 벤딩(Bending) 상태에서 3/4선으로 가기 등 단순한 방향 전환 운동을 다시 한다.

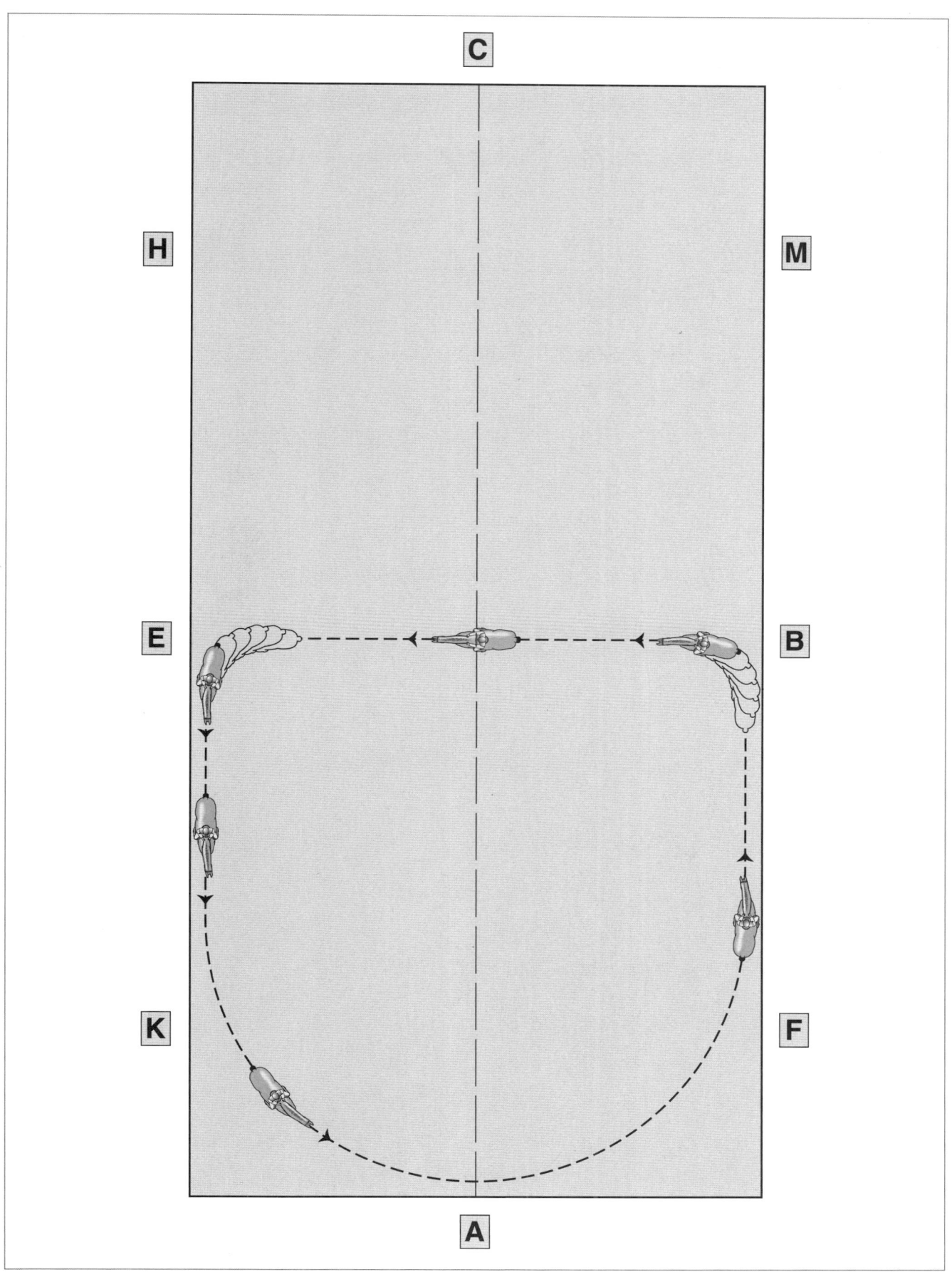

EXERCISE 37

정밀한 코너운동

Beginners
- Preliminary ★
- Novice ★★
- Elementary ★★★
- Medium ★★★★★

이 운동은 말이 부조에 집중하는지를 시험하기에 좋고, 코너가 모든 시험에 특별히 포함되므로 코너를 잘 돌게 되면 매우 영리해 보인다!

1. 이 운동을 어떻게 하나?
- ☐ F에서 왼쪽 방향으로 평보로 일직선을 간다.
- ☐ B에서 앞으로 나가면서 약간 왼쪽으로 벤딩(bending)하도록 지시하고 알맞은 짧은 회전으로 M부터 코너에 진입한다.
- ☐ 짧은 측면을 따라 일직선으로 간다.
- ☐ C에서부터 다시 왼쪽으로 벤딩(bending) 하도록 지시하고 H에 오기 전에 코너에서 알맞게 짧은 회전을 한다.
- ☐ 긴 측면을 따라 간다.
- ☐ E에서 B까지 20m 반원을 그린다.
- ☐ 두 코너에서 이를 반복한다.
- ☐ 정확하게 했다고 생각되면 반대쪽 방향으로 반복한다.

2. 말의 상태가 어떻게 되어야 하나?
안쪽 어깨 쪽으로 기울어지려는 성향을 미리 차단하도록 말이 코너에 다가갈 때 말의 앞쪽을 제어하고 있어야 한다. 다음 코스를 말이 대비하도록 일직선 트랙을 이용한다.

3. 확인
바깥쪽 다리가 뒤로 가서 말이 방향전환을 할 때 후구가 밖으로 빠져나가지 않게 한다.

4. 다음 단계
속보와 구보로 이 운동을 한다.

5. 잘못된 사례
말이 코너에서 안으로 기울어진다.
안쪽 다리와 고삐를 함께 사용하여 안쪽 어깨를 유지한다.

6. 이 운동이 제대로 되지 않는다면
3/4선에서 운동장의 중간선으로 안쪽 벤드(Bend)와 짧은 회전을 하면서 훈련을 한다.

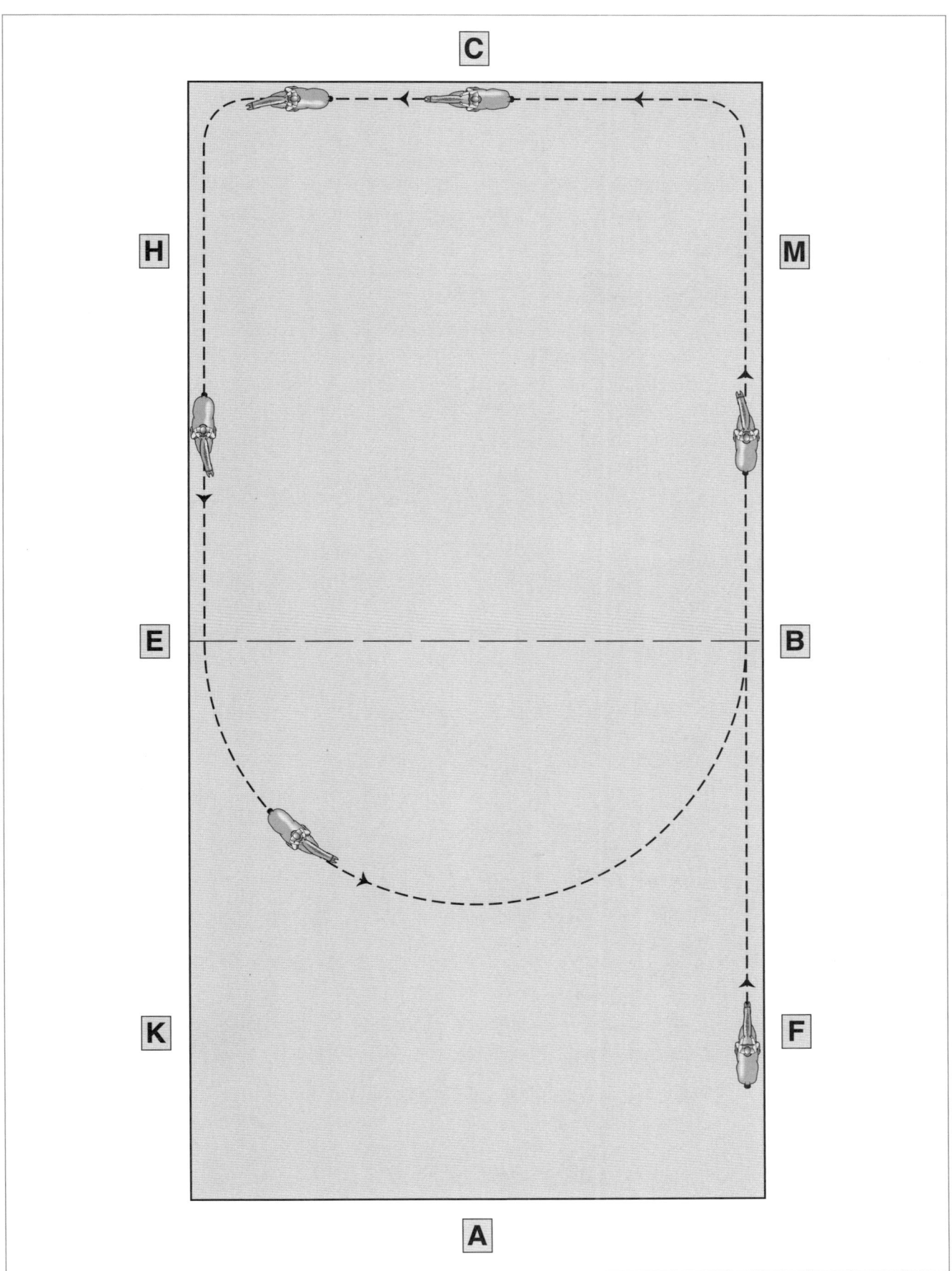

EXERCISE 38

1/4 피루엣(PIROUETTES)을 활용한 운동

Beginners

Preliminary	★★
Novice	★★★★
Elementary	★★★
Medium	★★

이 운동의 목표는 사각형의 대각선 코너에서 평보 피루엣(Pirouettes)을 하여 유연성을 높이고 말의 앞쪽을 가볍게 하는데 있다. 이 운동은 운동장의 3/4선 사이에서 수행한다.

보너스
이 운동에서는 다리부조에 대한 반응을 확인한다.

1. 이 운동을 어떻게 하나?
- □ 3/4선에서 수축 평보를 확립하고 약간 안쪽으로 벤드(Bend)하도록 지시한다.
- □ '사각형'의 코너(A)(도표 참조)에서 1/4 피루엣(Quarter pirouette)을 한다.
- □ 코너 B까지 평보를 계속 하면서 코너에 오면 작은 회전(Simple turn)을 한다.
- □ 코너 B와 C의 중간 지점에서 제대로 수축이 되어 있는지 확인하고 코너 C에서 1/4 피루엣(Quarter pirouette)을 한다.
- □ 코너 D에서 작은 회전(Simple turn)을 한다.
- □ 코너 A에 오기 전에 다시 한 번 수축 상태를 확인한다. 반대쪽 방향으로 반복한다.

피루엣(Pirouette)의 부조는 무엇인가?
- □ 올바른 안쪽 벤드(Bend) 자세로 앉는다.
- □ 안쪽 손으로 벤드(Bend)를 지시한다.
- □ 필요한 경우 바깥쪽 손으로 부드럽게 하프-홀트(Half-halt)를 지시한다.
- □ 추진과 속도유지를 위해 복대에서 안쪽 다리로 리듬감 있게 가볍게 연결한다.
- □ 바깥쪽 다리는 복대 뒤에 놓고 엉덩이 주변 근육을 안내하도록 하며, 속도유지를 맞추도록 리듬감 있게 가볍게 말을 건드릴 때 사용한다.

2. 말의 상태가 어떻게 되어야 하나?
피루엣(Pirouette)으로 방향전환을 하기 위해 말이 앞쪽을 들어야 하므로, 말의 체중은 뒷다리 비절에 실린다. 체중이 비절에 실린 상태로 말은 크고 넓은 발걸음으로 앞다리를 가져올 수 있으므로 어깨를 잘 사용하게 된다. 말이 피루엣(Pirouette)의 안쪽으로 구부린 상태를 유지해야 하므로 등과 목을 통해 유연하게 되는 법과 바깥쪽 고삐의 지시를 따르며, 안쪽 고삐에 의해 유연해짐을 익힌다.

3. 확인
말은 피루엣(Pirouette)을 하는 동안 수축 평보 상태에서 발의 리듬을 유지한다.

4. 다음 단계
중앙선에서 1/2 피루엣(half pirouette)을 한다.

5. 잘못된 사례
(1) 말의 리듬이 느려진다.
이 경우에는 말이 기승자의 다리 앞에 머무르는 훈련을 충분히 받지 못했기 때문일 가능성이 있다. 다리부조에 예리하게 반응하도록 추가적으로 훈련할 필요가 있다.

(2) 말이 시간을 보내는 대신에 안쪽 뒷발굽을 비튼다.
안쪽 다리로 리듬을 분명하게 주어 속도가 빨라지게 하거나 피루엣(Pirouette)을 크게 한다.

6. 이 운동이 제대로 되지 않는다면
트래버스(Travers)운동을 한다(Exercise 71).

이 운동을 3/4 선에서 해야 하는 이유는?

☐ 버팀대가 되는 운동장 벽이 없으면 말이 더 어려워한다.
☐ 피루엣(Pirouette)을 하면서 말이 '벽' 쪽으로 코를 향하고 있으면 '앞으로 가는' 동작을 멈추는 경향이 있다.

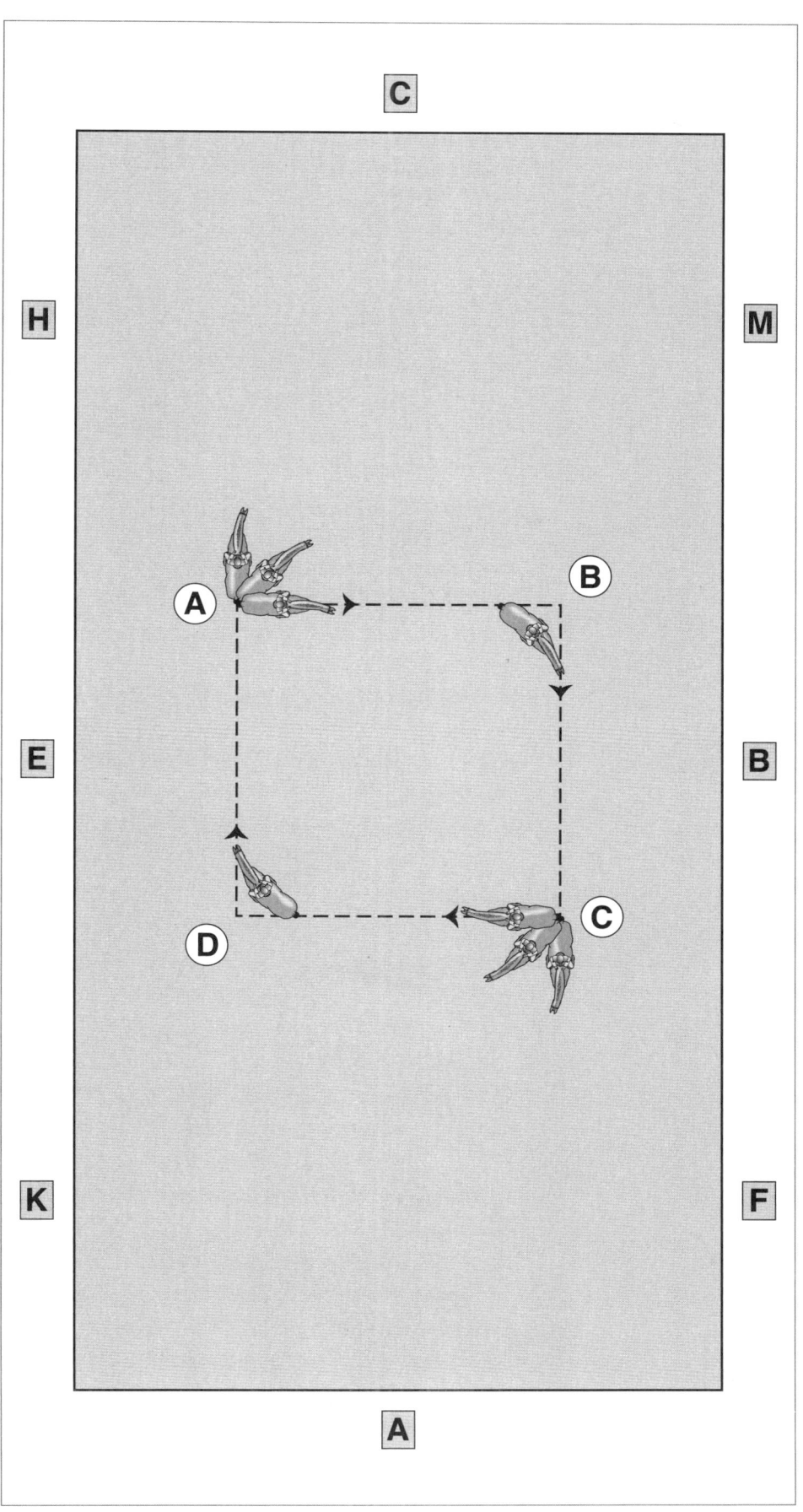

SECTION 3

양면운동
서펜타인(SERPENTINE) 운동

연습

39	서펜타인(SERPENTINE)의 기본	90
40	작은 루프(LOOP)운동	92
41	3-루프 서펜타인((THERE-LOOP SERPENTINE)	94
42	깊은 굴곡의 프랑스식 서펜타인(SERPENTINE)	96
43	프랑스식 5-루프 서펜타인(FIVE-LOOP SERPENTINE)	98
44	서펜타인(SERPENTINE)에서 보법이행	100
45	10m 반원의 서펜타인(SERPENTINE)	102
46	길게 하는 서펜타인(SERPENTINE)	104
47	1/2 굴곡하는 서펜타인(SERPENTINE)	106
48	다른 굴곡의 서펜타인(SERPENTINE)	108

서펜타인(Serpentine) 운동

서펜타인(Serpentines)은 초보 기승자와 말에게 매우 유용한 운동이다. 하지만, 유연성을 돕고 수축을 준비하는 운동으로서 초심자 과정에서 고급과정에 이르기까지 어느 훈련 프로그램에서 서펜타인(Serpentine)의 역할을 결코 과소평가해서는 안 된다. 서펜타인(Serpentines)은 한쪽 고삐에서 다른 쪽 고삐로 수행하고 다시 원래의 고삐로 벤딩(Bending) 방향을 바꾸어(이러한 형식이 포함된 운동을 서펜타인(Serpentine)이라고 한다) 말의 기량을 발전시키는데 그 가치가 있으며 서펜타인(Serpentine)을 수행법에는 수많은 방법이 존재하므로 기승자와 말의 훈련 수준에 맞출 수 있다. 예를 들어, 여기에 포함된 운동 중에 고삐를 바꾸는데 문제가 있다면 바꾸도록 지시하기 전에 진직 걸음을 한 번하고 가능하다면 두 번 한다. 말의 수축이 발달하면서 당신은 말의 능력에 맞게 루프(Loop)의 수를 늘릴 수 있다(가능한 만큼).

운동의 목표
- ☐ 루프(Loop)의 모양과 크기가 유사해야 한다.
- ☐ 말의 리듬과 걸음걸이는 훈련동안 일관적으로 유지한다.
- ☐ 훈련동안 올바른 벤드(Bend)를 유지한다.

EXERCISE 39

서펜타인(SERPENTINE)의 기본

Beginners ★★★★★
Preliminary ★★★★★
Novice ★★★★
Elementary ★★★
Medium

이 운동은 말의 진직과 균형감을 향상시키는데 도움을 주고 말이 집중하게 하는데 목적이 있다. 처음에는 속보로 하고, 이 보법을 완전히 익혔다고 여겨지면 구보로 한다. 루프(Loop) 끝에 사람이 서 있도록 해서 기승자와 말이 균형을 유지하는지 관찰하도록 한다.

1. 이 운동을 어떻게 하나?
☐ 운동장의 긴 측면을 따라 속보를 한다.
☐ 짧은 측면을 가로질러 다음 코너로 간다.
☐ 긴 측면의 트랙에서 3-5m의 루프(Loop)를 만든다.
☐ 자세를 바로 하고 짧은 측면을 간다.
☐ 반대편 긴 측면으로 똑바로 향하고 짧은 측면을 다시 간다.
☐ 긴 측면을 따라 루프(Loop)를 만들면서 내려온다.
☐ 운동장의 반대쪽 긴 측면에서 루프(Loop)를 만들면서 올라갈 수도 있다.
☐ 그런 다음, 다른 쪽 방향으로 반복한다.

2. 말의 상태가 어떻게 되어야 하나?
루프(Loop)의 본질은 완벽한 기하학을 그리는데 있다. 루프(Loop)는 완벽하게 대칭을 이루어야 하며 두 번째 루프(Loop)는 첫 번째 루프(Loop)와 거울상을 이루고 중점은 E-B선 위에 오도록 한다. 말이 트랙을 떠나는 각도는 다시 트랙으로 돌아가는 각도와 정확하게 일치해야 한다. 안쪽으로나 바깥쪽으로 기울어지지 않고 말이 균형을 잡고 기승자의 안내를 받아야 한다.

3. 확인
제대로 앉아 가고자 하는 방향을 바라보고 있는가? 손뿐이 아니라 발로 말을 안내하고 있는가?

4. 다음 단계
구보에서 이 운동을 하되, 안내를 하는 다리가 지시하는 구보 리드에 따라 벤딩(Bending)을 유지하게 한다.

5. 잘못된 사례
말이 기승자의 말을 듣지 않아 처음에 균형을 잡지 못할 수도 있고 코너에서 안쪽으로 기울어질 수도 있다.
너무 갑자기 회전을 지시하지 않았는지 확실히 한다. 아주 서서히 트랙에서 멀어져야 한다.

6. 이 운동이 제대로 되지 않는다면
속보에서 이 운동을 하면, 다시 해보기 전에 따라가야 할 트랙을 표시한다. 5m 루프(Loop)를 그리려고 한다면 깊지 않은 루프(Loop)를 다시 그려본다.

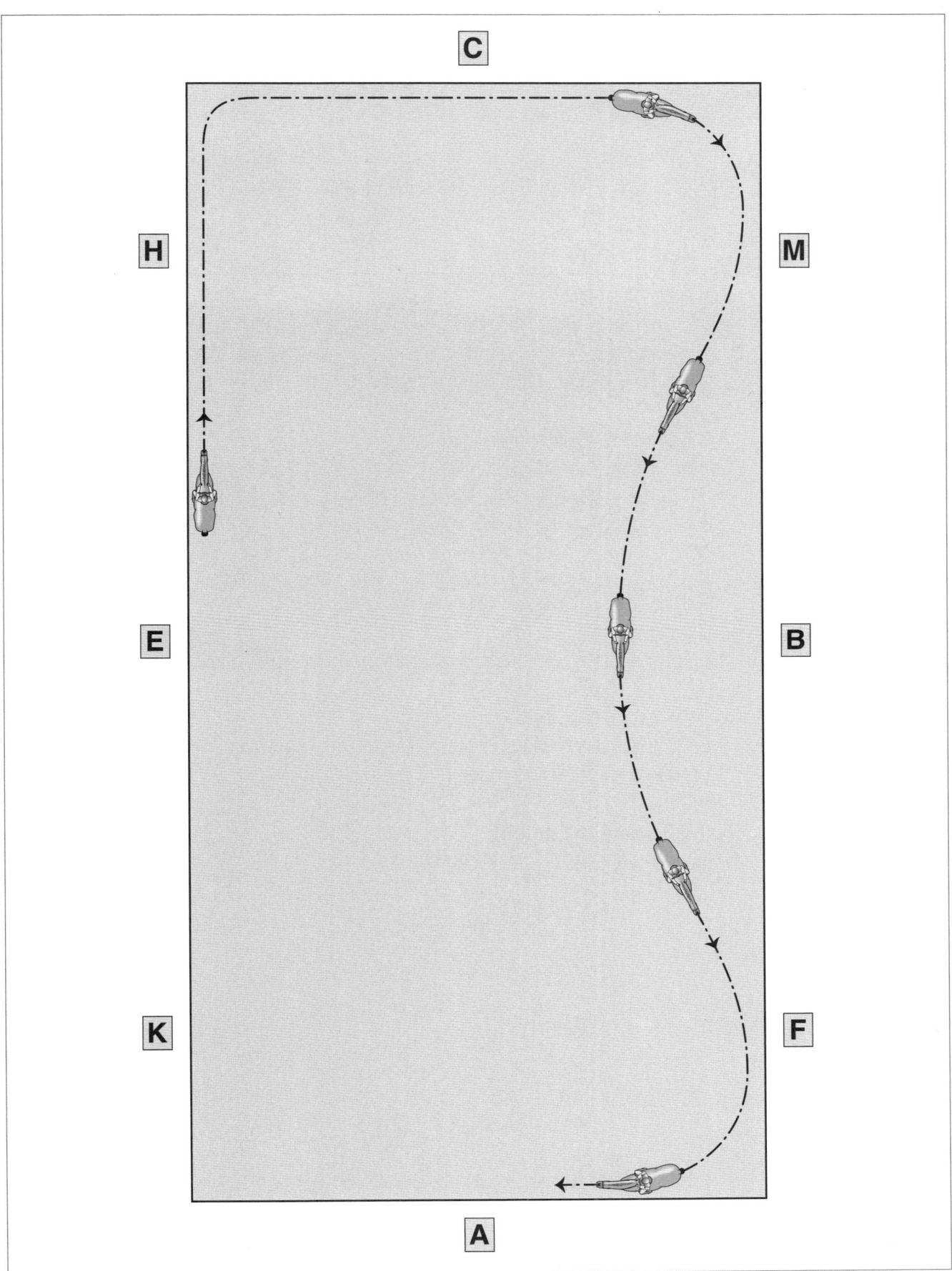

3. 양면운동 | 91

작은 루프(LOOP)운동

Beginners ★★
Preliminary ★★
Novice ★★★
Elementary ★★★★★
Medium ★★★★★

이 운동은 말이 측면 부조를 따르도록 가르치기에 아주 좋다. 예비 시험을 위해 연습하기에 좋은 동작이다. 또한, 말의 균형을 조절하는 기술을 발달시키는데도 도움이 된다.

1. 이 운동을 어떻게 하나?
- 오른쪽 고삐를 사용하여 평보로 C에서부터 중앙선을 따라 내려온다.
- 중앙선의 양쪽으로 1-2m 떨어진 4개의 깊지 않은 루프(Loop)를 그린다.
- 크게 루프(Loop)를 그려보고 이를 반복한다.

2. 말의 상태가 어떻게 되어야 하나?
여러분이 계획한대로 정확하게 말이 진행해야 하며, 편안하게 복종하여 좌우로 말이 벤딩(Bending)하게 하고, 기승자가 몸의 위치를 좌에서 우로 바꾸면서 균형을 유지하도록 한다.

3. 확인
벤드(Bend)의 방향을 바꾸면서 다리, 앉은 자세, 손의 위치 또한 바꾸어야 한다.

4. 다음 단계
속보로 이 운동을 할 수 있다. 훈련 과정에서 동일하게 벤드(Bend)를 유지하면서 할 수도 있다.

5. 잘못된 사례
곡선을 그릴 때 말이 어깨를 통해 안쪽으로나 바깥쪽으로 기울어진다.
말이 기울어지는 쪽의 다리와 고삐를 사용하여 말을 지탱한다.

6. 이 운동이 제대로 되지 않는다면
쉬운 깊지 않은 루프(Loop)로 훈련을 한다(Exercise 27, 39).

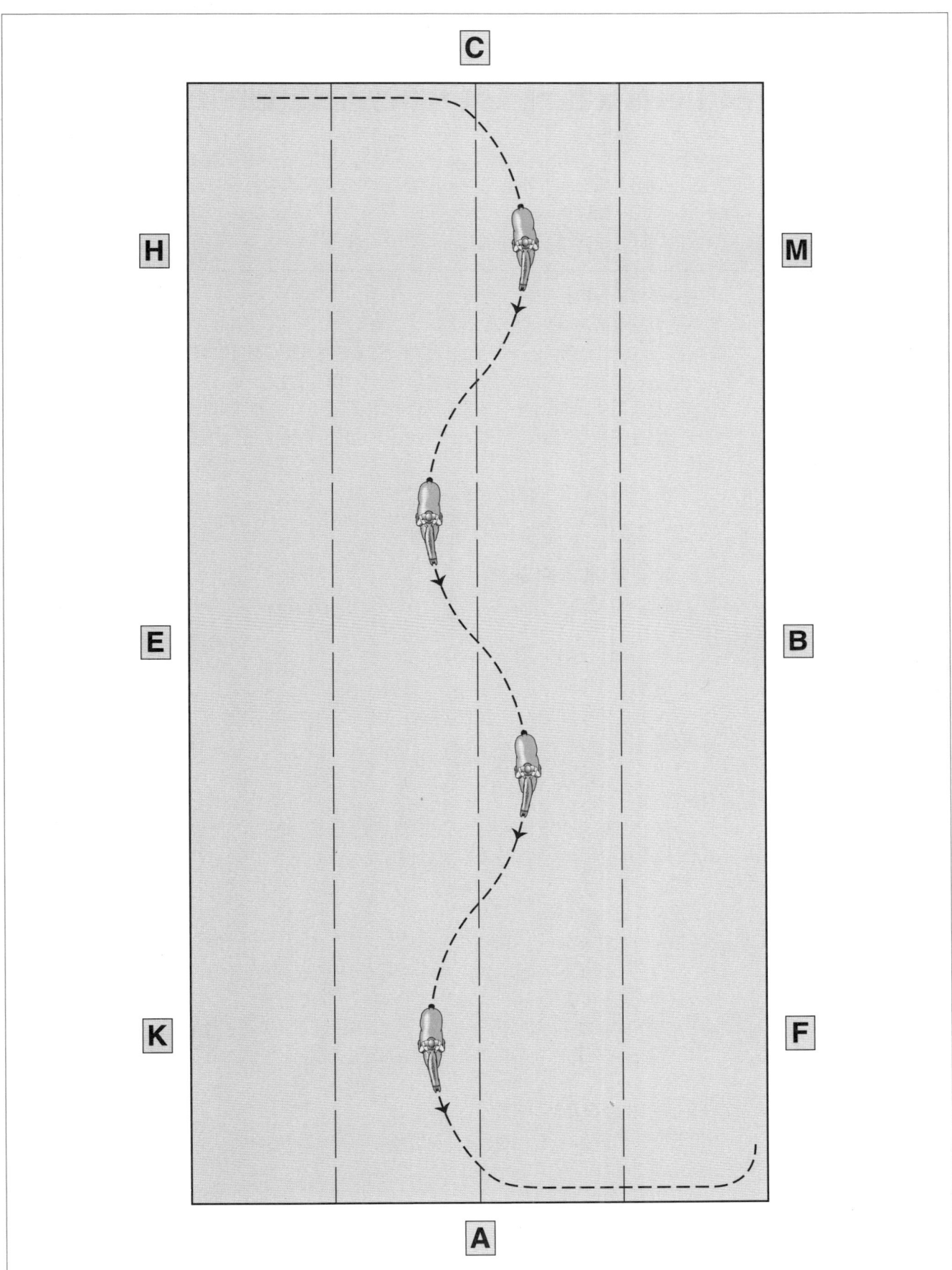

3. 양면운동 | 93

EXERCISE 41

3-루프 서펜타인 (THERE-LOOP SERPENTINE)

Beginners ★
Preliminary ★★
Novice ★★★★
Elementary ★★★★★
Medium ★★★★

짧은 공간에서 벤드(Bend)의 방향을 두 번 바꾸어야 하므로 이 운동은 보기만큼 쉽지 않으며, 말이 균형을 잃지 않고 이를 할 수 있어야 한다. 어느 한쪽으로 벤드(Bend)하고 방향 전환하는 것이 더 수월하므로 각 고삐로 동일하게 루프(Loop)를 만드는 훈련을 한다.

보너스
안쪽 위치에서 규칙적으로 변화를 주면 기승자와 말이 모두 플라잉 체인지(Flying Change)에 필요한 행동을 취하도록 준비하게 된다.

1. 이 운동을 어떻게 하나?
- 운동장 한쪽 끝에서 운동을 시작한다.
- 속보로 A나 C를 지나면서 세 걸음을 가고 13.3m 반원을 그린다(이론적인 수치다. 가능한 한 그 크기에 근접하도록 40m × 20m 경기장에서는 길이의 3분의 1에 해당한다).
- 중앙선을 가로질러 6걸음 정도를 곧바로 간다(걸음걸이의 길이에 따라).
- 중앙선을 가로지르면서 벤드(Bend)의 방향을 바꾼다. 6걸음 간 후에 두 번째 13.3m 반원을 그린다.
- 다시 한 번, 6걸음 정도를 중앙선을 가로질러 간다.
- 그런 다음, 13.3m 반원을 그리도록 벤드(Bend)의 방향을 바꾸고 A나 C에서 트랙으로 되돌아온다.

2. 말의 상태가 어떻게 되어야 하나?
말의 어깨가 수직을 유지하고 하나의 곡선을 마치고 다음 곡선을 준비하도록 하여 균형을 유지하게 한다.

3. 확인
손만을 이용해서가 아니라 다리, 앉은 자세, 고삐 등 기승자의 전체적인 자세를 바꾸어 벤드(Bend)의 방향을 바꾸도록 한다.

4. 다음 단계
고급 과정의 말에게 이 운동을 구보로 하고 처음에는 심플 체인지(Simple Change)(속보로 돌아오고 변경을 지시)로, 나중에는 플라잉 체인지(Flying Change)를 한다.

5. 잘못된 사례
벤드(Bend) 방향을 바꾸란 지시에 말이 안으로 기울고 선에서 벗어난다.
서펜타인(Serpentine)에는 말이 잘 가지 못하는 루프(Loop)가 한두 개 있어서 제대로 벤드(Bend)하기를 꺼려하면 벤드(Bend)를 하기 보다는 안으로 기울어진다.
말이 벤드(Bend)를 하는데 도움이 되도록 안쪽 고삐연결을 부드럽게 수용하고 안쪽 다리에 제대로 반응하는지를 확인한다. 바깥쪽 다리는 후구 근육을 제어한다.

6. 이 운동이 제대로 되지 않는다면
보다 단순한 루프(Loop)와 원운동으로 훈련을 다시 한다(Exercise 27, 39).

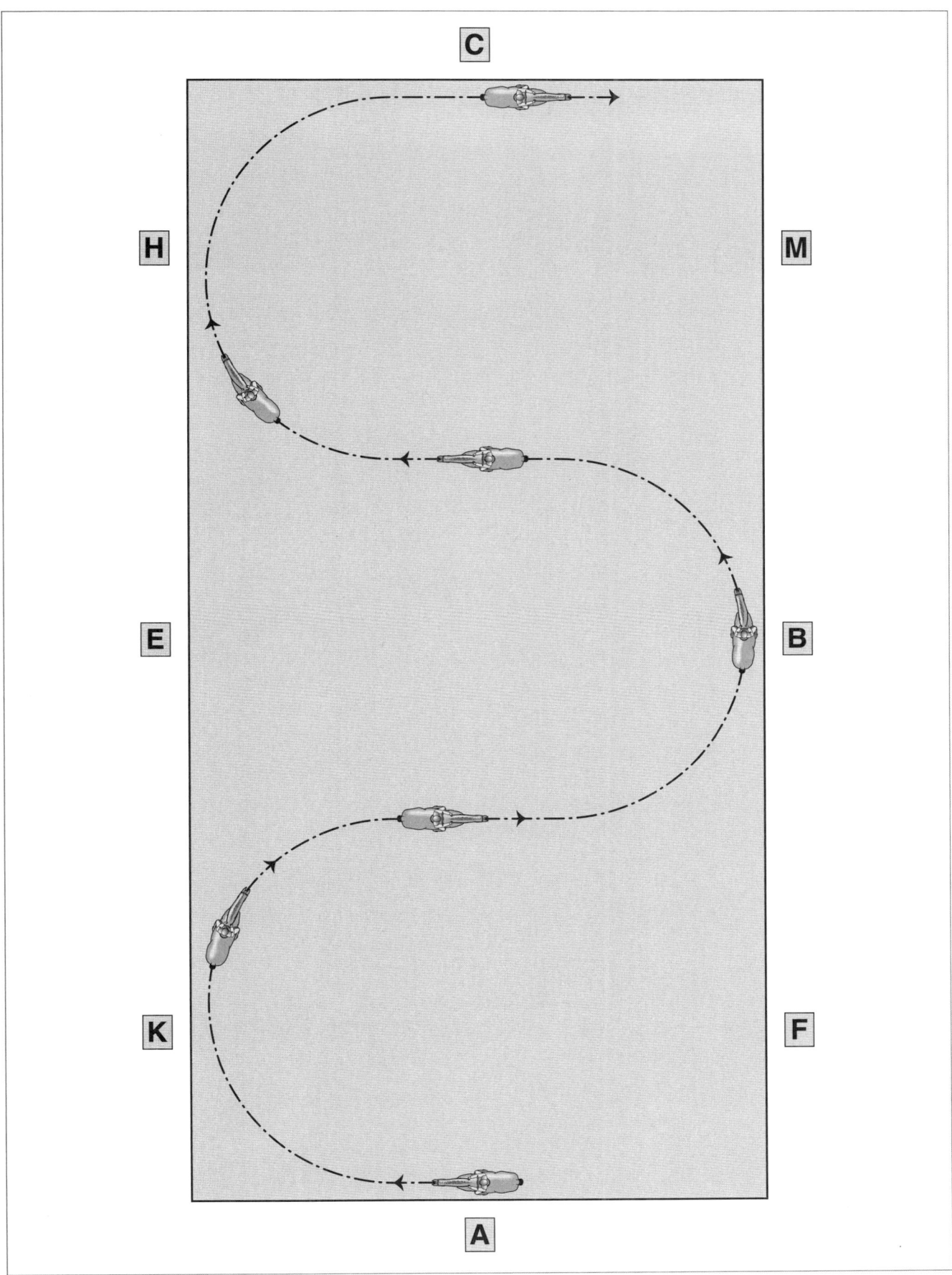

3. 양면운동 | 95

EXERCISE 42

깊은 굴곡의 프랑스식 서펜타인(SERPENTINE)

Beginners

Preliminary	★
Novice	★★★
Elementary	★★★★
Medium	★★★★★

서펜타인(Serpentine)은 조마 훈련에서 여러 가지로 쓰인다. 예를 들어, 운동장의 한 쪽에서 맞은편으로 일직선으로 갈 때, 루프(Loop) 사이에 일직선으로 가는 구간에서 보법을 바꿀 수도 있다. 그 외에, 중앙선을 가로지를 때마다 정지를 할 수도 있다. 그러나 이 운동은 리듬과 벤드(Bend)를 향상시켜주며 말의 동작 흐름을 도와주는 둥근 형태의 서펜타인(Serpentine)을 이용한다.

보너스
믿기 어렵겠지만, 서펜타인(Serpentine)으로 기승하는 것은 말과 기승자 모두 일직선으로 가는 방법을 배우는데 가장 좋은 방법이다.

1. 이 운동을 어떻게 하나?
- ☐ 서펜타인(Serpentine)의 루프(Loop) 사이에 곡선을 과장되게 그려 긴 측면으로 루프(Loop)를 그리면서 중앙선을 가로질러 원래의 자리로 거의 비슷하게 돌아오게 한다.
- ☐ 벤드(Bend) 방향을 바꾸는데 도움이 되도록 하프-홀트(Half-halt)를 하고, 1걸음으로 하프-홀트(Half-halt)를 해 본다.
- ☐ 3루프 서펜타인(Three-loop Serpentine)을 목표로 한다.
- ☐ 반대쪽 방향으로 반복한다.

2. 말의 상태가 어떻게 되어야 하나?
말은 좌우로 고르고 동일한 루프(Loop)를 만들어 편안하게 벤딩(Bending)을 하고 부드럽고 규칙적인 리듬을 유지하며, 기승자로 하여금 양쪽 곡선에서 제대로 안쪽 자세를 취하게 해야 한다.

3. 확인
말이 다리 앞에 있는 상태를 유지하고, 바깥쪽 고삐로 방향전환을 지시하여 리듬과 동작 흐름을 유지하도록 한다.

4. 다음 단계
3개의 루프(Loop)를 잘 그린다면 루프(Loop)의 크기를 줄이고 5개의 루프(Loop)를 그려보자(Exercise 43 참조).

5. 잘못된 사례
말이 온 더 빗(On the bit) 상태로 벤딩(Bending)을 바꿀 때 손으로 하는 지시를 따르지 않는다.
곡선 사이에 진직의 걸음을 더 길게 하고, 벤드(Bend)를 덜 과장한다. 말의 입을 잡아당기지 않도록 한다.

6. 이 운동이 제대로 되지 않는다면
전통적인 3루프 서펜타인(Three-Loop Serpentine)을 다시 한다(Exercise 41).

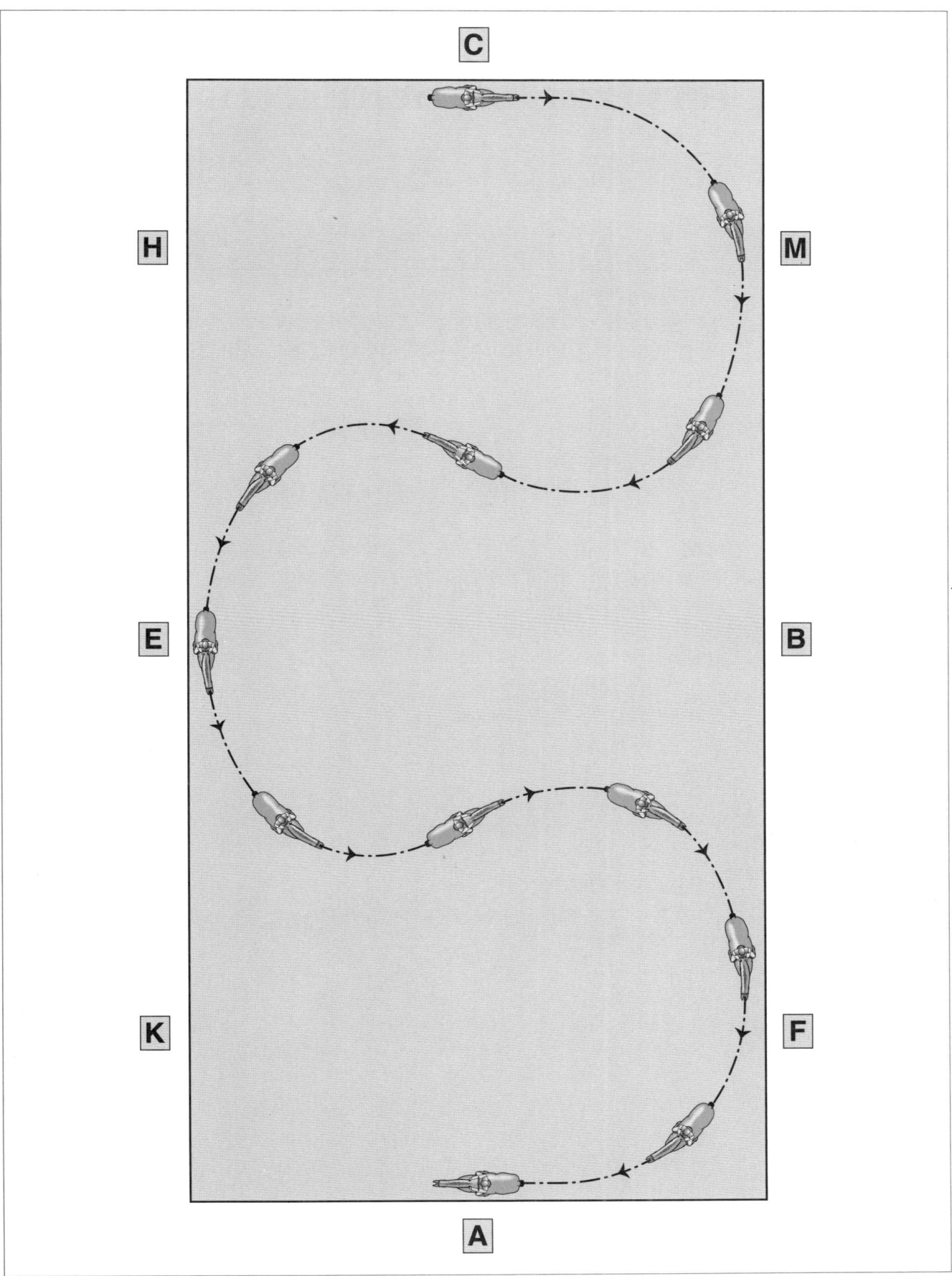

3. 양면운동 | 97

EXERCISE 43

프랑스식 5-루프 서펜타인 (FIVE-LOOP SERPENTINE)

Beginners
Preliminary	★
Novice	★★★
Elementary	★★★★
Medium	★★★★★

이 운동은 말의 유연성을 향상시켜주는데 있어 가장 효과적인 방법이자, 속도를 조절하는데도 도움이 된다.

보너스

안쪽 위치에서 규칙적으로 변화를 주면 기승자와 말이 모두 플라잉 체인지(Flying change)에 필요한 행동을 취하도록 준비하게 된다.

1. 이 운동을 어떻게 하나?
- □ 오른쪽 방향으로 A를 지나자마자 10m 원을 3/4만큼 그린다.
- □ 중앙선을 지나면서 고삐를 바꾸고 왼쪽 고삐로 10m 원을 3/4만큼 그린다.
- □ 이 서펜타인(serpentine)을 계속 그려가면서 경기장의 길이에 맞게 5개의 루프(Loop)를 그린다 (삽화 참조).

2. 말의 상태가 어떻게 되어야 하나?
말은 손과 다리 사이에 제대로 위치하고, 고삐를 바꿀 때 균형을 잃지 않으며, 부조에 잘 따라야 한다.

3. 확인
손만을 이용해서가 아니라 다리, 앉은 자세, 고삐 등 기승자의 전체적인 자세를 바꾸어 벤 드(Bend)의 방향을 바꾸도록 한다.

4. 다음 단계
고급 과정의 말에게 이 운동을 구보로 하고 처음에는 심플 체인지(Simple change)로, 나중에는 플라잉 체인지(Flying change)를 한다.

5. 잘못된 사례
말이 지레짐작 하거나 벤드(Bend) 방향을 너무 천천히 바꾼다.
진행하기 전에 10m 원을 그려본다.

6. 이 운동이 제대로 되지 않는다면
3루프 프랑스식 스펜타인(Three-loop French serpentine)을 다시 한다(Exercise 42).

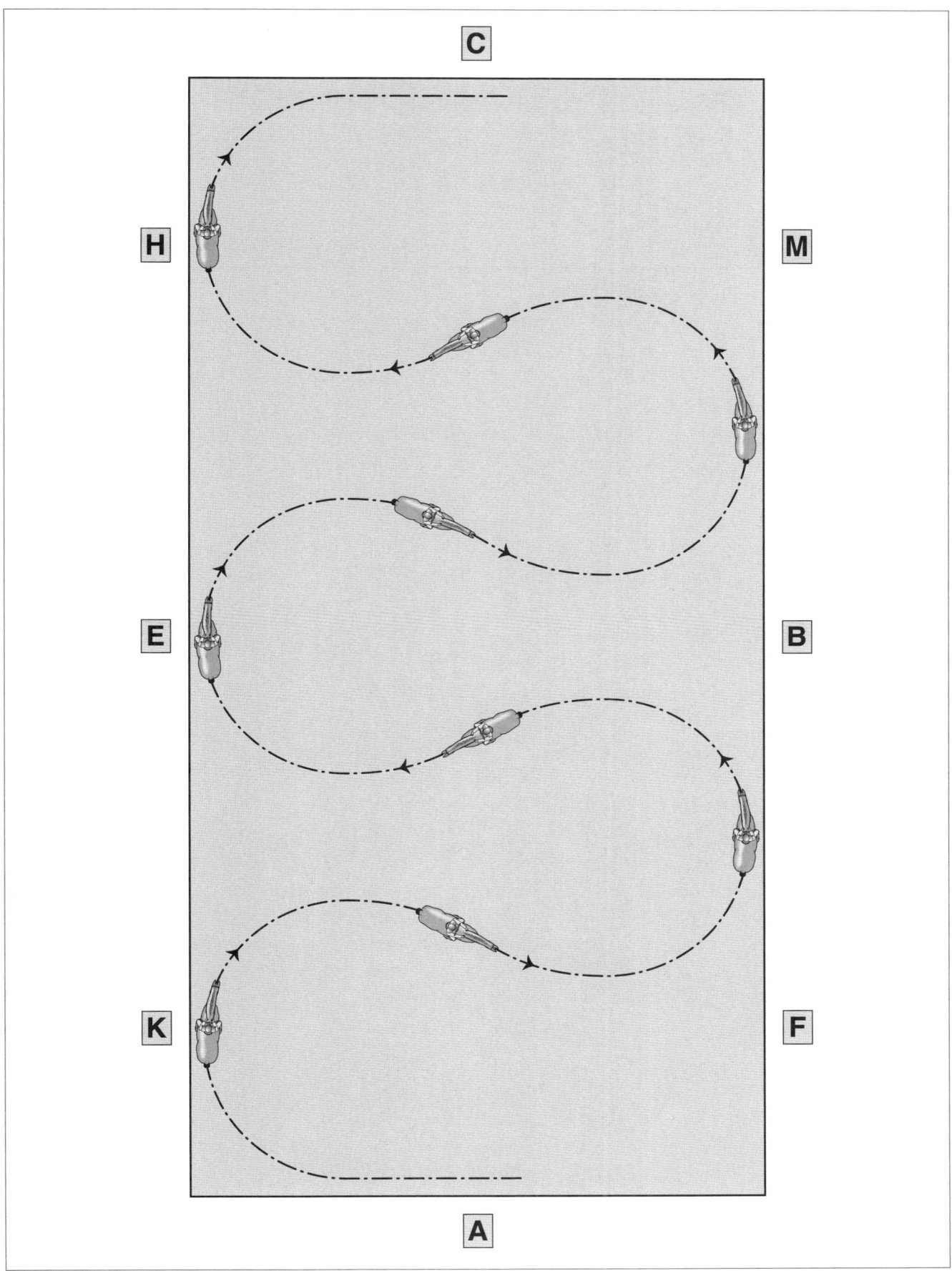

3. 양면운동 | 99

EXERCISE 44

서펜타인(SERPENTINE)에서 보법 이행

Beginners	★
Preliminary	★★
Novice	★★★★★
Elementary	★★★★★
Medium	★★★★

이 운동을 통해 기승자는 말의 균형을 지시하고 제어할 기회를 더 갖게 된다. 모든 아래로의 이행은 놀라운 수축운동이다.

1. 이 운동을 어떻게 하나?
- □ 오른쪽 고삐를 사용하여 속보로 A에서 시작하여 3-루프 서펜타인(Three-loop Serpentine)을 그린다.
- □ 첫 번째 루프(Loop)를 완성하고 1/4선을 지나면서 중앙선을 가로질러 2~3걸음 정도 평보 이행을 한다.
- □ 속보로 돌아와 두 번째 루프(Loop)를 그린다.
- □ 세 번째 루프(Loop)를 그리도록 평보 이행을 반복한다.
- □ 반대방향으로 운동을 반복한다.

2. 말의 상태가 어떻게 되어야 하나?
말이 제대로 이행을 하면, 체중을 뒷다리에 더 싣게 되어 좀 더 수축한 상태가 된다.

3. 확인
평보를 하는 동안 좌에서 우로 무게가 제대로 이동하는지 확실히 한다.

4. 다음 단계
중앙선의 어느 쪽에서든 속보걸음을 해서 구보에서도 이 운동을 할 수 있다.

5. 잘못된 사례
아래로 이행에서 말이 갑자기 멈춘다.
말을 앞으로 가게 했는지, 말이 다리 앞에 위치하고 있는지를 확인한다.

6. 이 운동이 제대로 되지 않는다면
평보로 서펜타인(Serpentine)(Exercise 39, 40, 41)과 8자 도형(Figures-of-Eight)운동(Exercise 31)을 다시 연습한다.

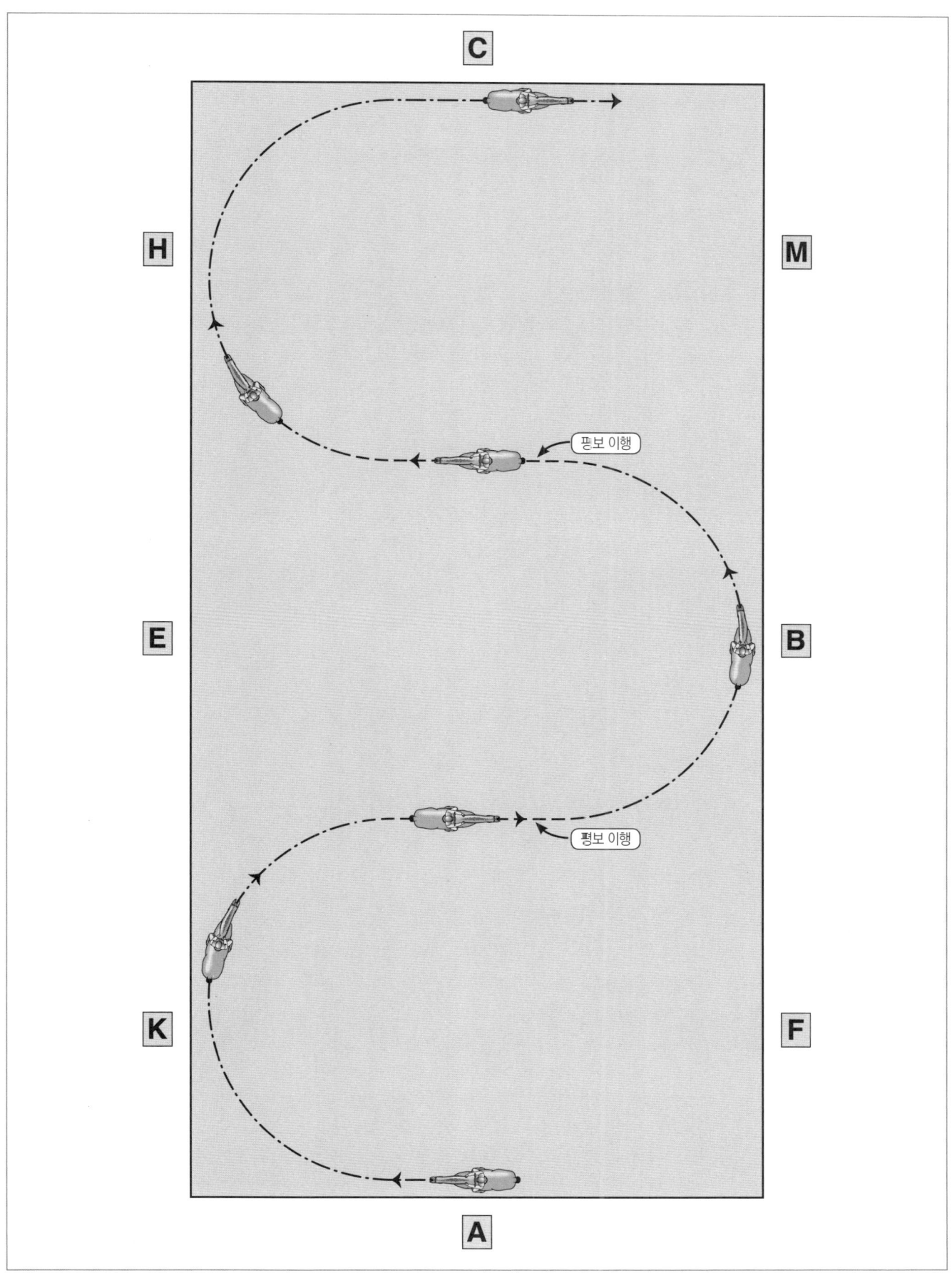

EXERCISE 45

10m 반원의 서펜타인(SERPENTINE)

Beginners ★
Preliminary ★★
Novice ★★★★
Elementary ★★★★★
Medium ★★★★★

이 운동은 말의 집중력을 키우는데 효과적이며, 유연성 훈련에도 좋다. 일단 준비 운동을 하면 쌀쌀한 아침에 긴장을 풀기에도 좋다.

기승자 팁

2~3개의 반원을 수행 이후에는 더 크게 그려보며 추진을 되찾도록 말이 자세를 똑바로 유지하게 한다..

1. 이 운동을 어떻게 하나?
- □ 고삐를 사용해서 평보로 A에서 시작해서 왼쪽으로 10m 반원을 그린다.
- □ 중앙선을 가로지르면서 1~2걸음 똑바로 간다.
- □ 오른쪽으로 10m 반원을 그린다.
- □ 중앙선을 따라 가면서 좌우 원 그리기를 반복한다.
- □ C에서 운동을 반복한다.

2. 말의 상태가 어떻게 되어야 하나?
벤드(Bend) 방향 전환을 끊임없이 하고 말의 전면부의 계속 옮겨야 하므로 이 운동을 제대로 하려면 말이 부조에 집중해야 한다.

3. 확인
반원들이 모두 크기와 형태가 비슷해야 한다.

4. 다음 단계
말이 완전히 긴장을 풀고 균형을 잡았다고 여겨지며, 부조를 따른다면, 속보로 이 운동을 한다.

5. 잘못된 사례
말이 온 더 빗(On the bit) 상태에서 방향전환을 할 때 손의 부조를 따르지 않는다.
연결이 부드럽게 되었는지 확인하고, 입에 금속이 닿아 겁이 날 수도 있다는 점을 과소평가하지 않는다.

6. 이 운동이 제대로 되지 않는다면
각 반원 사이에 진직 걸음의 수를 늘린다.

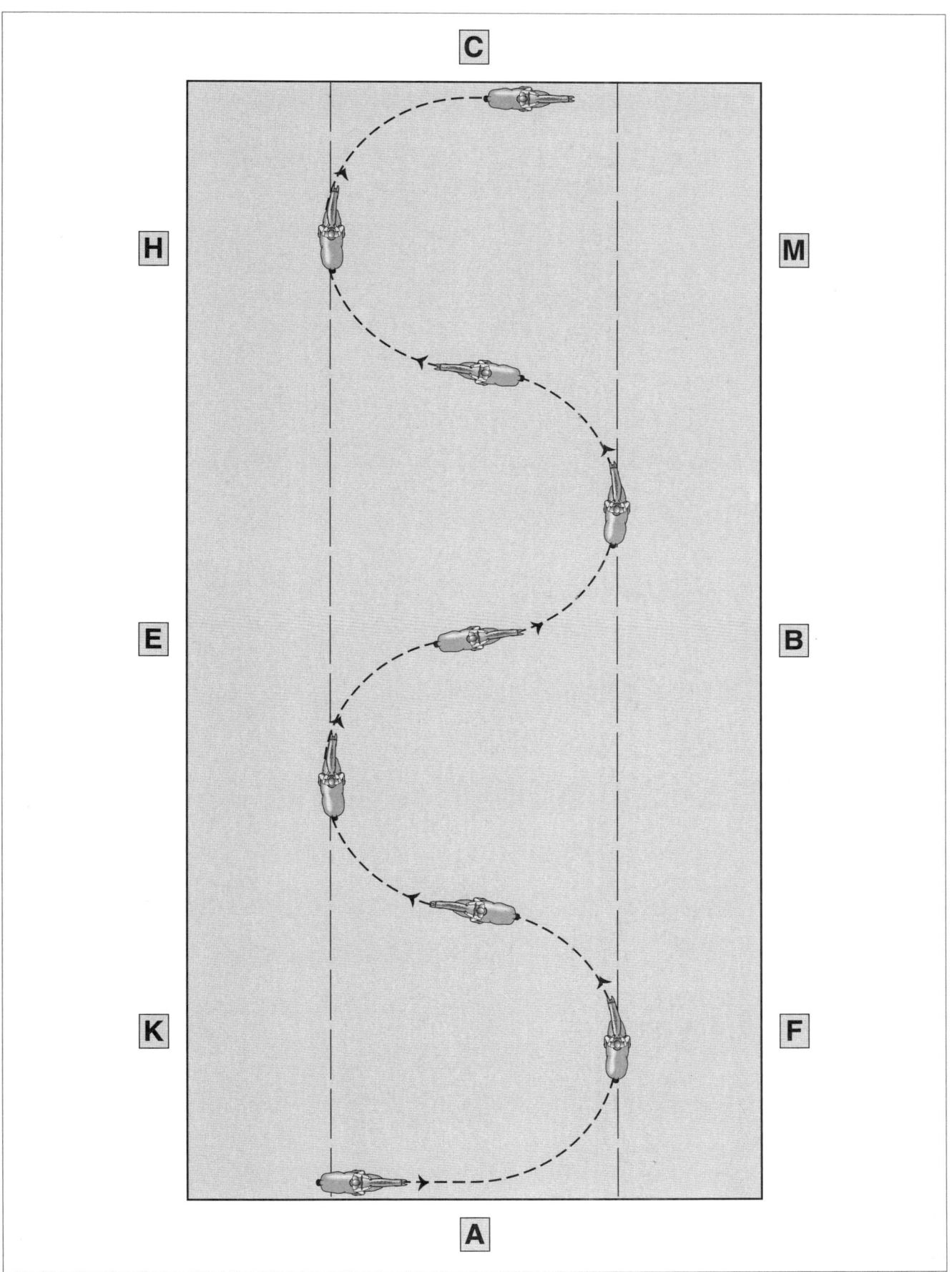

EXERCISE 46

길게 하는 서펜타인(SERPENTINE)

Beginners

Preliminary	★
Novice	★★★
Elementary	★★★★
Medium	★★★

길고 곧은 선을 따라 작은 원을 정확하게 그려내는 운동은 진직 기승을 연습하기에 아주 좋으며, 이를 위해서는 말이 균형을 잘 잡고 연결 운동이 되어 있어야 한다.

1. 이 운동을 어떻게 하나?

- ☐ 오른쪽 고삐를 사용해서 F에서 평보를 시작하여 트랙을 떠나 1/4선에서 오른쪽으로 작은 반원을 그린다.
- ☐ 1/4선에 오면 1/4선을 따라 반대쪽으로 속보를 한다.
- ☐ 평보로 돌아가 왼쪽으로 반원을 또 하나 그린다.
- ☐ 속보로 중앙선을 따라 내려온다.
- ☐ 다시 한 번 평보로 돌아가 3/4선에서 오른쪽으로 작은 반원을 그린다.
- ☐ 3/4선을 따라 속보를 한다.
- ☐ 반대편에서 평보로 돌아가 트랙에 오면서 마지막으로 작은 반원을 그린다.
- ☐ 긴 측면을 따라 내려온다.
- ☐ 반대쪽 방향으로 반복한다.

2. 말의 상태가 어떻게 되어야 하나?

이 운동은 균형감과 진직을 향상시켜 울타리나 트랙이 없이도 일직선을 유지하도록 훈련시키는데 좋다.

3. 확인

- ☐ 손으로 당기지 말고 다리를 사용하여 말이 똑바로 가게 한다.
- ☐ 벤드(Bend) 방향 전환을 잘 하도록 한다. 운동장의 각 끝부분에서 하프-홀트(Half-halt)를 하면 말이 수축 상태가 되고 균형을 다시 잡아 운동장의 길이 방향으로 똑바로 내려갈 준비를 한다.
- ☐ 평보로 제대로 이행 하도록 말을 수축 상태로 만들어 준다.

4. 다음 단계

속보로 방향전환을 하고 일직선은 구보로 한다.

5. 잘못된 사례

말이 방향전환을 할 때 후구를 흔든다.
바깥쪽 부조가 좀 더 영향을 주고 있는지 확인한다.

6. 이 운동이 제대로 되지 않는다면

운동장의 각 끝부분에서 4개의 작은 반원 대신에 2개의 10m 반원을 그린다.

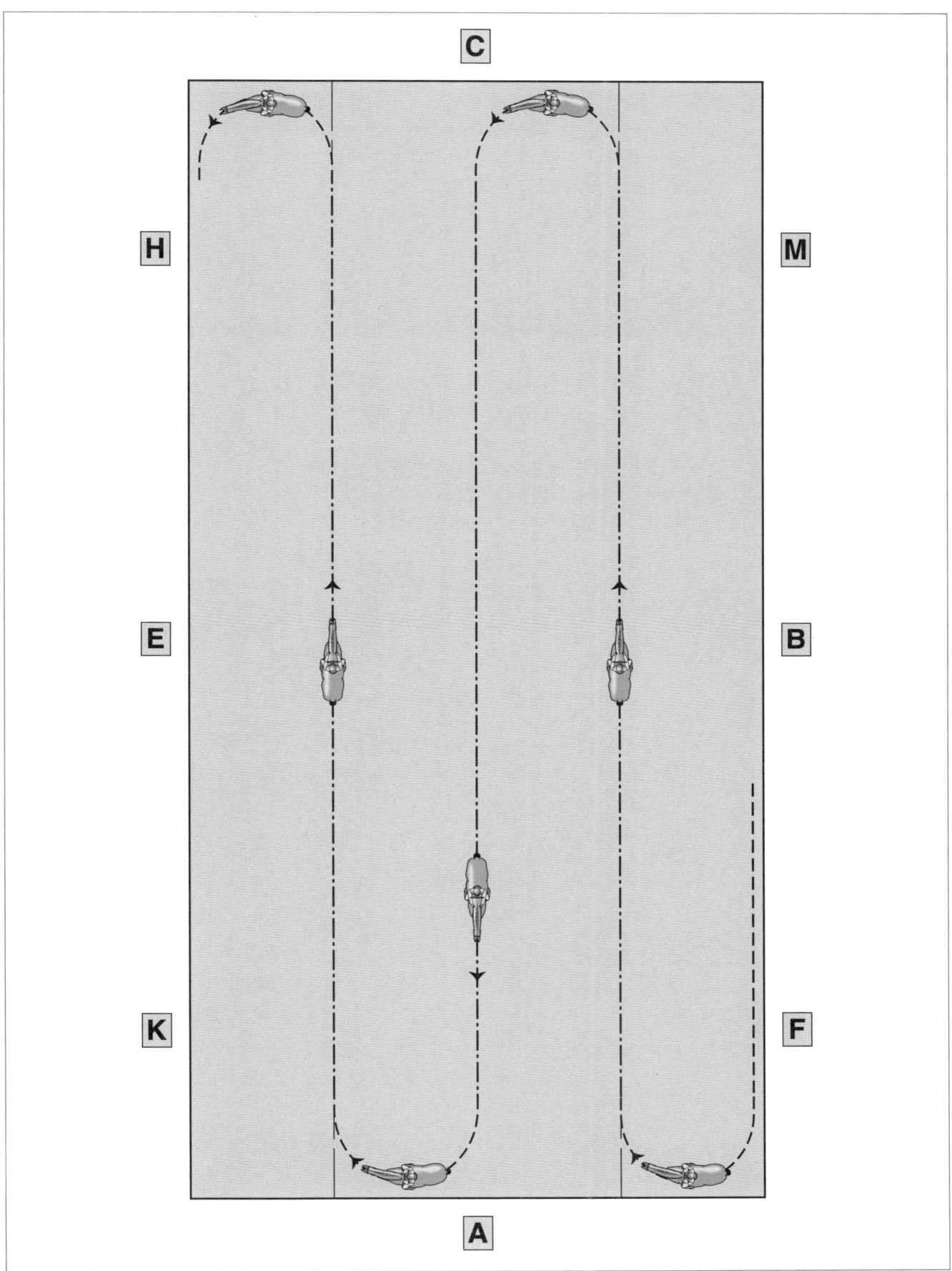

3. 양면운동 | 105

EXERCISE 47

1/2 굴곡하는 서펜타인(SERPENTINE)

Beginners
Preliminary
Novice ★★
Elementary ★★★★
Medium ★★★★★

20m x 40m 경기장에서는 꾸준히 어려움을 마주하게 되는 카운터-캔터(Counter-canter)를 할 기회가 한정되어 있다.
이 운동을 구보로 하게 되면 말이 어려워할 때 한두 가지의 대안을 마련할 수 있다.

보너스
이 단계를 현

1. 이 운동을 어떻게 하나?
- [ ] H 바로 앞에서 오른쪽 고삐를 사용하여 안쪽 리드로 구보를 하다가 중앙선 쪽으로 10m 반원을 그린다.
- [ ] E 약간 앞에 오면서 트랙으로 돌아온다.
- [ ] E에서부터 3-루프 서펜타인(Three-loop serpentine)의 경로대로 가면서 중앙선을 가로지를 때까지 카운터-캔터(Counter-canter)를 한다.
- [ ] 마지막 루프(Loop)를 만들도록 정 구보를 다시 시작한다.
- [ ] 만족할 때까지 같은 고삐로 연습한다.
- [ ] 그런 다음, 방향을 바꾸어 B에서 시작한다.
- [ ] 그리고 M 과 C 사이에서 10m 반원을 처음으로 그린다(Left lead).

2. 말의 상태가 어떻게 되어야 하나?
말이 첫 번째 10m 반원을 다 그린 시점에도 균형을 잡은 채로 수직과 진직 자세로 주된 다리 위에 있는 자신의 코와 같은 방향으로 벤딩(Bending)을 유지해야 한다.

3. 확인
기승자의 체중이 안쪽 등자와 안쪽 좌골에 실려 있는지, 바깥쪽 다리가 뒤로 가 있는지, 안쪽 어깨가 뒤로 가 있는지 확실히 한다. 이 운동에서는 '안쪽'이란 단어는 말이 움직이는 방향이 아니라 벤딩(Bending)한 방향을 말한다는 점을 잊지 말자.

4. 다음 단계
카운트-캔터 루프(Counter-canter loop)의 난이도가 더 큰 15m 반원을 처음에 만들어 본다.

5. 잘못된 사례
말이 균형을 잃고 앞이나 뒤로 다리를 바꾸었다.
중간 원호가 덜 휘게 해보자.

6. 이 운동이 제대로 되지 않는다면
깊지 않은 루프(Loop)을 다시 한다(Exercise 27, 40).

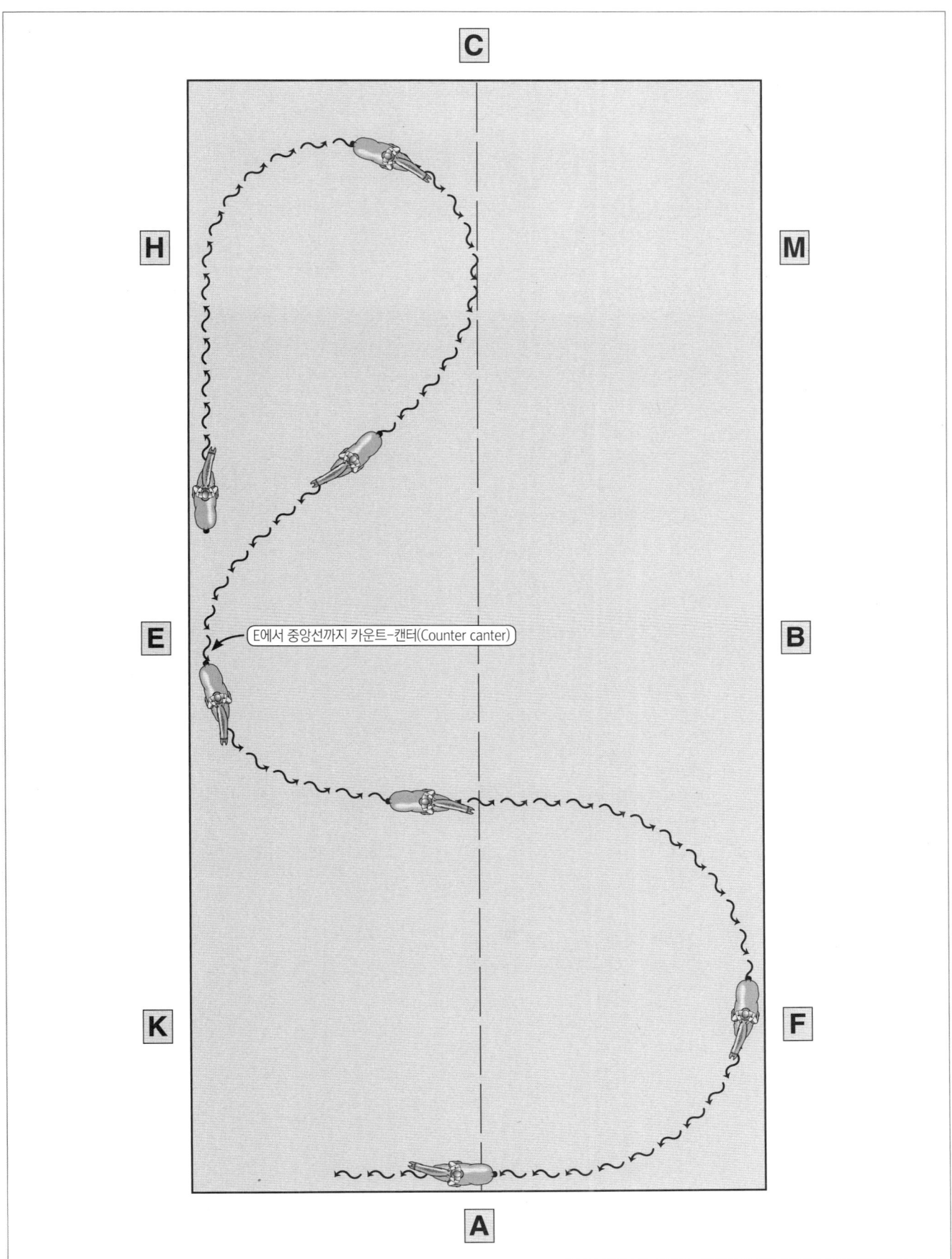

EXERCISE 48

다른 굴곡의 서펜타인(SERPENTINE)

Beginners
Preliminary
Novice ★
Elementary ★★
Medium ★★★★★

이 운동은 3-루프 서펜타인(Three-loop Serpentine) 방식을 이용하여 20m x 40m 경기장에 한정된 카운터-캔터(Counter-canter) 기록에 추가하는 카운터-캔터(Counter-canter) 운동이다. 서펜타인(Serpentine)에서 두 개의 루프(Loop)는 정 구보로, 중간의 루프(Loop)는 카운터 캔터(Counter-Canter)를 한다.

보너스
이 운동에서 돌연히 발생한 잘못된 플라잉-체인지(Flying-Change) 운동에서 생길 수 있는 문제를 나타낸다.

1. 이 운동을 어떻게 하나?
- ☐ 왼쪽 고삐를 사용하여 구보로 시작한다.
- ☐ C와 코너의 중간 지점에서 10m 반원을 그리기 시작한다.
- ☐ 중앙선에 가까이 가면서 진직 걸음을 몇 번 한다.
- ☐ 중앙선에서부터 카운터-캔터(Counter-canter)로 20m 반원을 오른쪽으로 그린다.
- ☐ 중앙선에서 1~2 진직 걸음을 간다.
- ☐ 그런 다음, 정 구보로 10m 반원을 그려 A로 돌아온다.

2. 말의 상태가 어떻게 되어야 하나?
말은 카운터-캔터(Counter-canter) 원호에서 정 구보 원호와 동일하게 균형 및 리듬을 유지해야 한다.

3. 확인
확실히 말이 약 90도로 중앙선을 가로지르게 한다.

4. 다음 단계
말이 이 운동에 자신감을 갖고 수월하게 하면 동일한 크기의 루프(Loop)를 만든다.

5. 잘못된 사례
말이 중앙선을 지나면서 반대 구보를 하면서 바깥쪽 어깨를 통해 바깥쪽으로 기울어진다(왼쪽 고삐에서 오른쪽 어깨).
이는 처음에 반원을 제대로 그리지 못했기 때문이다. 바깥쪽 다리와 고삐로 충분히 말을 지탱하면서 이 원을 그리도록 방향전환을 확실히 한다.

6. 이 운동이 제대로 되지 않는다면
1/2 서펜타인(Half Serpentine)처럼 더 쉬운 방식으로 연습한다(Exercise 47).

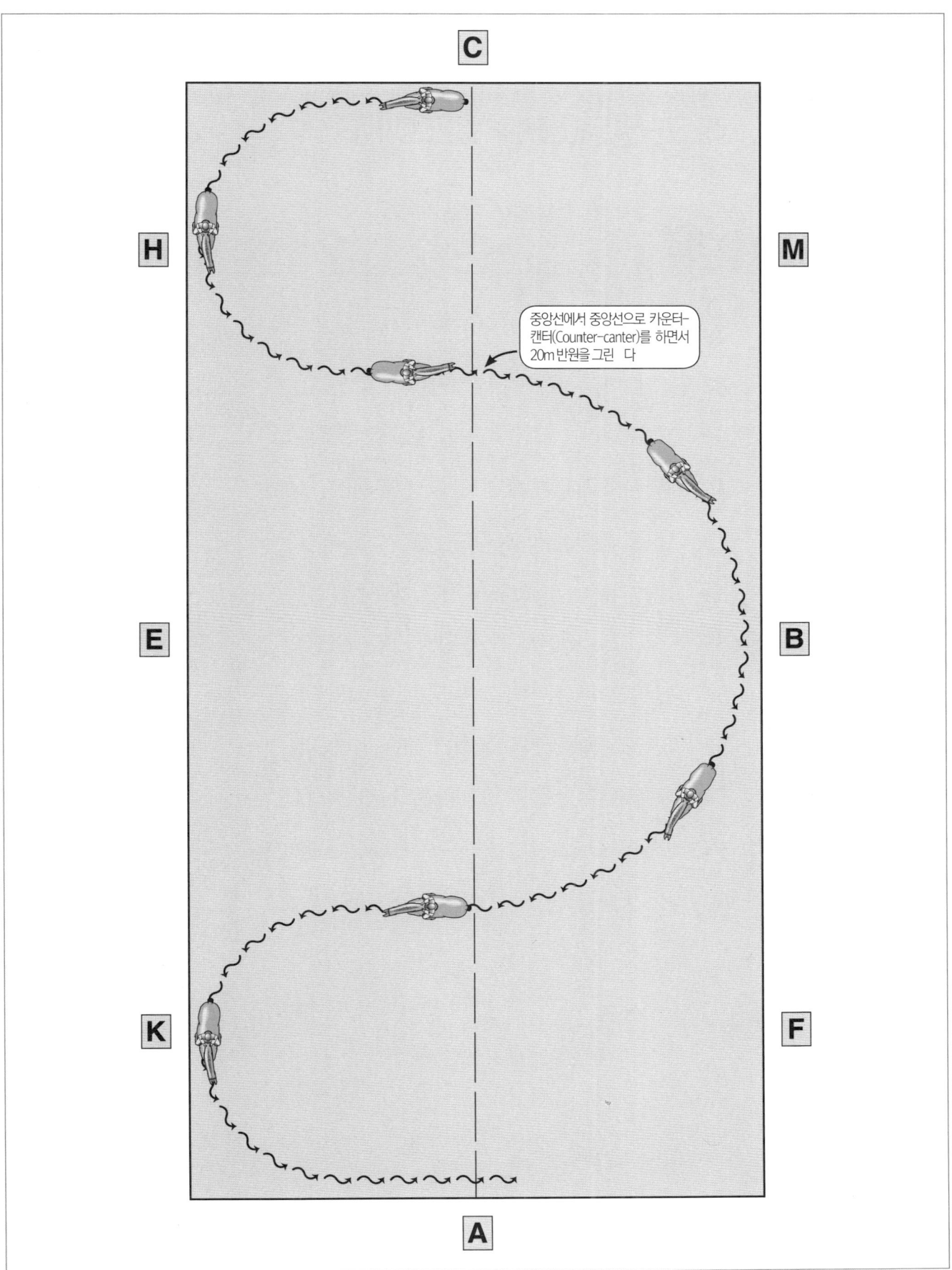

SECTION 4

유연함과 민첩함
레그-일딩(LEG-YIELDING)

연습

49	레그-일딩(LEG-YIELDING)을 준비하기 위한1/4회전운동	112
50	3선 트랙(TRACK)에서 간단한 레그-일드(LEG-YIELD)	114
51	코너를 활용한 레그-일딩(LEG-YIELDING)	116
52	대각선을 활용한 레그-일딩(LEG-YIELDING)	118
53	코너로 향하는 레그-일드(LEG-YIELD)	120
54	숄드-인(SHOULDER-IN)위치에서 레그-일드(LEG-YIELD)	122
55	트랙(TRACK)에서 레그-일딩(LEG-YIELDING)	124
56	중심부로 향하는 레그-일딩(LEG-YIELDING)	126
57	나선형을 활용한 레그-일딩(LEG-YIELDING)	127
58	후구를 안쪽으로 한 레그-일드(LEG-YIELD)	128
59	레그-일드 지그-재그(LEG-YIELD ZIG-ZAGS)	130
60	각도가 증가하는 레그-일딩(LEG-YIELDING)	132

레그-일딩(LEG-YIELDING)은 측면 보법(Lateral work)에 있어서 첫 번째 훈련단계이다. 측면 보법(Lateral work)에는 앞다리와 뒷다리가 다른 트랙에서 움직이는 운동이 포함되어 있으므로 말의 근육을 풀어주는 운동을 하고 보다 민첩하거나 유연해지도록 하는데 목적이 있으며, 말은 동일한 동작으로 측면 또는 전진해야 한다.

초심자 말과 기승자들을 위해 측면 보법(Lateral work)을 당연히 도입해야 하며, 다시 교육되는 말에게 있어 훌륭한 훈련 방법이기도 하며 온 더 빗(On the bit)으로 갈 준비를 하기 전에 준비운동이 되기도 한다.

레그-일딩(LEG-YIELDING)의 목표

- ☐ 안쪽 좌골에 체중을 더 싣는다.
- ☐ 복대 바로 뒤에 안쪽 다리가 오도록 해서 말이 전진 또는 측면으로 움직이도록 만든다.
- ☐ 말이 후구를 너무 측면으로 기울이는 경우에는 바깥쪽 다리가 복대 뒤에 와야 한다.
- ☐ 이는 또한 전진 동작을 유지하는데도 유용하다.
- ☐ 안쪽고삐로 약간 벤드(Bend) 하도록 지시한다.
- ☐ 벤드(Bend)를 하기에 충분할 만큼 바깥쪽 고삐를 내어주되, 연결 상태는 유지해서 말이 너무 벤딩(Bending)하거나 바깥쪽 어깨를 통해 밖으로 기울어지지 않도록 한다.

EXERCISE 49

레그-일딩(LEG-YIELDING)을 준비하기 위한 1/4 회전운동

Beginners ★★★★★
Preliminary ★★★★★
Novice ★★★
Elementary ★
Medium

앞쪽을 중심으로 회전하기로 말은 측면 부조에 반응하는 법을 배운다. 기승자와 말 모두가 각 부조를 완전히 익히고 전체적인 조정력을 기르도록 한 번에 한 걸음씩 할 수 있다.

보너스

말을 위한 준비운동(Warm-up)으로 좋은 운동이다.

1. 이 운동을 어떻게 하나?

- ☐ 오른쪽 고삐를 사용하여 평보로 K 앞까지 꺾어서 가고, 벽에서 2m 떨어진 안쪽 트랙을 거슬러 올라간다.
- ☐ E와 H의 중간 지점에서 정지하고, 우측으로 앞쪽을 중심으로 1/4 회전하기를 한다.
- ☐ 운동장을 가로질러 일직선으로 간다.
- ☐ 긴 측면의 2m 전에서 정지하고, 우측으로 앞쪽을 중심으로 1/4 회전하기를 한다.
- ☐ 벽에서 2m 떨어진 안쪽 트랙을 거슬러 올라간다.
- ☐ B와 F의 중간 지점에서 정지하고, 또 한 번 앞쪽을 중심으로 1/4 회전하기를 한다.
- ☐ 운동장을 가로질러 일직선으로 간다. 마지막 또 한 번 앞쪽을 중심으로 1/4 회전하기를 한다.
- ☐ 반대쪽 방향으로 반복한다.

2. 앞쪽을 중심으로 회전운동은 어떻게 하나?

이 운동의 장점 중 하나는 각각의 보법으로 할 수가 있어 당신이 부조를 이해하고 조직화할 기회를 마련하고, 각 걸음을 완벽히 해낼 때마다 말에게 보상을 한다. 이 운동은 약간 안쪽으로 구부린 상태에서 한다.

- ☐ 제대로 안쪽으로 자세를 잡는다. 안쪽 다리는 복대에, 바깥쪽 다리는 약간 뒤로, 안쪽 어깨는 뒤로, 바깥쪽 어깨는 약간 앞으로, 체중은 안쪽 좌골에 싣는다.
- ☐ 말이 볼기를 움직이길 원하므로 안쪽 다리는 약간 더 제자리로 돌아오도록 해서 바깥쪽 다리는 지키는 자세를 유지하기 위해 이후에 약간 더 뒤로 가게 한다.
- ☐ 기승자의 안쪽 다리에서 측면으로 걸음을 하도록 지시하고 말이 각 걸음을 해내면 다음 걸음을 지시하기 전에 고삐를 늦추고 보상을 해준다.
- ☐ 말이 완전히 이해를 하면 보다 부드럽게 이 운동을 할 수 있다.

3. 말의 상태가 어떻게 되어야 하나?

앞쪽을 중심으로 회전운동은 말의 후구를 기승자의 안쪽 다리로부터 측면으로 움직이게 하는 운동이다. 말은 약간 안쪽으로 구부린 상태를 유지하고, 회전 중심은 같은 곳에서 올렸다가 내려오는 안쪽 앞다리가 되어야 한다. 말은 안쪽 뒷다리가 오면서 바깥쪽 뒷다리를 움직이는 것이 아니라 뒷다리의 앞에서 안쪽 뒷다리를 교차시켜 측면 걸음을 걸어야 한다. 이 운동의 목적은 부조에 맞게 균형이 잡힌 상태에서 제대로 앞쪽을 중심으로 회전운동을 하는데 있다.

4. 확인

말이 침착하게 재갈을 수용하고 운동을 하는 동안 복종을 하는 좋은 습관을 익히게 한다.

5. 다음 단계

정지를 생략하고 전체 운동을 평보와 동일한 리듬으로 한다.

6. 잘못된 사례

말이 불안해하며 기승자의 다리부조에 움직이도록 지시를 하기 전에 말의 후구를 흔든다.
평보–정지–평보를 다시 연습한다(Exercise 1).

7. 이 운동이 제대로 되지 않는다면

기승자가 원하는 바를 말이 이해하는데 도움이 되도록 스틱으로 말을 가볍게 톡톡 두드리며 다리부조를 보강한다.

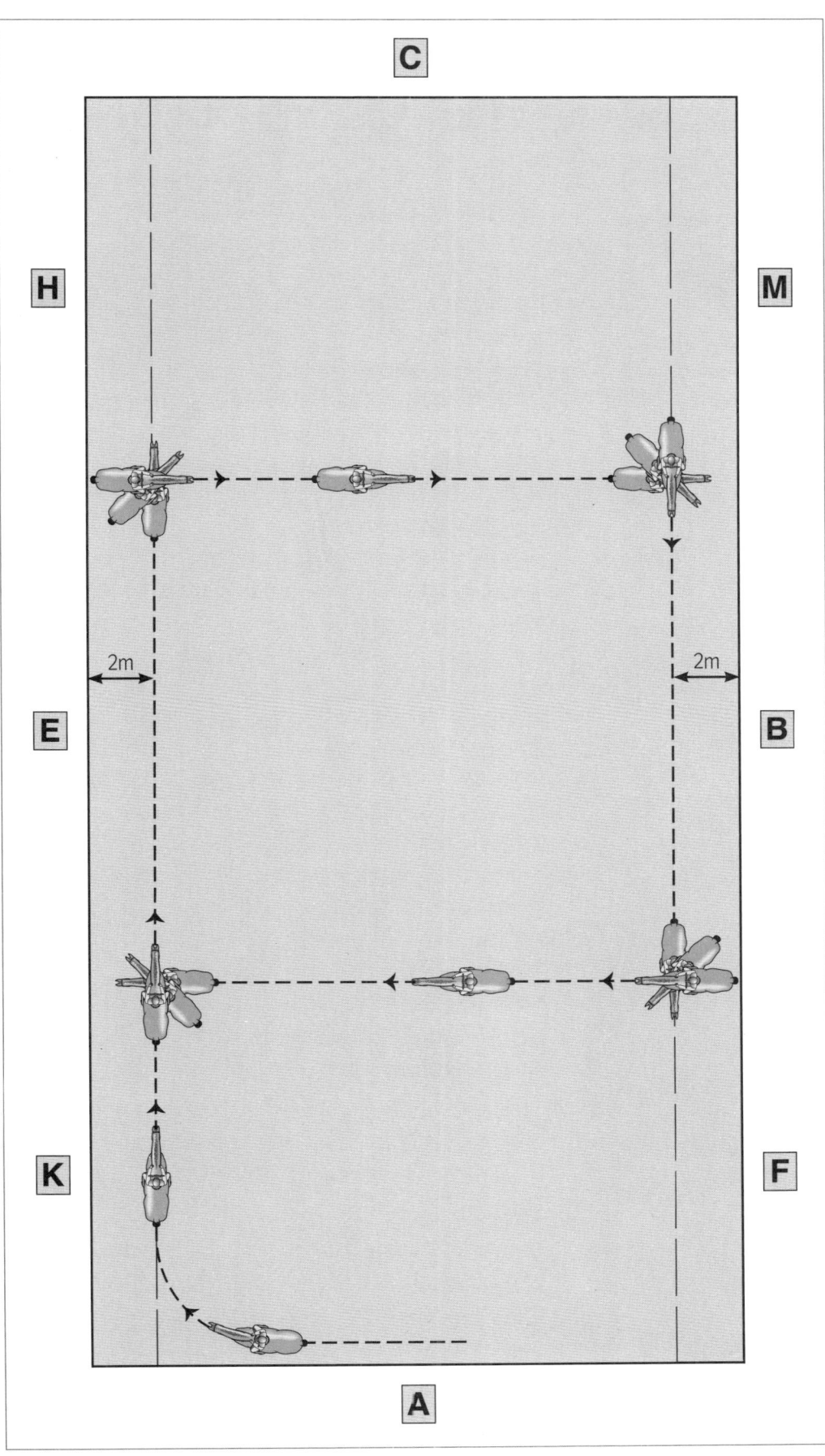

4. 유연함과 민첩함 | 113

EXERCISE 50

3선 트랙(TRACK)에서 간단한 레그-일드(LEG-YIELD)

Beginners	★
Preliminary	★★★
Novice	★★★★★
Elementary	★★★
Medium	★

레그-일딩(Leg-Yielding)을 해 말은 기승자의 다리로부터 멀리 움직이는 방법을 배우며, 단일 트랙에서 하는 다른 동작보다 몸을 더 뻗어야 하기 때문에 등과 후구의 근육을 유연하게 하고 힘을 기르게 한다.

1. 이 운동을 어떻게 하나?
- ☐ 평보로 3/4선에서 방향을 튼다.
- ☐ 똑바로 몇 걸음을 간 다음 바깥쪽 트랙으로 레그-일딩(leg-yielding)을 한다.
- ☐ 대부분의 말이 트랙을 향해 가려고 하므로 이 운동은 비교적 쉽다. 그러나 말이 측면으로 기울지 않도록 주의한다.

2. 말의 상태가 어떻게 되어야 하나?
3/4 선에서 방향을 틀 때 말이 일직선으로 몇 걸음을 간 다음 트랙 쪽으로 레그-일딩(Leg-yielding)을 하게 하여 앞쪽과 후구근육이 일체가 된 상태를 유지한다. 말은 몸을 아주 똑바로 유지하고 안쪽으로 약간 구부리도록 한다.

3. 확인
- ☐ 기승자의 자세를 확인하고, 바로 앉아있는지, 몸이 똑바른지 확실히 한다.
- ☐ 고삐의 길이가 적당한지, 연결 상태가 괜찮은지 확인한다.
- ☐ 측면 동작을 지시하기 전에 기승자의 자세가 똑바른지 확인한다.

4. 다음 단계
3/4 선에서 방향을 바꾸고 중앙선으로 레그-일딩(leg-yielding)을 한다.

5. 잘못된 사례
(1) 말이 추진과 리듬을 잃는다.
  측면 동작에서 여러분이 시키려는 동작으로 말은 교착상태에 빠지기가 쉬우며 이럴 때에는 다시 시작하는 것이 최선이다. 그래서 말이 추진을 잃으면 강하고 긍정적인 방법으로 말이 앞으로 똑바로 가게 한다. 필요하다면, 다른 동작을 하기 전에 이행을 몇 번 한다.

(2) 말이 바깥쪽 어깨를 통해 바깥쪽으로 기울어지도록 목 및 몸이 너무 많이 구부러진다.
  바깥 부조를 보다 강하게 사용하고, 안쪽 손을 너무 강하게 사용하지 않도록 한다. 말의 눈 전체가 아니라 눈썹을 살짝 보게만 해야 함을 기억하자.

(3) 말의 후구가 리드를 하거나 뒤처진다.
  말이 자세를 똑바르게 유지하는 것이 중요하다. 말의 볼기가 어깨 앞으로 오면, 기승자의 안쪽 다리가 너무 뒤로 가게 되거나 바깥쪽 다리가 오히려 효과적이지 않을 수도 있다. 말의 후구가 뒤처지면, 안쪽 다리는 약간 뒤로 가도 바깥쪽 다리는 안쪽 어깨의 제어를 더 받아야 한다.

(4) 말이 자신의 바깥쪽 다리 앞에서 안쪽 다리를 교차시키지 않고 질질 끌면서 걷는다.
  이는 말이 기력을 잃고 혼란스러워할 가능성이 있다는 신호이다. 신중하게 걸음을 하도록 다시 한 번 지시한다. 다리부조를 보강하도록 바깥쪽 손으로 긴 조마 채찍을 잡는다.

(5) 말이 패닉 상태가 되어 머리를 위로 하여 말과 씨름을 하게 된다.

기초 동작을 다시 연습하나, 전문가에게 자신의 자세와 부조 사용 방법을 확인한다.

6. 이 운동이 제대로 되지 않는다면

여러분의 부조에 말이 반응하게 하는 연습을 다시 한다(Exercise 6, 7, 21, 23).

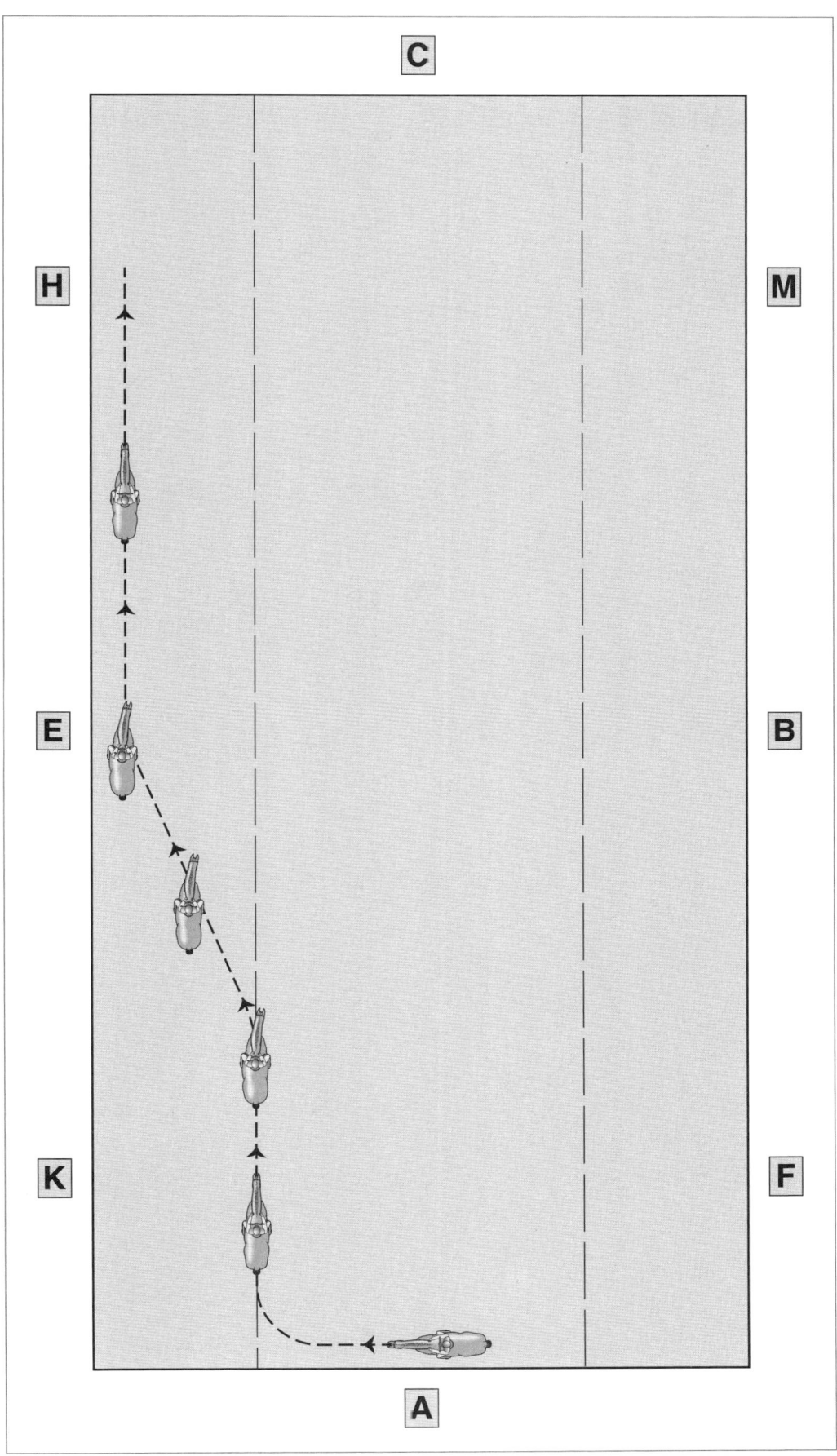

EXERCISE 51

코너를 활용한 레그-일딩(LEG-YIELDING)

Beginners ★
Preliminary ★★★
Novice ★★★
Elementary ★★★
Medium ★

이 운동은 나이든 말이나 뻣뻣한 말을 준비운동 하기에 좋다. 또한, 말이 아니라 당신이 이를 확인 하도록 한다.

1. 이 운동을 어떻게 하나?
- ☐ 왼쪽 방향으로 평보를 한다.
- ☐ A 바로 앞에서 방향전환을 하고 M 방향으로 간다.
- ☐ M에 마주하게 되면 B를 향해 레그-일드(leg-yield)를 한다.
- ☐ 말이 이 동작을 알아서 자신이 원할 때에 레그-일딩(leg-yielding)을 한다는 걸 알게 되면, 두 걸음 정도 일직선으로 가게 한 다음 두 걸음은 레그-일딩(leg-yielding)하고, 또 두 걸음을 일직선으로 가게 하는 등 이를 반복한다.

2. 말의 상태가 어떻게 되어야 하나?
말이 결단력 있게 균형을 유지하고 있어야 하며, 트랙으로 이동하여 어깨가 바깥쪽으로 기울어지지 않아야 한다. 말은 볼기를 흔들지 않고, 반항을 하지 않는 상태로 앞으로 혹은 운동장을 가로지르도록 한다.

3. 확인
기승자가 왼쪽으로 기대지 않도록 한다.

4. 다음 단계
속보로 이 운동을 한다.

5. 잘못된 사례
A에서 방향전환 할 때 말이 후구를 바깥쪽으로 흔든다.
아마도 너무 갑자기 방향전환을 했을 것이다. 방향전환을 준비할 시간을 준다.

6. 이 운동이 제대로 되지 않는다면
기승자의 안쪽 다리가 너무 뒤쪽으로 움직이지 않았는지, 말의 후구를 제자리에서 벗어나게 해서 앞쪽을 지탱하지 못하게 했는지 확인한다.

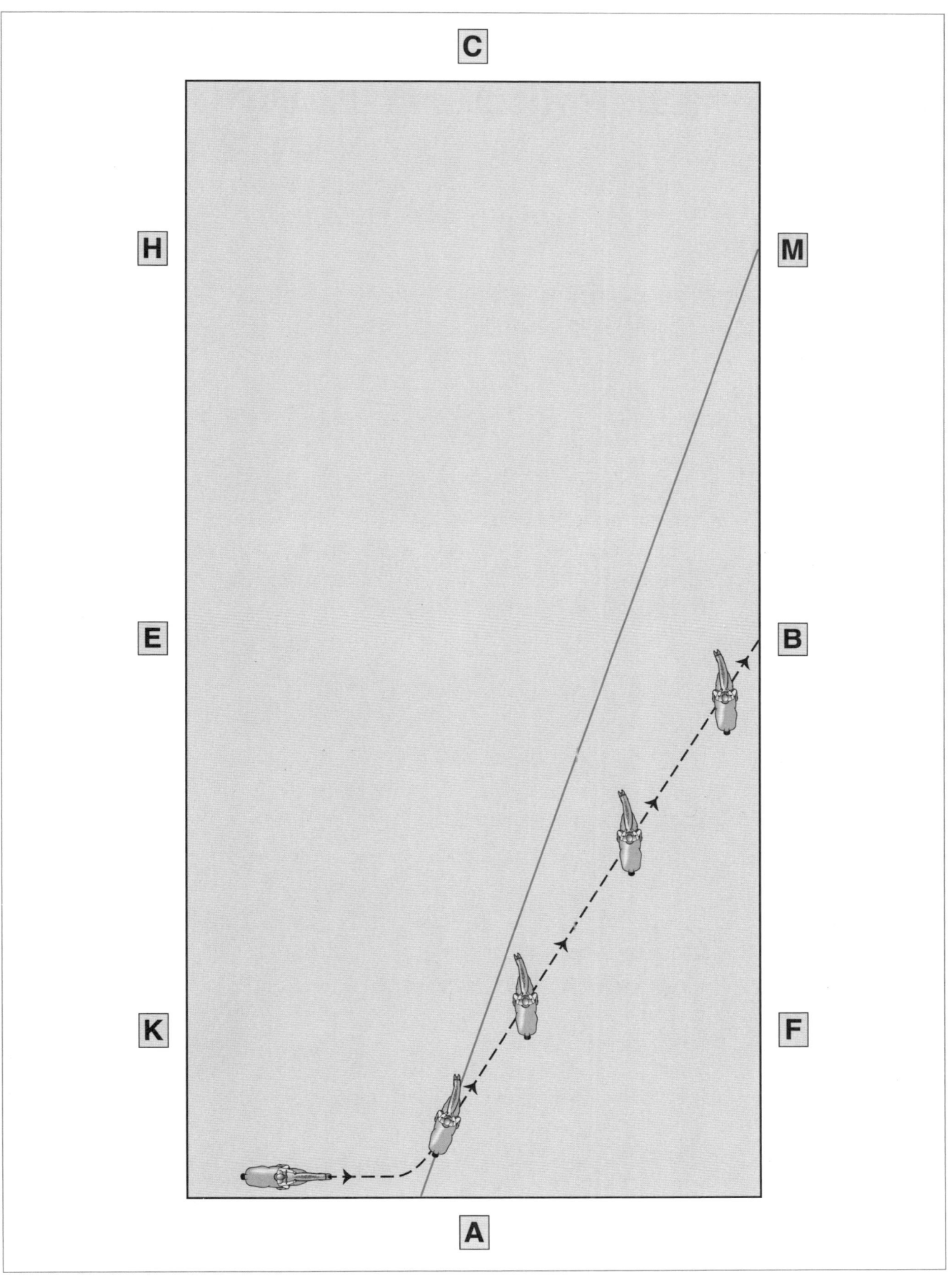

4. 유연함과 민첩함 | 117

EXERCISE 52

대각선을 활용한 레그-일딩(LEG-YIELDING)

Beginners ★
Preliminary ★★★
Novice ★★★★
Elementary ★★
Medium ★

이 운동은 말이 제대로 부조를 듣게 만들 때 가장 많이 쓰는 방법이다. 또한, 조마를 다시 할 때도 좋은 훈련 방법이며, 말이 온 더 빗(On the bit)으로 동작을 할 준비를 갖추기 전 준비운동으로도 한다.

기승자 팁

말이 측면으로 기울지 않도록 바깥쪽 고삐를 이용함을 기억하자. 안쪽 다리가 너무 뒤로 가지 않게 주의하자.

1. 이 운동을 어떻게 하나?
- ☐ 왼쪽 방향으로 평보로 시작한다.
- ☐ K에서 중앙선까지 10m 반원을 그린다.
- ☐ M 방향으로 운동장을 가로질러 사선으로 레그-일딩(Leg-yielding)을 한다.
- ☐ M에서 왼쪽으로 10m 반원을 그리고, K까지 돌아오면서 경기장을 가로질러 사선으로 레그-일딩(Leg-yielding)을 한다.
- ☐ 반대쪽 방향으로 반복한다.

2. 말의 상태가 어떻게 되어야 하나?
기승자의 부조에 따라 말이 안쪽 어깨에 체중을 싣거나 빼서 균형을 유지해야 한다. 말은 앞쪽 측면으로 진행해야 하며 이렇게 되면 후구 근육의 연결운동 상태가 도움이 되어 어깨가 자유로워진다. 또한 기승자의 부조에 대해 복종심과 이해심을 기르게 된다.

3. 확인
바깥쪽으로 앉아 말이 한쪽으로 기울게 해서는 안 된다.

4. 다음 단계
속보에서 이 운동을 한다.

5. 잘못된 사례
(1) 말의 후구가 레그-일딩(Leg-yielding)를 할 때 리드하는 경향이 있다.
안쪽 다리를 앞으로, 바깥쪽 다리를 뒤로 한다. 반원을 다 그리기 전에 레그-일딩(Leg-yielding)을 시작해야 한다.

(2) 말이 바깥쪽 어깨를 통해 기울어져 있다.
바깥쪽 고삐를 통해 더 제어하도록 주의한다.

6. 이 운동이 제대로 되지 않는다면
원을 약간 크게 그리면 시간이 더 생기므로 말에게 요구를 덜 하게 된다. 또는 레그-일딩(Leg-yielding)을 시작하기 전에 원 하나와 반원을 그린다.

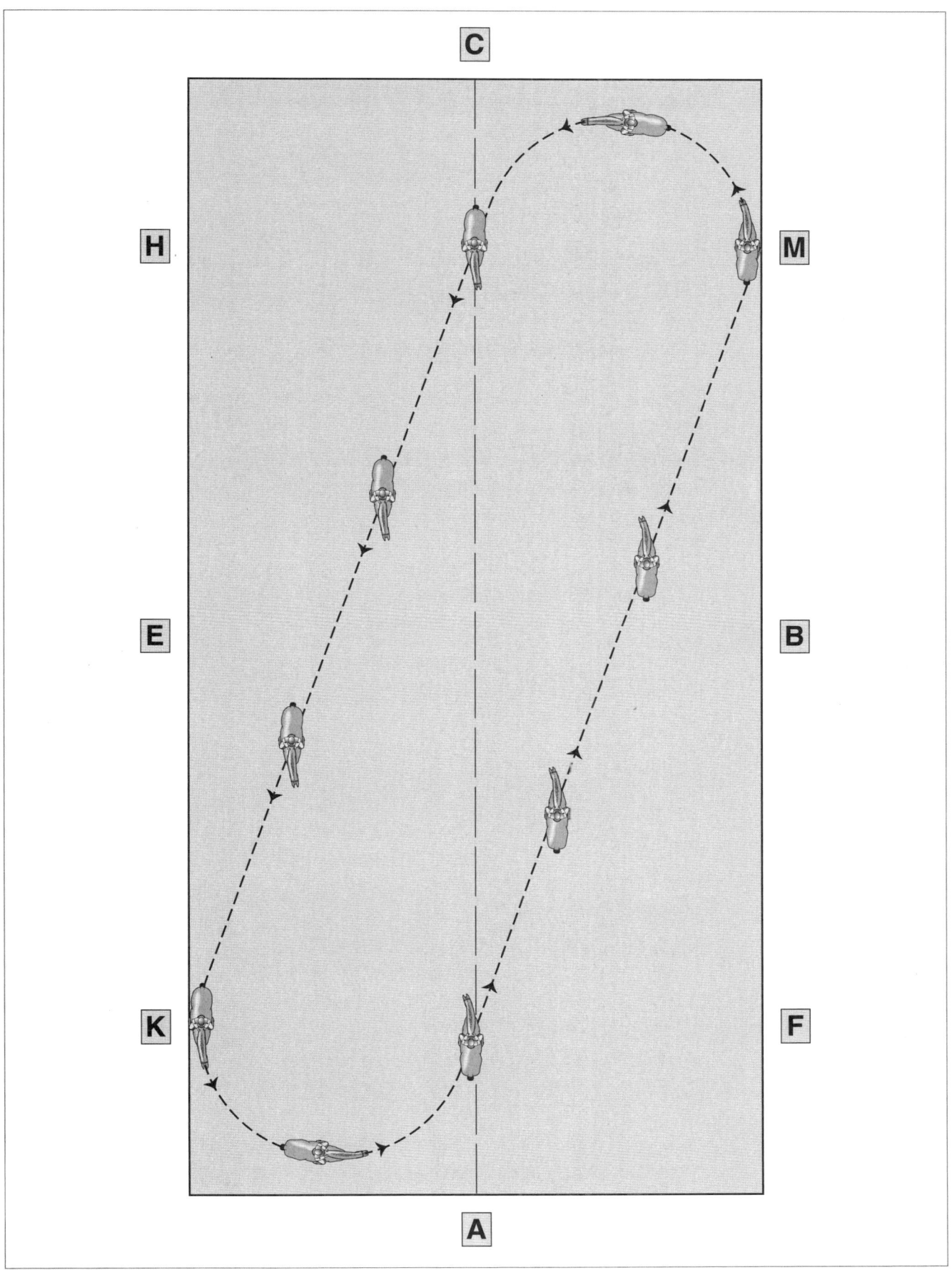

4. 유연함과 민첩함 | 119

EXERCISE 53
코너로 향하는 레그-일드(LEG-YIELD)

Beginners	★
Preliminary	★★★
Novice	★★★★★
Elementary	★★★
Medium	★

이 운동으로 말은 활발한 다리걸음을 배우게 되므로 여러분은 말에게 추진을 잃지 않은 채로 운동장의 여러 각도로 가게 할 수 있다. 이는 시험에서 방향전환을 하고 코너를 돌 때 유용하다.

1. 이 운동을 어떻게 하나?
- ☐ 왼쪽 방향으로 경속보나 좌속보를 하면서 운동장을 크게 돈다.
- ☐ A를 지나면서 3/4선에서 방향 전환을 하고 운동장을 거슬러 올라가며 중앙에 있는 표지에 이를 때까지 말이 일직선으로 가게 한다.
- ☐ 바깥쪽 레그-일딩(Leg-yielding)해서 M으로 간다. M에서 트랙으로 간다.
- ☐ 레그-일딩(Leg-yielding) 부조를 계속 사용하여 M과 C 사이의 코너에 깊이 들어가도록 한다.
- ☐ 말이 균형을 잡고 자신감이 있다고 여겨지면 C에서 이를 반복한다.
- ☐ 그렇지 않으면, 원을 그려 가고자 하는 방향으로 돌아간다.

2. 말의 상태가 어떻게 되어야 하나?
말은 연결운동 상태가 잘 된 상태로 트랙에 도착해서 안쪽 어깨 앞머리에서 업(Up)이 되고, 기승자의 안쪽 다리를 의식하여 이에 복종하며 다음 코너를 돌기 위해 부조에 쉽게 해야 한다.

3. 확인
기승자가 제대로 앉아 있는지, 안쪽 다리가 너무 뒤로 간 것은 아닌지 확인한다.

4. 다음 단계
A나 C에서 운동장의 길이 방향으로 돌아 내려오고 X에서 M으로 혹은 X에서 F로 레그-일딩(Leg-Yielding)을 한다. 약간 멀수록 더 도전할만하다.

5. 잘못된 사례
(1) 말이 후구 근육으로 이끈다.
   당신의 안쪽 다리를 앞에 두고, 바깥쪽 다리로 후구를 이끌도록 한다.

(2) 말이 자신의 후구를 뒤쫓아 앞쪽이 측면으로 움직인다.
   바깥 고삐로 약간 하프-홀트(Half-halt)를 해서 앞 쪽을 제어하도록 한다.

6. 이 운동이 제대로 되지 않는다면
말이 제상태가 될 시간을 주도록 코너를 돈 후 원을 그린다. 평보로 이 운동을 한다.

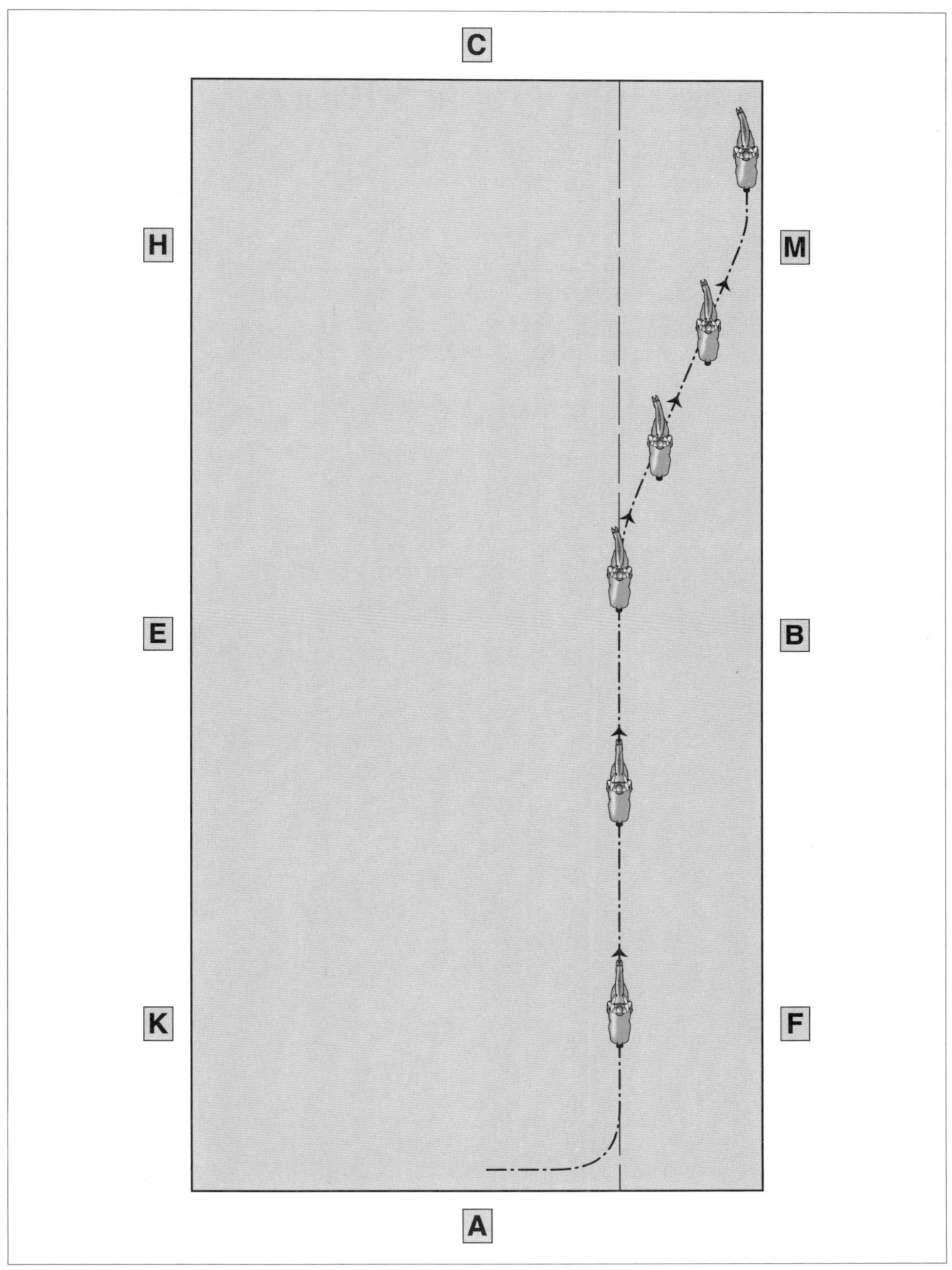

4. 유연함과 민첩함 | **121**

EXERCISE 54

숄드-인(SHOULDER-IN) 위치에서 레그-일드(LEG-YIELD)

Beginners

Preliminary	★
Novice	★★★★
Elementary	★★★
Medium	★★

이 운동은 숄드-인(Shoulder-in)을 준비하는 방법으로 특히 말을 긴장을 풀게 하고 보다 민첩하고 유연하게 하는데 좋다.

1. 이 운동을 어떻게 하나?
- ☐ 오른쪽 고삐를 사용하여 평보로 C 다음에 오는 코너를 통해 수축 상태가 되도록 한다.
- ☐ 말의 앞쪽을 안쪽으로 오도록 하고 운동장의 길이 방향으로 30도 방향으로 레그-일딩(Leg-yielding) 한다.
- ☐ B 이후에는 잠깐 몸을 일직선으로 하여 전진한다.
- ☐ K에서 이를 반복한다.
- ☐ 반대방향으로 반복한다.

2. 말의 상태가 어떻게 되어야 하나?
말이 몸을 똑바로 하고 목을 안쪽으로 약간 구부리고 뒷다리를 트랙에 놓은 상태로 자세를 유지해야 한다. 또한, 리듬이 일정하고 움직임이 좋은 상태를 유지해야 한다.

3. 확인
레그-일딩(Leg-yielding)을 할 때 말이 너무 몸을 구부리지 않도록 주의한다.

4. 다음 단계
속보에서 이 운동을 한 다음 후구 근육을 안쪽으로 하는 자세에서 하는 레그-일딩(Leg-yielding)(Exercise 58)과 함께 해보도록 하고, 한 번의 운동에서 말이 철저하게 근육을 움직이게 한다.

5. 잘못된 사례
말이 트랙에서 너무 앞으로 기울어지는 경향이 있다.
바깥쪽 고삐로 하프-홀트(Half-halt)를 더 하고, 안쪽 다리를 더 사용한다.

6. 이 운동이 제대로 되지 않는다면
3/4선에서 트랙으로 오는 레그-일딩(Leg-yielding)을 다시 연습한다(Exercise 50).

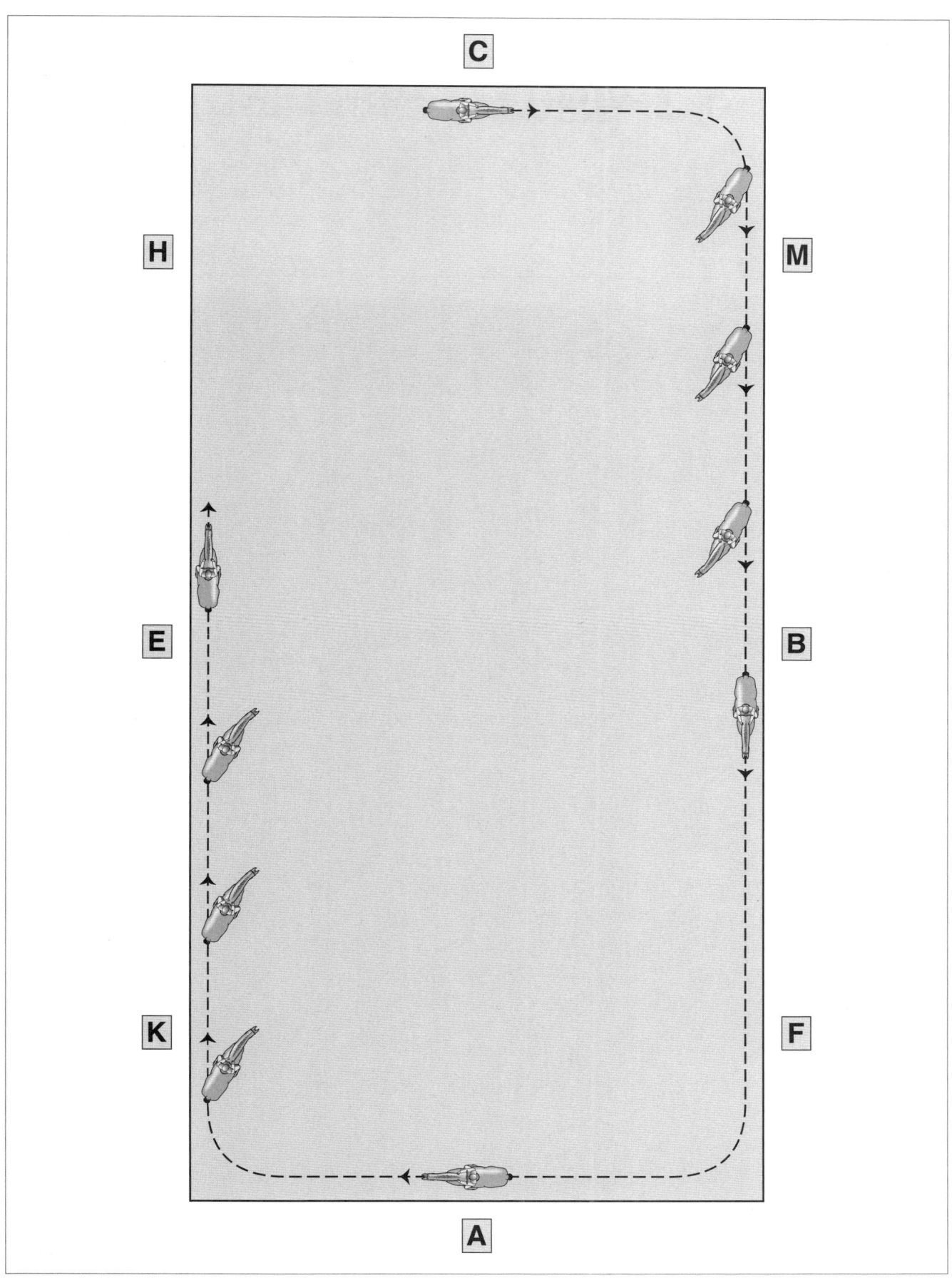

4. 유연함과 민첩함 | 123

EXERCISE 55

트랙(TRACK)에서 레그-일딩(LEG-YIELDING)

Beginners
Preliminary ★★
Novice ★★★★★
Elementary ★★★★
Medium ★★

3/4선에서 트랙으로 오는 간단한 레그-일딩(Leg-Yielding)을 말이 완전히 익히고 나면 이 운동을 한다. 벽에 바싹 붙으려고 하면 더 힘들다는 것을 말이 알게 되면서, 보다 독립적이 되는 법을 배우게 될 것이다.

기억하자

레그-일딩(Leg-yielding)을 할 때 말의 머리가 가고자 하는 방향으로부터 틀어져 있다.(가는 방향이 오른쪽이라면 왼쪽방향으로 향하고 있다)

1. 이 운동을 어떻게 하나?
□ 오른쪽 고삐를 사용하여 운동장의 너비 방향을 따라 중간 평보를 잘 확립한다.
□ 안쪽 트랙의 코너 바로 앞에서 방향전환을 한다.
□ 이 지점에서 중앙선까지 레그-일딩(Leg-yielding)을 하도록 지시한다.
□ 중앙선에서 몸을 일직선으로 하고 운동장의 반대쪽 끝으로 가도록 한다.
□ 반대쪽 방향으로 반복한다.

2. 말의 상태가 어떻게 되어야 하나?
부조를 받아서 말이 체중을 왼쪽 어깨에 싣도록 하고, 중앙선을 향해 안쪽으로 자연스럽게 레그-일딩(Leg-yielding)해야 한다.

3. 확인
□ 비뚤게 앉거나 옆으로 기댄 채 말을 타고 있는가?
□ 기승자 자신의 진직을 유지하도록 한다, 그렇지 않으면 말도 역시 비뚤어진 상태에서 움직인다.
□ 앞으로 기대고 있는가?
□ 그렇게 되면 말이 앞쪽을 눌러 미묘하게 레그-일딩(Leg-yielding)을 어렵게 만든다.

4. 다음 단계
속보에서 이 운동을 한다.

5. 잘못된 사례
말이 레그-일딩(Leg-yielding)을 하기 보다는 속도를 높인다.
이는 말이 다리부조를 잘못 이해했거나 회피하려고 해서 생길 수 있다(보통 어깨를 통해 바깥쪽으로 기울어져 있기 때문). 우선, 너무 세게 다리 부조를 쓰지 않도록 한다. 그런 경우가 아니라면 말의 속도를 줄이고 균형을 다시 맞추는데 도움이 되도록 하프-홀트(Half-halt)를 한다. 전진, 하프-홀트(Half-halt), 그 다음에는 측면을 생각한다.

6. 이 운동이 제대로 되지 않는다면
말이 정말로 어려워한다면, 3/4선에서 중앙선으로 오게 하면 더 수월하다.

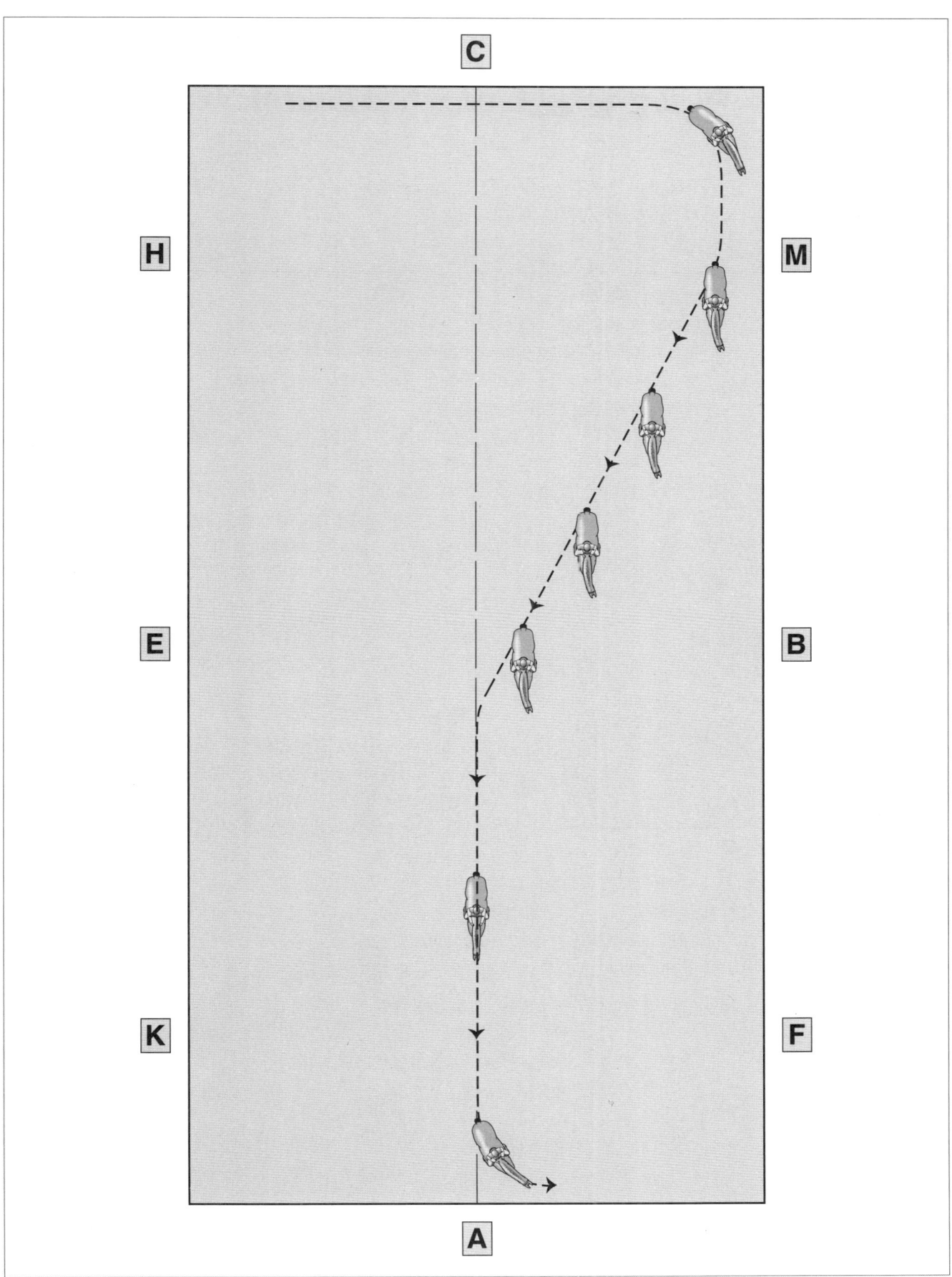

EXERCISE 56
중심부로 향하는 레그-일딩(LEG-YIELDING)

Beginners

Preliminary	★★★
Novice	★★★★★
Elementary	★★★★★
Medium	★★★★

이 운동을 통해 말은 후구 근육을 연결 운동하는 법을 배워 더욱 수축한 상태가 되며, 말은 기승자의 부조에 더 반응하게 된다.

1. 이 운동을 어떻게 하나?
- ☐ 평보로 20m 원을 그린다.
- ☐ 레그-일딩(Leg-yielding)을 지시하여 말의 앞쪽이 약간 원의 안쪽으로 오게 한다.
- ☐ 뒷다리는 측면으로 걸음을 하도록 하여 원래의 원의 둘레를 만든다.
- ☐ 반대쪽 방향으로 반복한다.

2. 말의 상태가 어떻게 되어야 하나?
이 운동에서 요구하는 대로 말에게 수축을 지시했을 때, 말의 후구가 연동되고, 굴레를 수용하며, 균형을 잡은 상태로 기승자의 부조에 준비를 갖추고 이를 수용해야 한다.

3. 확인
안장에서 올바른 자세로 앉아 있도록 한다. 중앙에서는 안쪽 좌골에 약간 더 체중을 싣는다.

4. 다음 단계
이 운동은 왼쪽으로 도는 원형에서 말이 오른쪽으로 구부리고 오른쪽 다리로부터 멀어지는 방향으로 레그-일드(Leg-yield)를 하는 경우 카운터 레그-일딩(Counter Leg-yielding)으로도 할 수 있다. 이런 상황에서 앞다리는 원의 둘레를 따라 돌고, 후구 근육은 원의 안쪽으로 돈다.

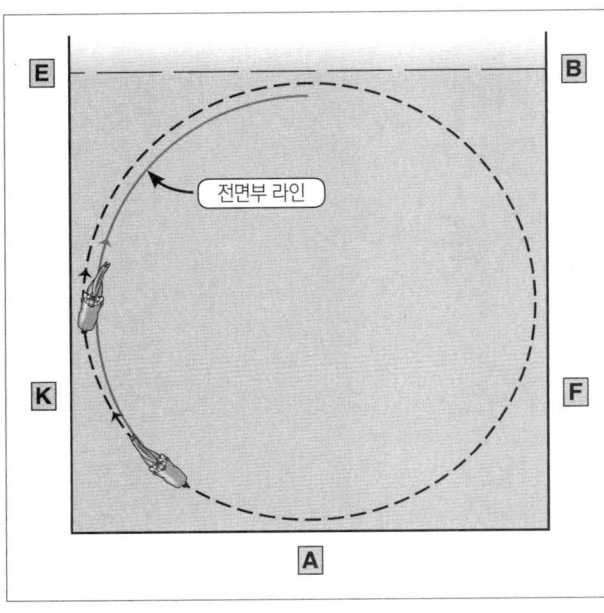

전면부 라인

5. 잘못된 사례
(1) 말이 너무 측면을 가고 전진을 충분히 하지 않는다.
   안쪽 다리부조를 너무 세게 하지 않았는지 확인한다.

(2) 말이 볼기를 밖으로 흔들고 각도가 너무 크다.
   바깥쪽 다리를 확인한다. 너무 세게 하지는 않았는가? 올바른 위치에 있는가? 또한, 안쪽 다리부조를 너무 세게 하지 않았는지, 안쪽 다리가 너무 뒤로 가지 않았는지 확인한다. 바깥쪽 다리를 더 사용하여 말의 걸음이 계속 가도록 한다.

6. 이 운동이 제대로 되지 않는다면
일직선에서 레그-일딩(Leg-yielding)을 하거나 3/4선에서 트랙까지(Exercise 50) 레그-일딩(Leg-yielding)을 다시 연습한다.

EXERCISE 57
나선형을 활용한 레그-일딩(LEG-YIELDING)

Beginners
Preliminary	★★
Novice	★★★★★
Elementary	★★★
Medium	★

이 운동은 보다 고급 과정의 나선을 그리기 위한 토대가 되며, 궁극적으로 캔터-피루엣(Canter-pirouette)으로 이어진다. 또한 말이 방향전환을 할 때에나, 바깥 부조를 익히는 데도 도움이 된다.

1. 이 운동을 어떻게 하나?
□ 평보로 20m 원을 그린다.
□ 10m 원으로 나선을 그린다. 그 다음에는
□ 20m 원으로 다시 레그-일딩(Leg-yielding)을 한다.
□ 반대쪽 방향으로 반복한다.

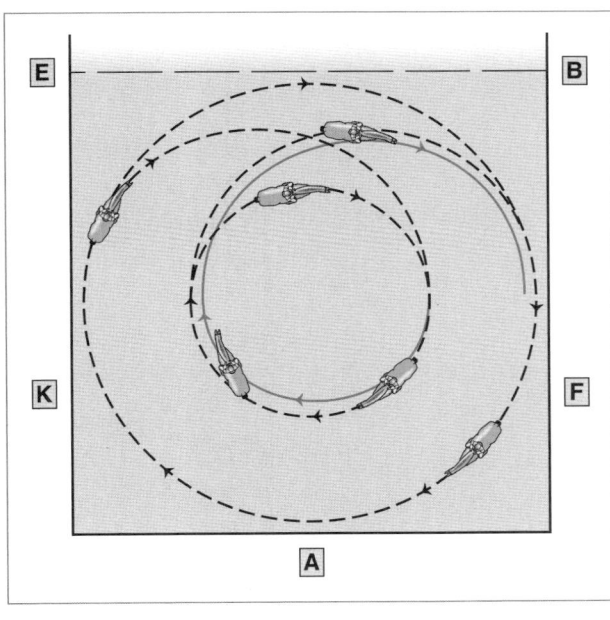

2. 말의 상태가 어떻게 되어야 하나?
원의 가운데를 중심으로 원이 균일하게 줄어들어서 원의 크기가 줄면서 말이 더욱 수축한 상태가 되어야 한다.

3. 말의 바깥쪽을 어떻게 하나?
기승자가 안쪽으로 앉아서 말이 바깥쪽 다리와 손으로 안쪽으로 기울어지지 않고 움직이도록 반응을 보여야 하는 벽을 형성하고 있다고 믿도록 훈련되어야 한다.

4. 확인
레그-일드(Leg-yield) 해서 나가면서 말이 후구를 밖으로 흔들지 않는지 확인한다.

5. 다음 단계
속보로 이 운동을 한다.

6. 잘못된 사례
말이 어깨를 통해 바깥쪽으로 몸을 기울이기 쉽다는 것을 알게 될 것이다.
바깥쪽 부조를 쓴다.

7. 이 운동이 제대로 되지 않는다면
20m, 15m, 10m 원을 그리고(Exercise 26), 트랙으로 레그-일딩(Leg-yielding)을 한다(Exercise 50).

EXERCISE 58

후구를 안쪽으로 한 레그-일드(LEG-YIELD)

Beginners ★
Preliminary ★★★
Novice ★★★★★
Elementary ★★★★
Medium ★★★★

말을 혼란스럽게 할 수도 있는 손 부조를 지나치게 사용하지 않고 할 수 있는 운동이다.

1. 이 운동을 어떻게 하나?
- ☐ A 바로 앞에서 오른쪽 고삐를 사용해서 말의 평보를 수축한다.
- ☐ E의 방향으로 오른쪽으로 방향 전환한다.
- ☐ E 바로 앞에서 거의 정지한다.
- ☐ 좌측 다리를 이용하여 레그-일드(Leg-yield)에서 운동장의 길이 방향 측면으로 진행하도록 지시한다.
- ☐ H 바로 앞에서 코너를 지나 똑바로 가도록 한다.
- ☐ C에서 반복한다.
- ☐ 반대방향으로 반복한다.

2. 말의 상태가 어떻게 되어야 하나?
말이 수축되는데 손과 다리로 만든 벽이 도움이 되므로, 기승자의 다리에서 멀어지려는 말에게 레그-일드(Leg-yield)를 가르치기에 좋은 방법이다.

3. 확인
말이 바깥쪽으로 약간 구부리고 있는지를 확인한다. 너무 많이 구부러져 있으면 오른쪽 어깨로 기울어져 있음을 보여줄 것이다(오른쪽 고삐 사용).

4. 다음 단계
숄드-인(Shoulder-in) 자세에서의 레그-일드(Leg-yield)와 함께 한다(Exercise 54).

5. 잘못된 사례
리듬이 느려진다.
말이 벽에 겁을 먹었을 가능성이 있다. 각도를 줄이고 안쪽 다리를 더 사용한다.

6. 이 운동이 제대로 되지 않는다면
3/4선에서 트랙으로 레그-일드(Leg-yield)를 다시 한다(Exercise 50).

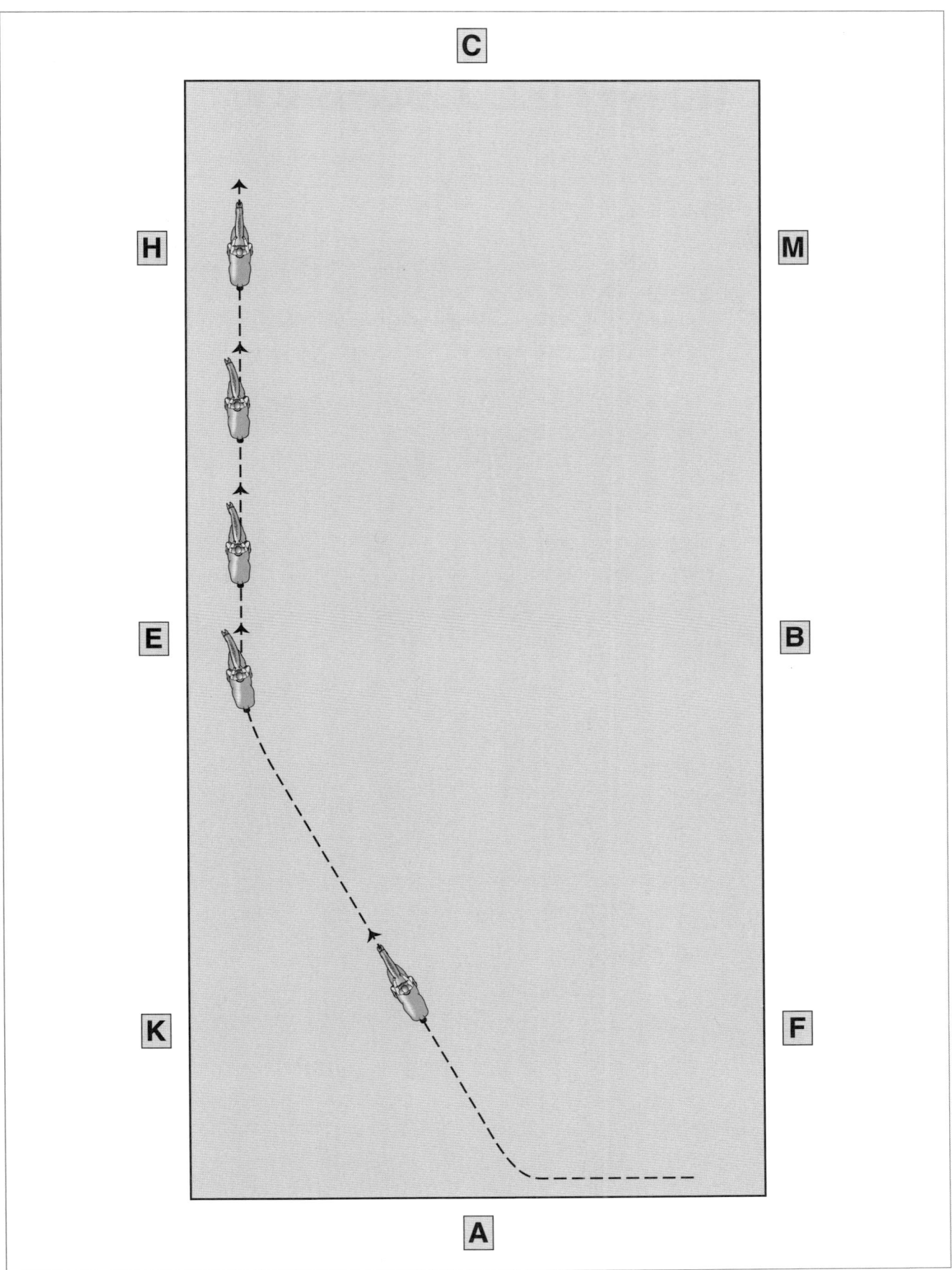

EXERCISE 59

레그-일드 지그-재그 (LEG-YIELD ZIG-ZAGS)

Beginners ★★★
Preliminary ★★★★★
Novice ★★★★
Elementary ★★★
Medium ★★

다음과 같은 레그-일드(Leg-yield)는 말의 움직임에 대한 느낌을 발달시키고 말의 몸을 제어하는데 아주 유용하다.

1. 이 운동을 어떻게 하나?
☐ 오른쪽 방향으로 평보를 확립하고 오른쪽으로 회전하면서 중앙선으로 올라온다.
☐ 말에게 벤드(Bend)의 방향을 바꾸도록 지시하고 왼쪽 다리로부터 멀어지는 방향(오른쪽)으로 5~6걸음 레그-일드(Leg-yield)를 한다.
☐ 말에게 몇 걸음 앞으로 가도록 하고 반대쪽으로 벤드(Bend) 하도록 지시한 다음 중앙선을 가로질러 6~8걸음을 레그-일드(Leg-yield)하도록 한다.
☐ 몇 걸음 직진하다가 벤드(Bend) 방향을 바꾸고 레그-일드(Leg-yield)를 다시 한다.
☐ 공간이 없을 때까지 이를 반복한다.

2. 말의 상태가 어떻게 되어야 하나?
말은 고분고분하게 레그-일드(Leg-yield)를 하고, 균형을 유지한 채로 양쪽으로 모두 연결운동 되어 있으며 운동을 진행하면서 부조를 잘 따라야 한다.

3. 확인
오른쪽으로 레그-일드(Leg-yield)하려면 왼쪽으로 앉고, 왼쪽으로 레그-일드(Leg-yield)하려면 오른쪽으로 앉는다.

4. 다음 단계
속보에서 이 운동을 한다.

5. 잘못된 사례
(1) 말의 후구를 흔드는 경향이 있으며 후구 근육으로 리드를 하려고 한다.
기본적인 레그-일드(Leg-yield)을 가르칠만한 쉬운 운동을 찾아본다(Exercise 50, 51, 52).
(2) 말이 어깨를 통해 기울어 있다.
바깥쪽 고삐로 하프-홀트(Half-halt)를 약간 더 한다.

6. 이 운동이 제대로 되지 않는다면
트랙에서 멀어지는 레그-일딩(Leg-yielding)을 다시 연습한다(Exercise 55).

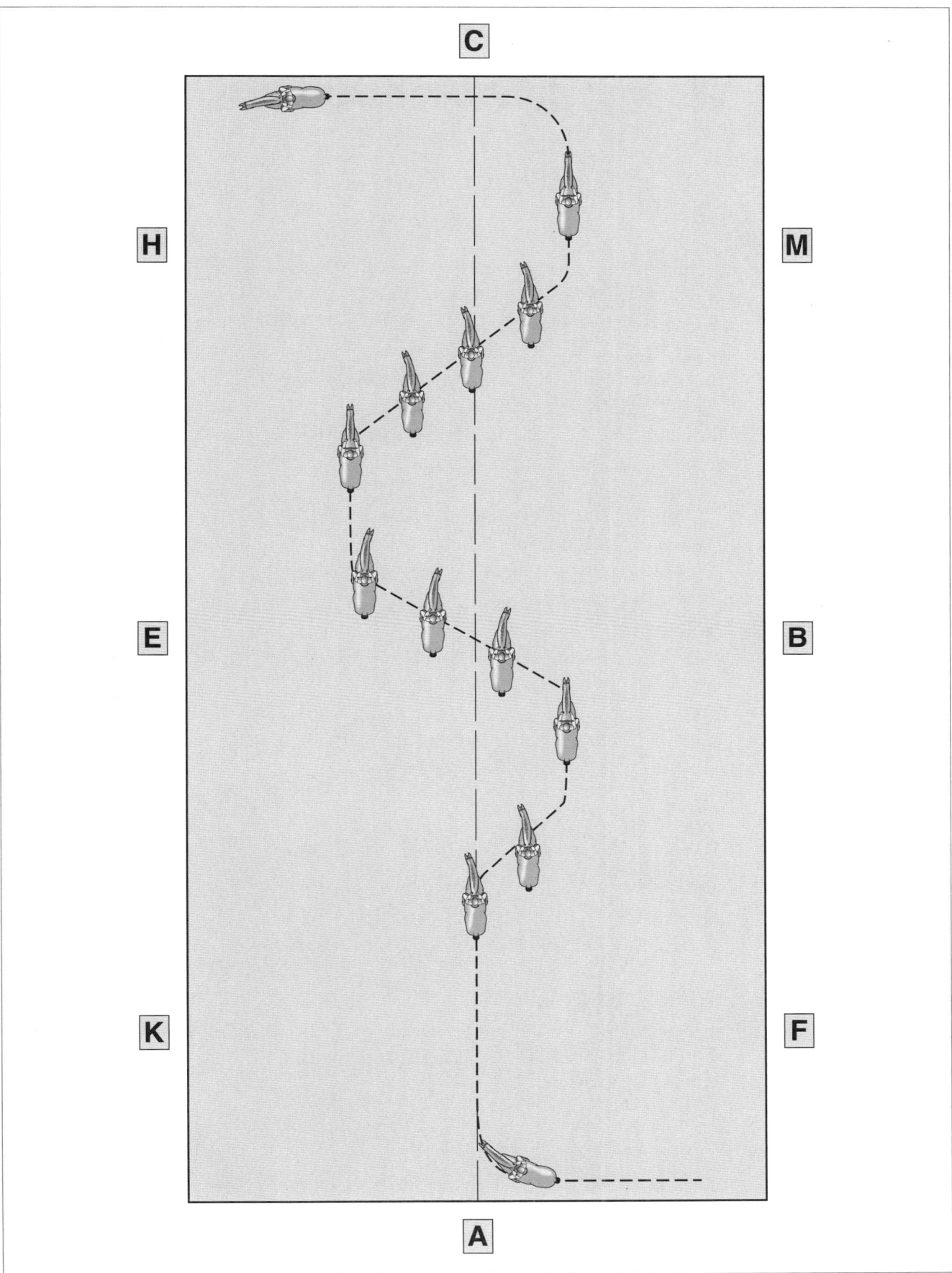

4. 유연함과 민첩함 | 131

EXERCISE 60

각도가 증가하는 레그-일딩(LEG-YIELDING)

Beginners

Preliminary	★
Novice	★★★
Elementary	★★★★★
Medium	★★★

말이 레그-일드(Leg-yield) 부조를 일단 이해하면, 어려운 각도로 연습을 해볼 차례이다.

보너스
중급과정으로 훈련하는 시합용 말이 있다면, 길을 가로질러 가거나 측면으로 걷는 훈련을 하는데 좋은 운동이다.

1. 이 운동을 어떻게 하나?
☐ 오른쪽 방향으로 평보를 하고 K 바로 앞에서 왼쪽으로 벤딩(Bending) 하도록 지시하고, K에서 M까지 레그-일드(Leg-yield) 한다.
☐ 트랙으로 돌아가서(왼쪽 고삐를 사용한다) H 바로 앞까지 곧바로 간다.
☐ H에서 F까지 레그-일드(Leg-yield)를 한다.
☐ F에서 트랙으로 돌아오고 직진한 다음 K에서 M과 B의 중간지점까지 레그-일드(Leg-yield)를 한다.
☐ 트랙으로 돌아와서 직진한 다음 H에서 B와 F의 중간지점까지 레그-일드(Leg-yield)를 한다.
☐ 트랙으로 돌아와서 직진한 다음 K에서 B까지 레그-일드(Leg-yield)를 한다.
☐ 트랙으로 돌아와서 직진한 다음 H에서 B까지 레그-일드(Leg-yield)를 한다.
☐ 벤드(Bend) 방향을 반대로 하고 반대쪽 방향으로 반복한다.

2. 말의 상태가 어떻게 되어야 하나?
레그-일드(Leg-yield)를 할 때의 각도가 클수록 말에게는 더 어렵다.

3. 확인
각도가 커질 때 말의 균형과 민첩성을 대충 유지하려고 하지 않는다.

4. 다음 단계
속보에서 이 운동을 한다.

5. 잘못된 사례
말이 뻣뻣해지거나, 리듬을 잃거나 전진하지 않는다.
이 운동을 다시 하기 전에 각도를 줄이고 균형을 다시 잡도록 하며 자신감을 심어준다.

6. 이 운동이 제대로 되지 않는다면
3/4선에서 트랙으로 레그-일드(Leg-yield)를 다시 하고(Exercise 50)나서 이 운동을 다시 하기 전에 K에서 M, H에서 F로 사선으로 레그-일드(Leg-yield)를 한다.

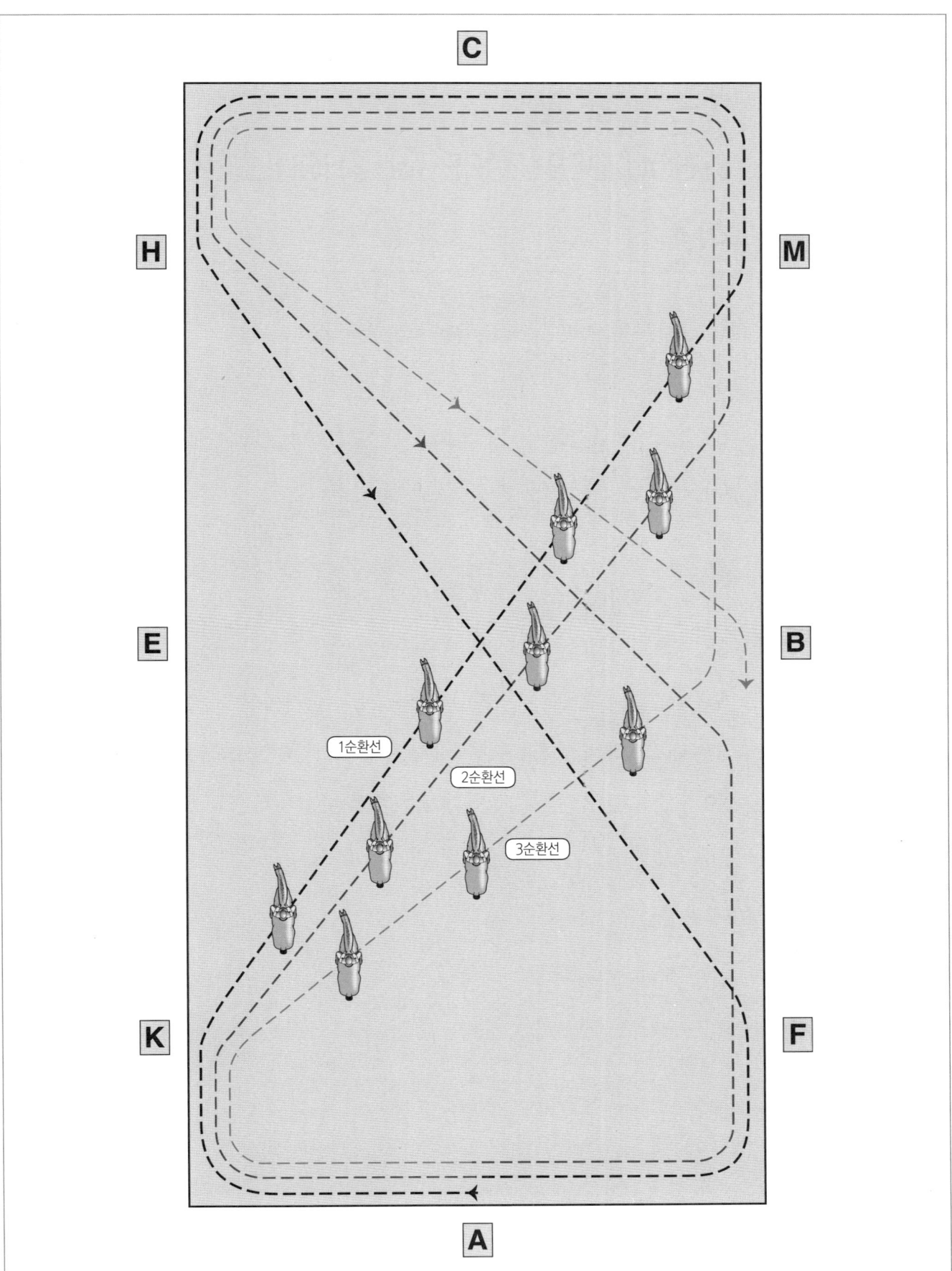

4. 유연함과 민첩함 | 133

SECTION 5

제어와 연결

숄드-포와 숄드-인
(SHOULDER-FORE and SHOULDER-IN)

연습

61	숄드-인(SHOULDER-IN)의 첫 번째 교육	136
62	양쪽 고삐를 활용한 숄드-인(SHOULDER-IN)	138
63	숄드-포와 숄드-인(SHOULDER-FORE and SHOULDER-IN)의 교류	140
64	중앙선과 1/4선에서 신장평보의 숄드-포와 숄드-인 (SHOULDER-FORE and SHOULDER-IN)	142
65	숄드-인(SHOULDER-IN)에서 신장평보로의 이행운동 – JANNIE LORISTON-CLARKE	144
66	3개의 10m원과 연동된 숄드-인(SHOULDER-IN)	146
67	직선에서 숄드-인(SHOULDER-IN)과 중간속보 이행운동	148
68	대각선에서 숄드-인(SHOULDER-IN)과 중간속보 이행운동	150
69	숄드-포(SHOULDER-FORE)에서 구보 원운동	152
70	회전준비를 위한 숄드-인(SHOULDER-IN)	154

레그-일드와 숄드-인(Leg-Yield and Shoulder-In)

레그-일드(Leg-yield)와 숄드-인(Shoulder-in)이 다름을 확실히 기억해두는 것이 중요하다.

레그-일드(Leg-yield)
- ☐ 말이 가는 방향과 반대로 목을 약간 구부린다.
- ☐ 두 개의 트랙에서 움직인다.
- ☐ 몸을 통해 구부리지 않는다.

숄드-인(Shoulder-in)
- ☐ 몸 전체가 고르게 곡선을 이룬다.
- ☐ 3~4개의 트랙에서 움직인다.

숄드-포(Shoulder-fore)와 숄드-인(Shoulder-in)은 수축과 추진을 향상시키고 말의 앞쪽을 보다 잘 제어할 수 있게 하며, 부조에 대한 말의 민감성을 보다 잘 파악하는 등 상당히 유용하다. 또한 처음에는 작은 각도로 벤딩(Bending)을 하다가 말의 유연성과 균형감이 발달하면서 그 각도를 크게 할 수 있으므로 말의 능력을 최대한 이용할 수 있다. 중요한 점은 벤드(Bend)의 각도가 아니라 보법의 특성(리듬과 활동성)이다.

숄드-포(Shoulder-fore)와 숄드-인(Shoulder-in) 모두 초반 추진을 만들어냄으로 보통 속보에서 한다. 그러나 그렇기 때문에 보다 수월하게 운동을 배울 수 있으며 평보에서 대부분 시작했던 달성하고자 하는 목표를 제대로 인식할 수 있다. 숄드-포(Shoulder-fore)와 숄드-인(Shoulder-in)을 할 때에는 말이 균형을 잘 잡고 리듬과 활동성 그리고 추진을 모두 유지하는 것이 중요하다. 말이 운동을 하는 동안 이 중 어느 하나라도 놓쳤음을 알게 되면 똑바로 전진하는 법을 다시 연습한다.

이러한 운동으로 얻을 수 있는 장점으로 숄드-인(Shoulder-in)을 먼저 하거나 나중에 하면 대부분의 운동을 잘 하게 된다.

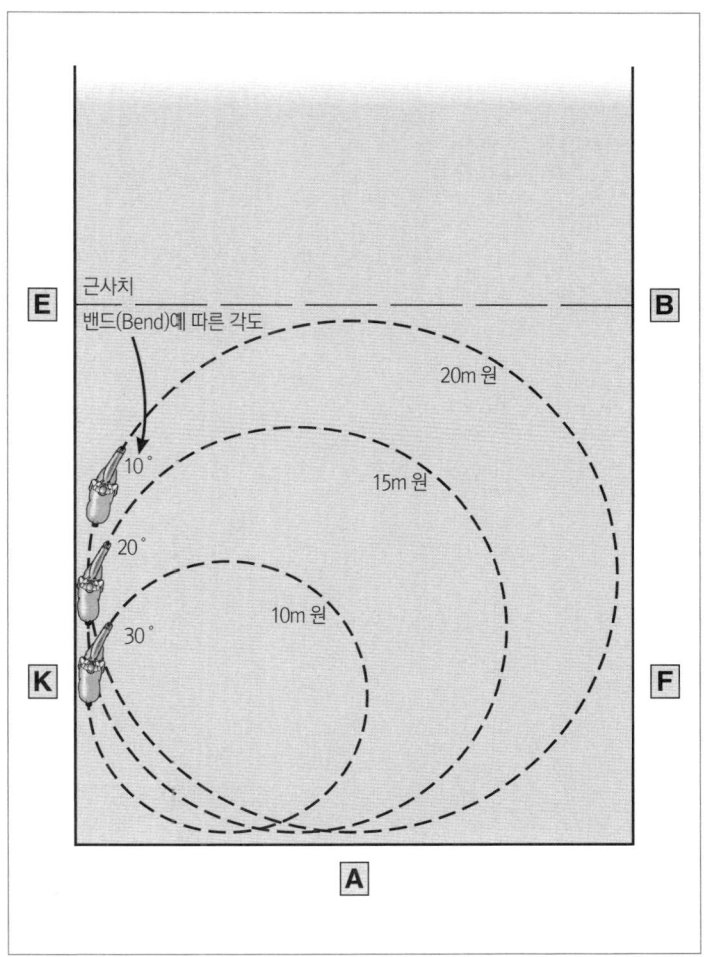

숄드-인(Shoulder-In)과 숄드-포(Shoulder-Fore)의 차이점

'정확한' 숄드-인(Shoulder-in)에서는 이론적으로 말의 전면부가 운동장 벽에서 25~30도의 각도에 있어야 한다. 이는 10m 원을 그릴 때와 같은 각도이다. 그러나 말이 움직이는 보법의 질과 굴레에 대한 수용력은 각도나 벤드(Bend)보다 훨씬 중요하다. 만약 처음에 10도 각도(20m 원에 해당)에서 말이 더 수월하게 운동을 하고 그 동작이 보다 '유동적'이고 그 각도가 더 좋다면 이를 숄드-포(Shoulder-fore)'라고 한다.

EXERCISE 61

숄드-인(SHOULDER-IN)의 첫 번째 교육

Beginners

Preliminary	★
Novice	★★★
Elementary	★★★★★
Medium	★★★★★

다른 운동에 비해 보다 명확하게 말은 숄드-인(Shoulder-in)을 통해 자신의 무게 중심 아래로 안쪽 뒷다리를 두는 법을 익혀 뒷다리로 자신의 체중을 지탱해서 말의 앞쪽을 가볍게 한다.

고급 팁

숄 드-인(Shoulder-in)을 훈련하면서 말이 자동적으로 움직이고, 고삐 연결이 탄력적이고 여유롭도록 고삐를 쥐었다 풀었다 한다.

1. 이 운동을 어떻게 하나?

- ☐ 평보를 제대로 확립한다. 운동장의 코너에서 10m 원을 그린다.
- ☐ 트랙을 다시 돌면서 원의 벤드(Bend)를 유지하여 말의 전면부가 약간 안으로 향한다.
- ☐ 바깥쪽 고삐를 사용하여 말이 계속 원을 그리지 못하게 한다.
- ☐ 운동장의 길이 방향으로 안쪽 다리를 이용하여 전진하며 말을 측면으로 밀지 않도록 주의한다. 필요하다면 바깥쪽 다리를 사용하여 후구의 움직임을 멈춘다.
- ☐ 기승자의 체중은 안으로 실리게 한다.
- ☐ 반대쪽 방향으로 반복한다.

2. 왜 이 운동을 하는가?

숄드-인(Shoulder-in)은 말에게 여러 가지로 좋다.

- ☐ 말의 안쪽 뒷다리를 말의 아래에 오도록 하여 체중을 더 실을 수 있다. 그렇게 되면 수축이 좋아진다.
- ☐ 말의 체중을 후구에 싣고 말의 후구 근육의 구부림이 증가하여 말의 어깨가 더 자유로워진다.
- ☐ 말의 후구와 뒤 무릎관절은 보통 때보다 더 구부려야 한다.
- ☐ 벤드(Bend)의 각도를 크게 하여 숄드-인(Shoulder-in)에서 말의 능력이 발달함에 따라 필연적으로 말을 일직선으로 타는데 도움이 되도록 말의 전면부에 대한 통제력이 더 커진다

3. 숄드-인(Shoulder-in)을 어떻게 하나?

당신의 목적은 말의 앞부분을 말의 후구 근육선의 안쪽으로 가져오는데 있다.

- ☐ 짧은 하프-홀트(Half-halt)를 하면서 이 운동을 시작한다.
- ☐ 안쪽 다리가 복대에 오도록 하여 말이 앞 옆으로 움직이게 하고, 어느 정도 벤드(Bend)를 만들고, 체중을 안쪽 뒷다리에 싣도록 지시한다.
- ☐ 바깥쪽 다리를 복대에서 약간 뒤에 오도록 하여 바깥쪽 다리가 흔들리지 않도록 한다.
- ☐ 운동을 시작할 때에 트랙에서 안쪽 고삐로 말의 앞쪽을 이끌게 하고, 그 후에 벤드(Bend)를 유지하게 한다(기승자 팁 참조).
- ☐ 바깥쪽 고삐가 바깥쪽 다리를 도와 벤드(Bend)를 이끌고 지탱해주지만, 충분히 구부려서 말이 바깥쪽 어깨를 통해 전진하도록 한다.

4. 말의 상태가 어떻게 되어야 하나?

말이 본래 흥분하는 경향이 있다면 보법의 규칙성을 확립하고 유지하는데 도움이 되므로 이 운동이 매우 유용하다. 또한, 이 운동을 통해 말의 어깨가 자유로워지고 비절의 운동이 연결된다. 말이 대부분의 체중을 안쪽 뒷다리에 싣게 되면서 그 다리의 관절에 구부림이 증가해야 한다.

5. 확인
바깥 고삐보다 안쪽 고삐에 더 무게가 실려서는 안 된다.

6. 다음 단계
속보로 이 운동을 한다. 속보에서 할 때 말에게 가장 좋다.

7. 잘못된 사례
(1) 말이 안쪽 어깨로 기울어지고 트랙을 떠나려 한다.
하프-홀트(Half-halt)를 이용해서 안쪽 고삐로 말을 보다 수축하게 만들고, 안쪽 다리로

(2) 말의 후구 근육이 밖으로 기울어 각도가 너무 커진다.
안쪽 고삐를 너무 세게 쥐지 않도록 주의하고, 바깥쪽 다리가 뒤로 가게 한다.

8. 이 운동이 제대로 되지 않는다면
20m 원을 돌 때의 각도(10°)로 숄드-포(Shoulder-fore)를 다시 하거나 레그-일드(Leg-yield) 운동에서의 특정 결점을 고쳐나간다(Section 4 참조).

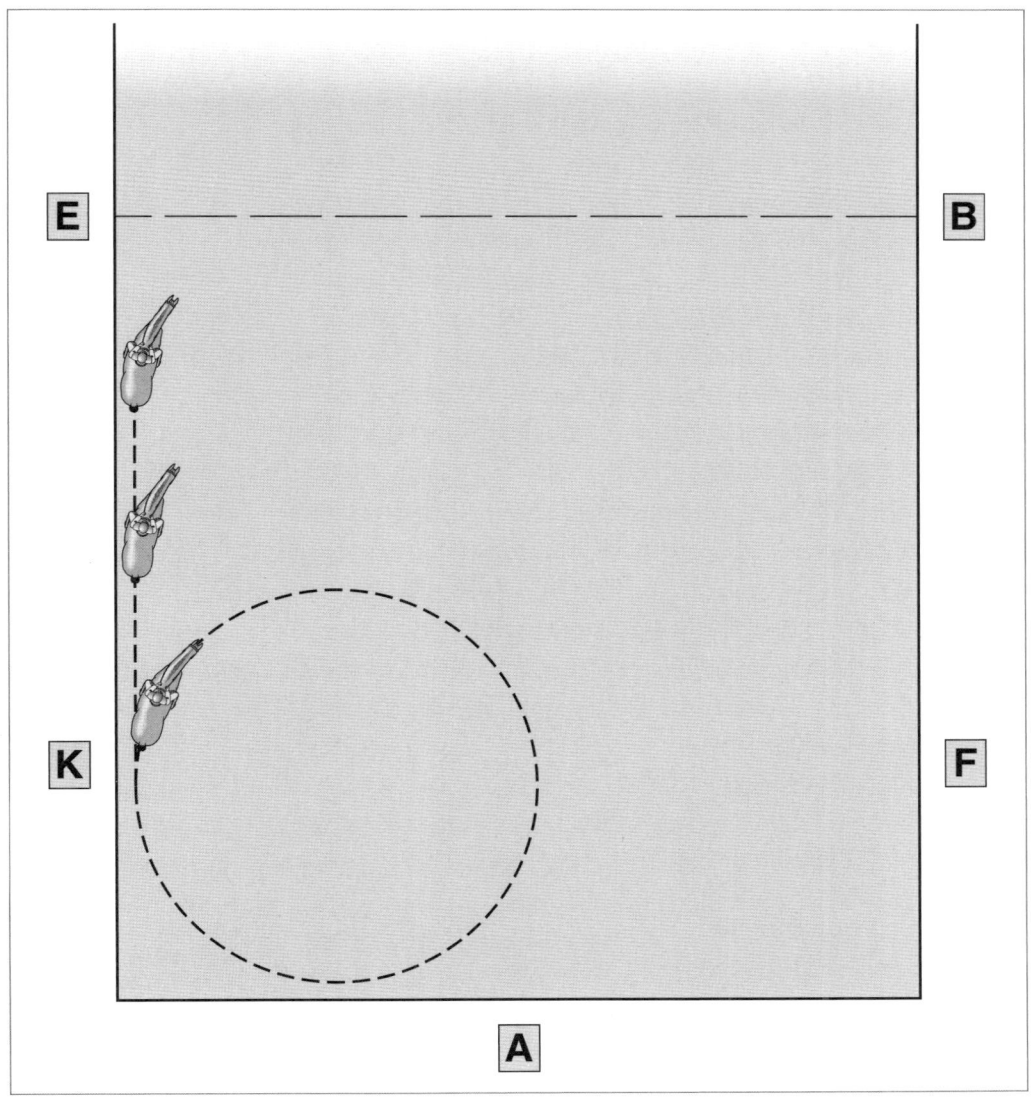

EXERCISE 62

양쪽 고삐를 활용한 숄드-인(SHOULDER-IN)

Beginners
Preliminary
Novice ★★★
Elementary ★★★★★
Medium ★★★★★

이 운동에서는 한 방향에서 다른 방향으로 벤드(Bend) 방향을 바꾸므로 유연성 운동에 좋다. 또한, 각 고삐연결에서의 운동을 비교할 수 있다.

보너스
초급 및 중급 마장마술 시합 대다수에서 이와 같은 동작이 있다.

1. 이 운동을 어떻게 하나?
- ☐ 평보로 시작한다. 왼쪽 방향으로 중간지점 표지까지 길이 방향으로 왼쪽 숄드-인(Shoulder-in)을 한다.
- ☐ 중앙선까지 10m 반원을 그린다.
- ☐ 그런 다음, 반대편에서 중간지점 표시까지 오른쪽으로 10m 반원을 그린다.
- ☐ 오른쪽 숄드-인(Shoulder-in)으로 반대편에서 트랙을 따라 계속 간다.
- ☐ 오른쪽 방향으로 시작하여 이 운동을 반복한다.

2. 말의 상태가 어떻게 되어야 하나?
2회의 숄드-인(Shoulder-in)은 목을 비틀지 않은 채로 동일한 리듬, 각도, 벤드(Bend)를 유지해야 한다. 두 개의 반원도 그 크기가 완전히 똑같아야 한다.

3. 확인
기승자의 균형을 잘 유지하고 말이 완벽하게 균일한 리듬을 유지해야 한다.

기승자 팁
당신이 균형을 유지하는 것이 중요하다. 숄드-인(Shoulder-in)을 하는 동안 말의 귀 사이로 시선을 두면 기승자의 체중이 고루 실리는데 도움이 된다.

4. 다음 단계
- ☐ 이 운동은 평보와 속보에서 할 수 있다. 혹은,
- ☐ 중앙선을 따라 내려오며 왼쪽 숄드-인(Shoulder-in)을 한다.
- ☐ E를 향해 왼쪽으로 10m 원을 그리고 X로 되돌아간다.
- ☐ 같은 방법으로 오른쪽으로 10m 원을 그린다.
- ☐ 그런 다음, 오른쪽 숄드-인(Shoulder-in)으로 중앙선을 따라 내려온다(고급 과정 삽화 참조).

5. 잘못된 사례
두 번째 반원을 그릴 때 말의 후구 근육이 밖으로 기울어진다.
두 번째 숄드-인(Shoulder-in)을 하기 전에 바깥쪽 다리로 말의 후구 근육을 지탱할 준비를 한다.

6. 이 운동이 제대로 되지 않는다면
평보를 다시 연습한다.

기본 과정

고급 과정

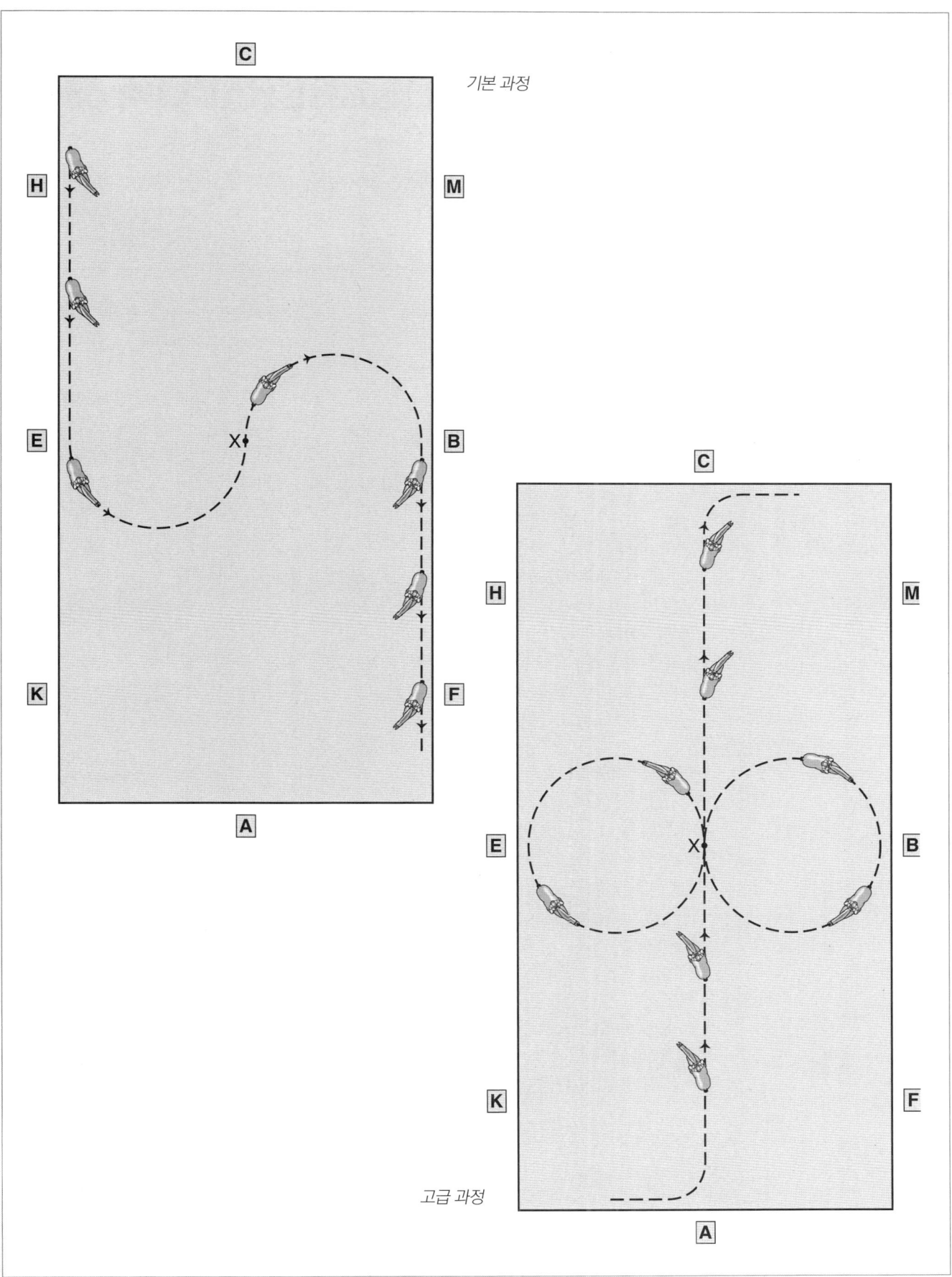

5. 제어와 연결 | 139

EXERCISE 63

숄드-포와 숄드-인 (SHOULDER-FORE and SHOULDER-IN)의 교류

Beginners
Preliminary	
Novice	★★★
Elementary	★★★★★
Medium	★★★★★

추진을 유지하면서 모든 동작을 정확하게 하려면 말이 균형을 유지하고 즉각 반응을 해야 하므로 이 운동을 통해 부조에 대한 말의 반응을 미세하게 조정한다.

기승자 팁

상당히 노련해지고 근육이 발달할 때까지 오랜 시간 동안 말은 숄드-인(shoulder-in)을 제대로 할 수 없다. 훈련 초기 단계에서 말이 쉽게 지치므로 단시간 동안에 숄드-인(shoulder-in)을 해야 한다.
운동 전후에 모두 일직선으로 가게 한다. 안쪽 다리와 바깥쪽 고삐를 사용하여 말의 앞쪽을 트랙으로 가져오도록 한다.

1. 이 운동을 어떻게 하나?
- □ 오른쪽 고삐를 사용해서 K부터 몇 미터를 속보로 직진한다. 그런 다음
- □ 숄드-포(Shoulder-fore)로 약 8m를 간다.
- □ 숄드-인(Shoulder-in)으로 8m를 간다.
- □ 숄드-포(Shoulder-fore)로 8m를 또 간다.
- □ 코너 앞까지 직진으로 간다.
- □ 트랙을 계속 돈다.
- □ 반대쪽 방향으로 반대편에서도 반복한다.

2. 말의 상태가 어떻게 되어야 하나?
이 운동으로 말이 부조에 보다 즉각적으로 반응하게 되며, 특히 다리에 신속하게 반응한다. 이를 통해 보법에서의 균형 감각이 향상되고 보다 수월하게 방향조정을 하게 된다.

3. 확인
말의 목을 과하게 구부리지 않도록 주의한다.

4. 다음 단계
펜스나 트랙의 안내 없이 3/4선에서 이 운동을 한다. 각도를 늘려 3-트랙 숄드-인(Three-track Shoulder-in), 4-트랙 숄드-인(Four-track Shoulder-in), 3-트랙 숄드-인(Three-track Shoulder in)을 한다.

5. 잘못된 사례
숄드-포(Shoulder-fore)를 지시했을 때 원하는 각도보다 더 커진다.
바깥쪽 다리로 말의 후구를 확실히 제어한다.

6. 이 운동이 제대로 되지 않는다면
단일 트랙에서 숄드-인(Shoulder-in)을 다시 연습한다.

3-트랙(Three-track) 및 4-트랙 숄드-인 (Four-track Shoulder in)
- □ 숄드-인(Shoulder-in)은 3~4개의 트랙에서 할 수 있다(옆 페이지 도표 참조). 3트랙은 4트랙 보다 수월하다. 4트랙이 훈련 상의 가치가 더 큰 편이다, 일반적으로 3-트랙으로 시작한다.

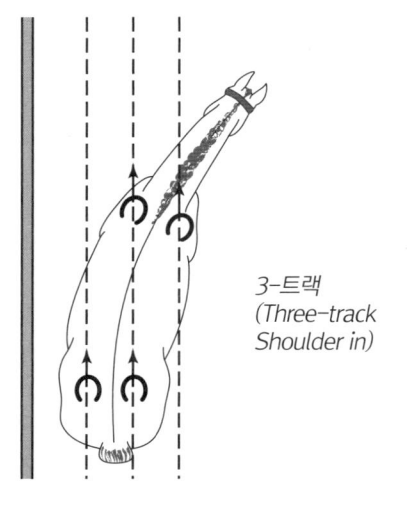

3-트랙 (Three-track Shoulder in)

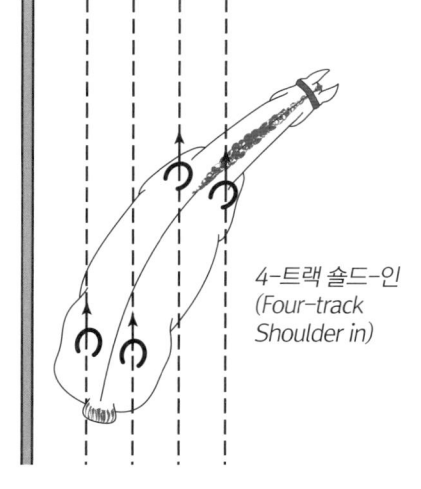

4-트랙 숄드-인 (Four-track Shoulder in)

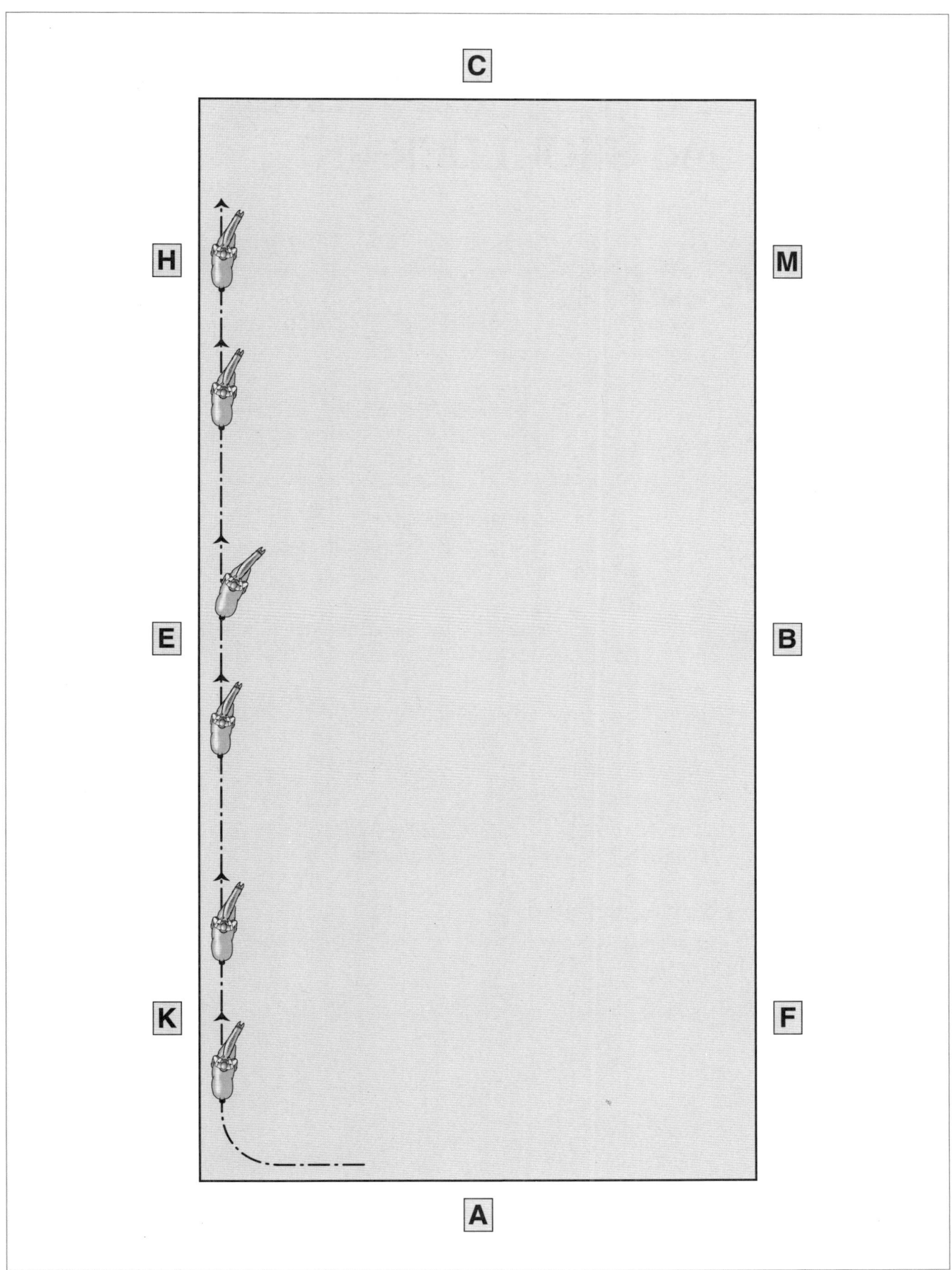

EXERCISE 64

Beginners
Preliminary	★★★
Novice	★★★★
Elementary	★★★★★
Medium	★★★★★

중앙선과 1/4선에서 신장평보의 숄드-포와 숄드-인(SHOULDER-FORE and SHOULDER-IN)

이 운동은 추진을 향상시키고 말이 바깥쪽 어깨를 통해 기울어지지 않도록 훈련하는데 아주 좋다.

1. 이 운동을 어떻게 하나?
☐ 운동장의 길이 방향으로 한 코너에서 평보로 3~4걸음을 숄드-인(Shoulder-in) 한다.
☐ 그런 다음, 신장 평보로 1/4선까지 직진한다.
☐ 1/4선에서 한 번 더 3~4걸음을 숄드-인(Shoulder-in) 한다.
☐ 그런 다음 중앙선까지 신장 평보로 간다.
☐ 중앙선에 와서 운동장의 윗부분에 도착할 때까지 숄드-인(Shoulder-in)을 다시 한 번 한다.

> **신장평보를 위한 부조**
> ☐ 추진을 만들어 내기 위해 안쪽 다리를 사용해야 한다.
> ☐ 강한 기좌를 사용한다.
> ☐ 목을 늘리기 위한 고삐는 보다 허용한다. - 하지만 이때 말의 코가 앞으로 나갈 정도로 풀리지 않아야 된다.

2. 말의 상태가 어떻게 되어야 하나?
말의 리듬과 균형감각을 계속 동일하게 유지하는 것이 중요하다.

3. 확인
숄드-인(Shoulder-in)에서 말의 후구 근육이 벗어나지 않도록 한다.

4. 다음 단계
걸음걸이를 크게 할 수는 없지만 속보에서 이 운동이 가능하다.

5. 잘못된 사례
말이 어깨로 기울어진다.
말이 오른쪽 어깨를 통해 기울어진다면 오른쪽 고삐와 오른쪽 다리로 눌러서 진직이 되도록 하고, 왼쪽 어깨가 그런다면, 왼쪽 고삐와 왼쪽 다리를 사용한다.

6. 이 운동이 제대로 되지 않는다면
숄드-인(Shoulder-in)(Exercise 61, 63)과 신장평보(Exercise 15)를 위해 수월한 훈련 과정을 다시 연습한다.

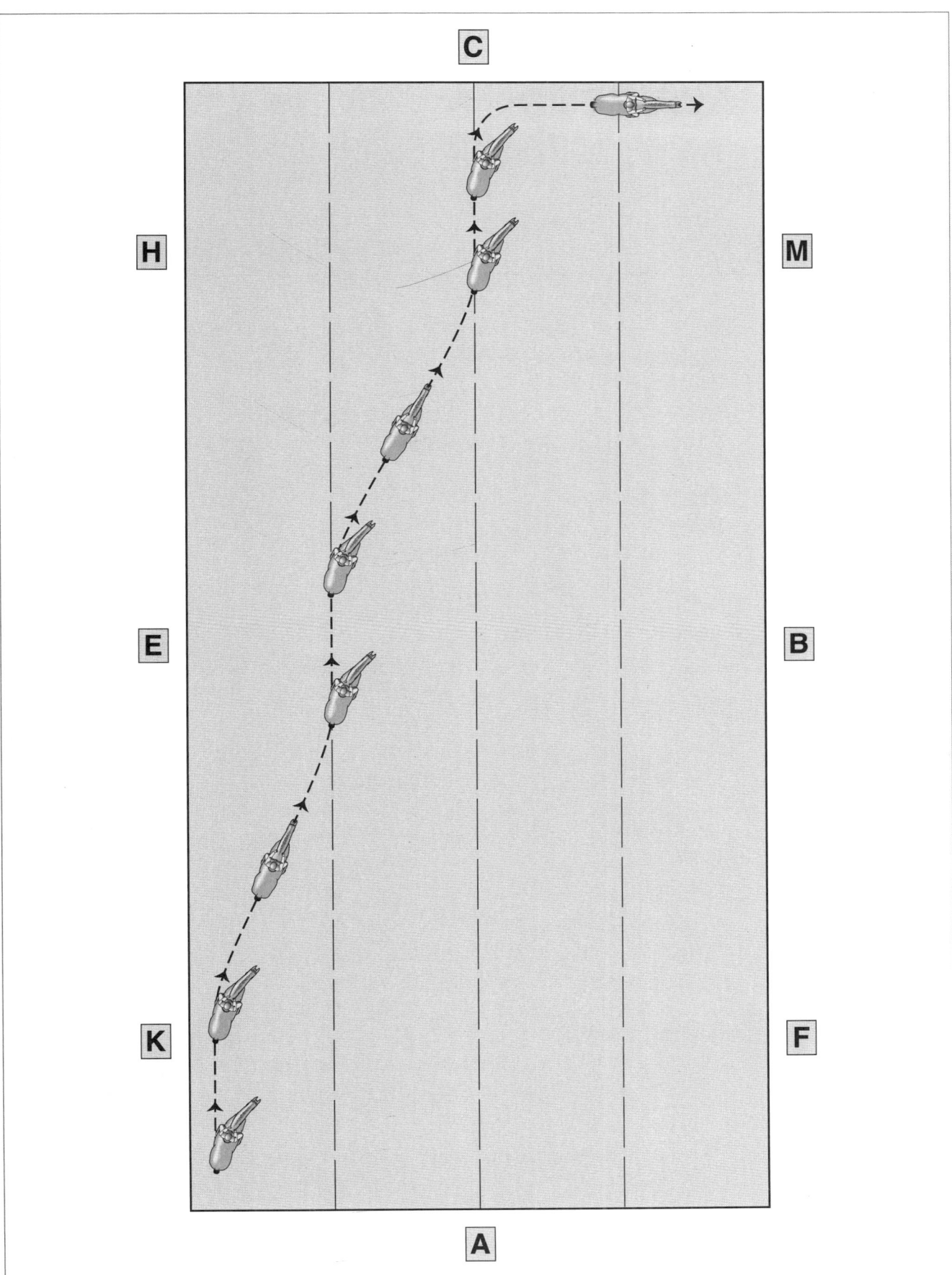

5. 제어와 연결 | 143

EXERCISE 65

숄드-인(SHOULDER-IN)에서 신장평보로의 이행운동

JANNIE LORISTON-CLARKE

Beginners	★★★★
Preliminary	★★★★★
Novice	★★★★★
Elementary	★★★★
Medium	★★★

숄드-인(Shoulder-in)으로 중앙선을 따라 내려오는 것이 유용함을 알게 되었다. 기승자가 벽에서 멀어지면 숄드-인(Shoulder-in)을 하기가 더 수월하며, 기승자가 말의 균형을 잡는데도 도움이 된다.

보너스

평보로 하는 숄드-인(Shoulder-in)은 말과 함께하고, 말에게 부조를 주는 법을 익히는데 있어 최선의 방법 중 하나이다. 운동장에 도착한 후에 바로 할 수 있으므로 전진하다가 곧이어 속보로 가능하다.

1. 이 운동을 어떻게 하나?

☐ 전진하는 평보로 중앙선의 A에서 X까지 왼쪽 숄드-인(Shoulder-in)을 한다.
☐ X에서 H까지 사선으로 신장 평보를 함으로 말의 등이 자유롭게 움직이게 한다. 그런 다음 트랙으로 돌아온다.
☐ C에서 다시 중앙선으로 돌아가고 X까지 오른쪽 숄드-인(Shoulder-in)을 한다.
☐ X에서 K까지 사선으로 신장 평보를 한다.

2. 어떤 점이 좋을까?

☐ 다리부조에 대한 말의 반응을 높인다.
☐ 다리에서 유연한 연결에 이르기까지 말이 적응한다.
☐ 신장 평보로 말이 전진한다.

3. 말의 상태가 어떻게 되어야 하나?

안쪽 다리로부터 바깥 고삐까지 활기와 추진을 갖고 전진해야 하므로 당신의 말의 어깨를 제어할 수 있다. 신장 평보로 전진할 때, 말 등을 통한 유연성과 신장이 향상된다.

4. 확인

다음과 같은 결점이 있다면 그냥 넘어가지 않는다. 우선, 안쪽 다리가 뒤로 천천히 움직이는가? 그 다음엔, 안쪽 다리와 바깥쪽 고삐 사이에 숄드-인(Shoulder-in)을 하기 보다는 말의 머리를 안쪽으로 끌어당기는가?

5. 다음 단계

속보에서 이 운동을 한다. 말이 숄드-인(Shoulder-in)을 수월하게 하면, 반대쪽으로 벤드(Bend)로 해 본다(Renvers와 같이). 그렇게 되면 말이 유연한지, 양쪽 고삐를 잘 듣는지 확인이 가능하다.

6. 잘못된 사례

(1) 말의 어깨를 제어하지 못한다.
이는 아마도 당신이 바깥쪽 고삐로 말을 다루지 못하고 실제로 말의 머리를 당기기 때문이다. 그래서 말의 어깨가 바깥쪽으로 기울어져서 실제로 트랙에 있으면서 숄드-인(Shoulder-in)이 되지 않거나 뒷다리가 연동되지 않는다.

(2) 말이 신장 평보에서 균형을 잃고 말이 입을 앞으로 내미는 상태(Above the bit)가 된다.

(3) 조심해서 평보 걸음의 길이를 점차 늘려간다.

(4) 고삐 부조를 너무 세게 써서 실제적으로 평보를 방해한다.
숄드-인(Shoulder-in) 후에는 신장 속보보다는 중간 속보를 하지만, 양쪽 고삐를 사용해서 평보로 이 운동을 하고 나면 속보로도 동일한 방법으로 전진한다.

7. 이 운동이 제대로 되지 않는다면

말을 앞으로 이동하게 하면서 속보를 하고, 속보로 숄드-포(Shoulder-fore)를 하는데, 필요하다면 채찍을 사용한다. 말이 추진과 균형감각을 잃게 되므로 4-트랙을 하지 않도록 주의한다.

고급 팁

Jennie의 조언에 따르면 '안쪽 고삐를 거의 사용하지 않도록 한다. 안쪽 고삐를 과도하게 사용하면, 말의 어깨가 빠지도록 누를 뿐이다. 앉은 자세와 다리에서부터 바깥 고삐만을 이용하여 기승하고, 필요하다면 말에게 벤드(Bend)를 지시한다. 안쪽 다리로 벤딩(Bending)하게 하므로 여기에서의 벤드(Bend)가 반드시 필요하진 않다.'

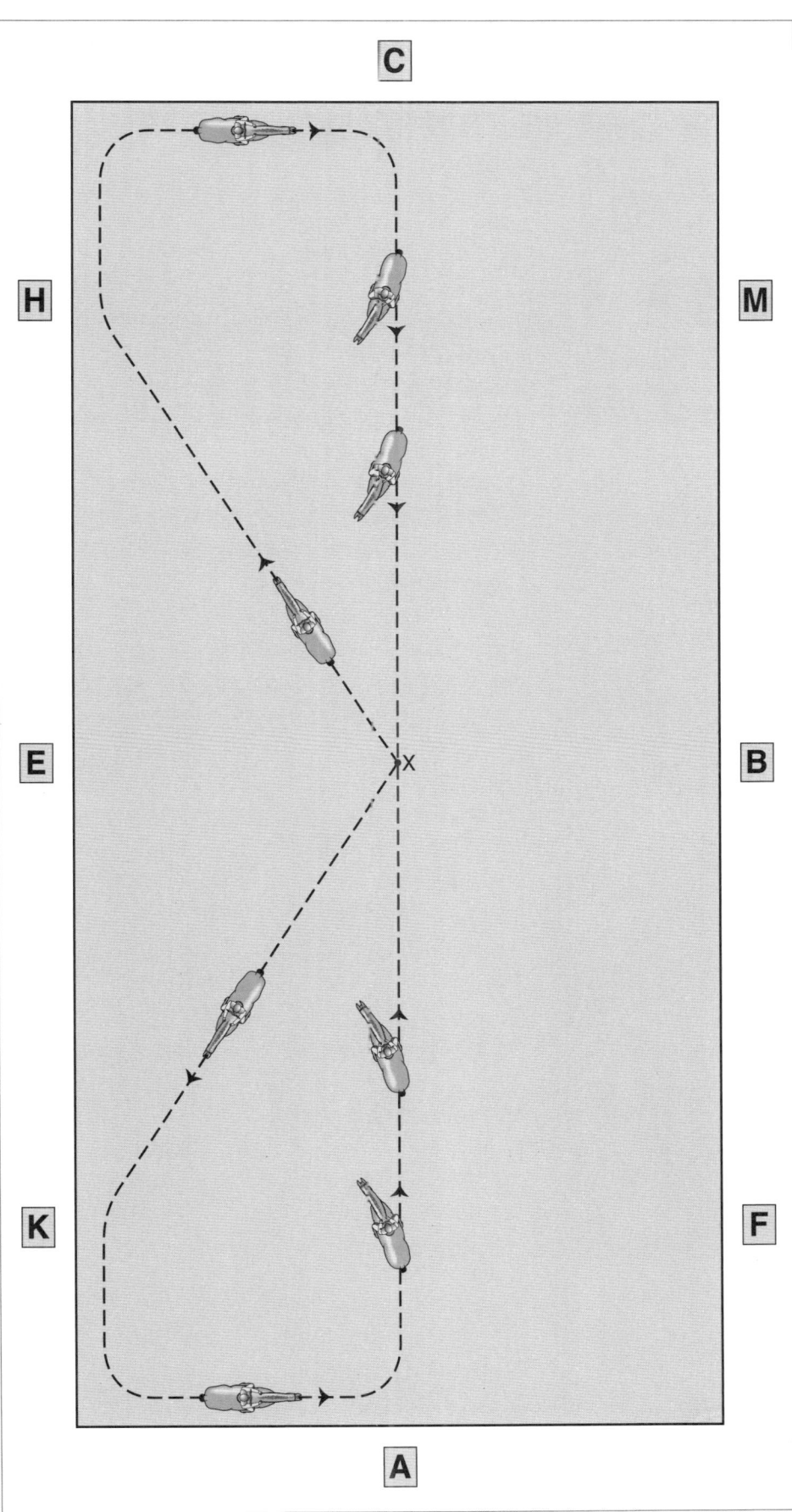

EXERCISE 66

3개의 10m 원과 연동된 숄드-인(SHOULDER-IN)

Beginners ★
Preliminary ★★★
Novice ★★★★★
Elementary ★★★
Medium ★★

이 운동은 말의 균형감각과 유연성을 향상시키는데 좋다. 또한, 말이 부조, 특히 기승자의 다리에 재빨리 집중하도록 가르치기에 좋다.

보너스
초급 및 중급 시험에 이 동작이 포함된다.

1. 이 운동을 어떻게 하나?
- □ 오른쪽 방향으로 평보로 A에서 출발해서 운동장의 코너에서 10m 원을 그린다.
- □ 원을 그리고 나가면서 숄드-인(Shoulder-in)을 지시하고 E로 트랙을 따라 내려온다.
- □ E에서 10m 원을 그린다.
- □ H까지 숄드-인(Shoulder-in)을 하도록 지시한다.
- □ H에서 10m 원을 그리고, 코너를 돌아 C까지 직진한다.
- □ C에서 중앙선 쪽으로 돌아 고삐를 바꾸어준다.
- □ 왼쪽 방향으로 반복한다.

2. 말의 상태가 어떻게 되어야 하나?
말이 10m 원을 그리고 나갈 때와 원을 다시 그릴 때에 제대로 균형이 잡힌 채로 숄드-인(Shoulder-in)을 할 수 있도록 충분히 균형을 맞추고 집중하도록 교육하는 과정의 일부이다

3. 확인
기승자의 체중이 안쪽 좌골에 오도록 하고, 바깥쪽 다리가 너무 앞으로 가지 않도록 한다.

4. 다음 단계
속보에서 이 운동을 한다.

5. 잘못된 사례
말이 숄드-인(Shoulder-in)에서 균형을 잃고 바깥쪽 어깨를 통해 바깥쪽으로 기울어진다.
말의 목의 방향에 반하여 바깥쪽 고삐를 이용해서 10m 원을 그리는지 확인한다.

6. 이 운동이 제대로 되지 않는다면
트랙에서 멀어지며 숄드-인(Shoulder-in)을 연습한다.

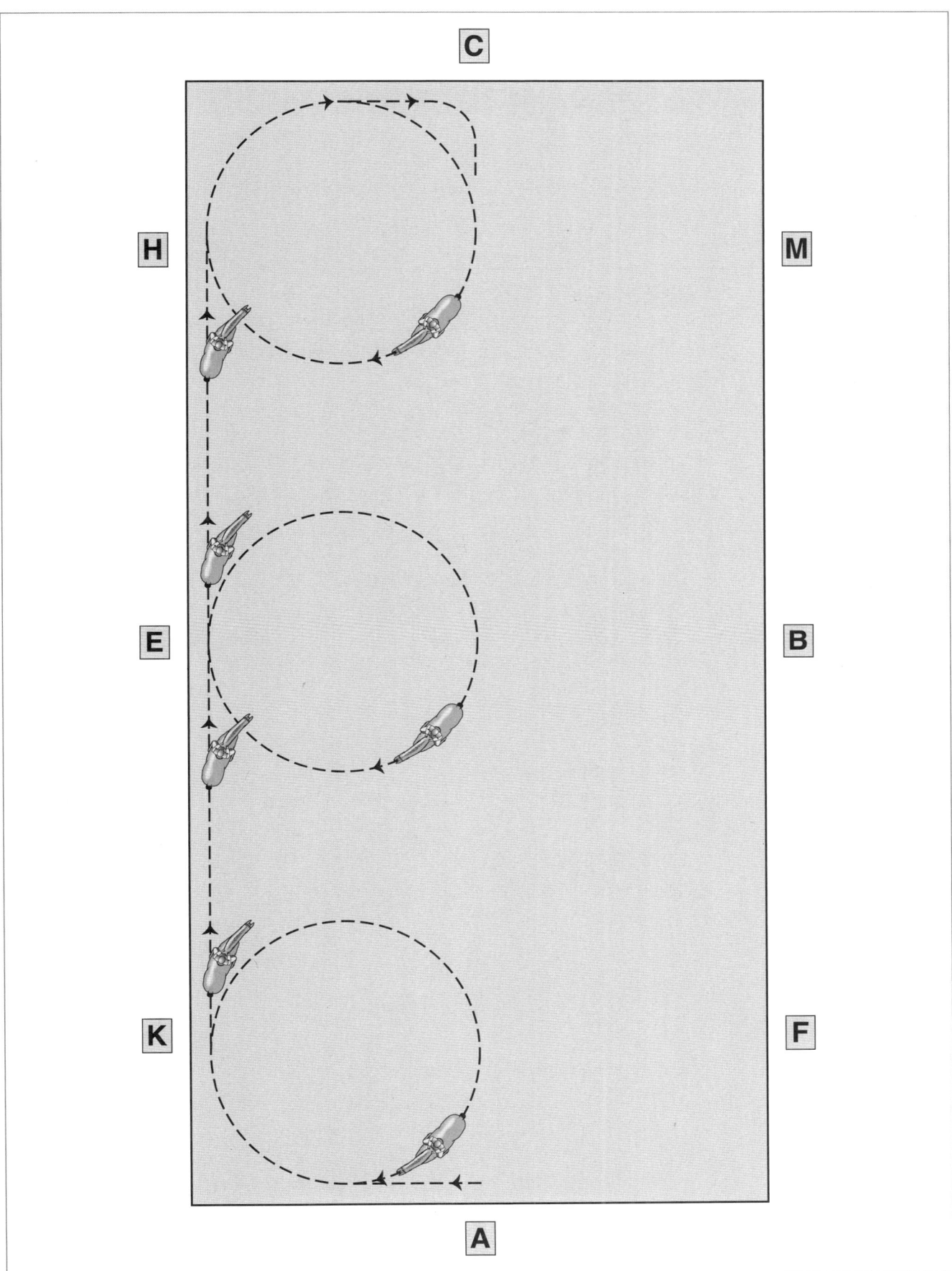

5. 제어와 연결 | 147

EXERCISE 67

직선에서 숄드-인(SHOULDER-IN)과 중간속보 이행운동

Beginners

Preliminary ★
Novice ★★★
Elementary ★★★★★
Medium ★★★★★

이 운동은 숄드-인(Shoulder-in)을 하는 동안 고집스럽게 안쪽 어깨로 기울어지는 말을 재교육하는 데 도움이 된다.

기승자 팁

조심스럽게 안쪽 다리와 안쪽 고삐로 말의 자세를 바로 한다(바깥쪽 고삐를 사용하지 않는다).

1. 이 운동을 어떻게 하나?
- ☐ 운동장의 길이 방향으로 처음 1/2 부분을 속보로 숄드-인(Shoulder-in)한다.
- ☐ 그런 다음, 숄드-포(Shoulder-fore)를 통해 트랙으로 말의 전면부가 돌아오게 한다.
- ☐ 나머지 1/2 부분에서는 중간 속보로 간다.

2. 말의 상태가 어떻게 되어야 하나?
안쪽 어깨로 기울어지기 좋아하는 말의 경우에는 안쪽 벤드(Bend)를 유지하면서 말의 전면부를 트랙으로 가져가게 되면 말의 안쪽 어깨에 무게를 싣는데 도움이 되어 중간 속보를 설정할 수 있다.

3. 확인
숄드-인(Shoulder-in)을 할 때나 일직선으로 갈 때 모두 안쪽 다리를 앞으로 한다.

4. 다음 단계
구보로 이 운동을 할 수 있다, 하지만 오직 완벽한 숄드-인(Shoulder-in)으로 하지 않고 숄드-포(Shoulder-fore)로 한다.

5. 잘못된 사례
말의 체중이 안쪽 어깨로 오지 않는다.
바깥쪽 고삐로 말의 머리를 트랙으로 끌어당기면서 말의 전면부가 따라올 것이라고 생각하는가?

6. 이 운동이 제대로 되지 않는다면
3/4선에서 숄드-인(Shoulder-in)을 해보고 난 뒤에 나머지 1/2 부분은 3/4선에서 트랙으로 돌아가면서 레그-일딩(Leg-yielding)을 한다.

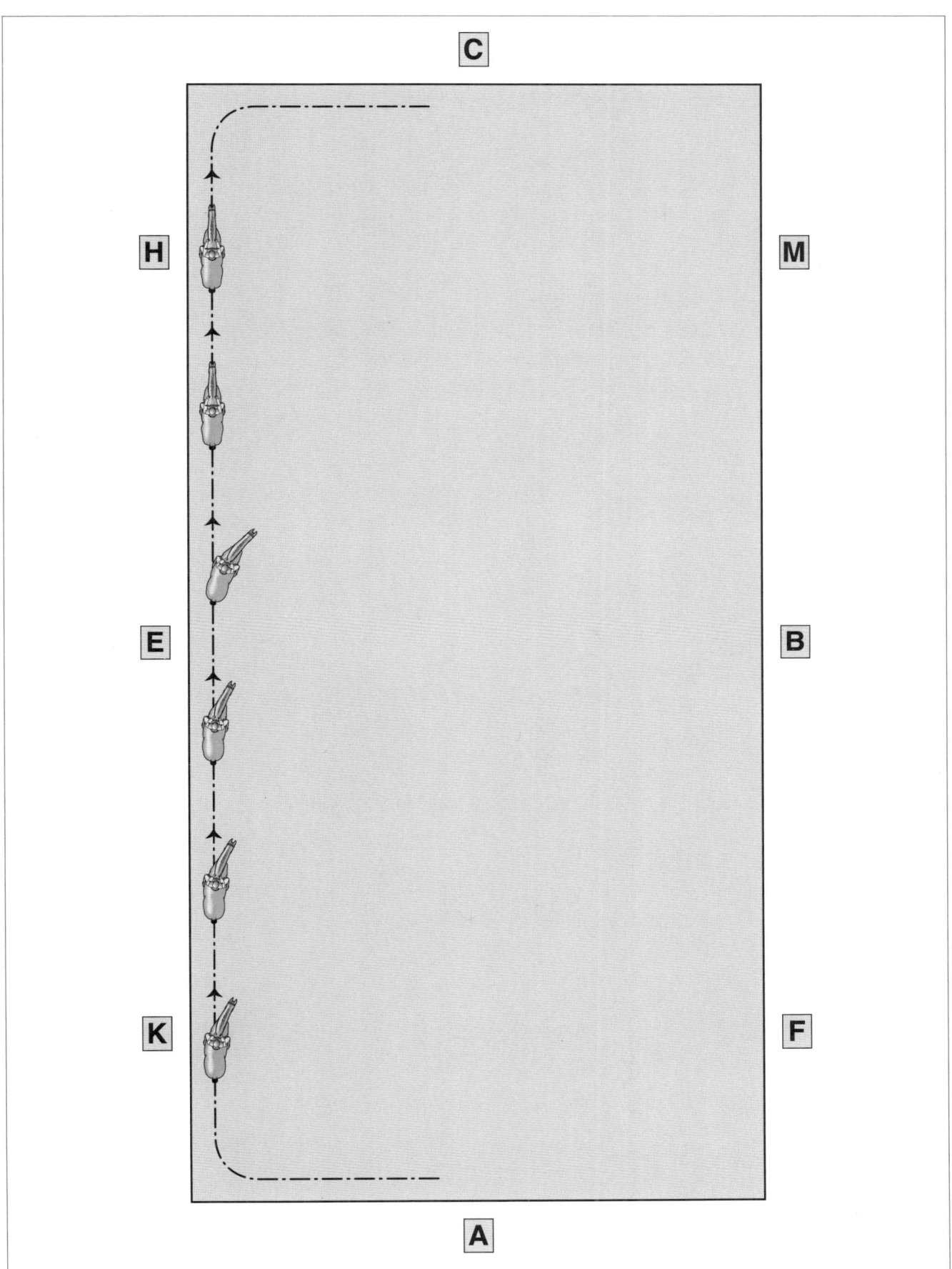

5. 제어와 연결 | 149

EXERCISE 68

대각선에서 숄드-인(SHOULDER-IN)과 중간속보 이행운동

Beginners
Preliminary ★
Novice ★★
Elementary ★★★★★
Medium ★★★★★

이 운동은 숄드-인(Shoulder-in)을 하는 동안 고집스럽게 바깥쪽 어깨로 기울어지는 말에게 도움이 된다는 면에서 바로 전의 운동연습과 유사하다.

보너스
초급 및 중급 시험에 이 동작이 포함된다.

1. 이 운동을 어떻게 하나?
- 왼쪽 방향으로 속보로 F에서 B까지 숄드-인(Shoulder-in)을 한다.
- B에서 H까지 고삐를 바꾸고 중간 속보를 한다.
- 트랙으로 돌아와 오른쪽 방향으로 M에서 B까지 반복하고 K까지 고삐를 바꾼다.

2. 말의 상태가 어떻게 되어야 하나?
사선 방향으로 가면서 숄드-인(Shoulder-in)에서 중간 속보로 바꾸기 위해 말은 바깥쪽 어깨에서 체중을 덜어주어야 한다. 이 운동을 반복하게 되면 말이 사선을 중간 속보로 가도록 지시 받을 가능성을 예상하는데 도움이 되며, 그렇게 되면 바깥쪽 어깨로 덜 기울게 될 것이다.

3. 확인
말이 바깥쪽 다리 부조에 복종하도록 해서 중간 속보 이행을 할 때 후구가 흔들리지 않도록 한다.

4. 다음 단계
구보로 이 운동을 하고, 숄드-인(Shoulder-in) 보다는 숄드-포(Shoulder-fore)로 한다.

5. 잘못된 사례
구보를 하면서 말이 균형을 잃고 구보를 못할 가능성이 있다.
중간 속보를 일찍 시작하고 이행을 보다 점진적으로 진행한다.

6. 이 운동이 제대로 되지 않는다면
이는 균형이 잡혀 있지 않은 상태로 숄드-인(Shoulder-in)을 하기 때문일 것이다. 3/4 선에서 숄드-인(Shoulder-in)을 다시 연습한다.

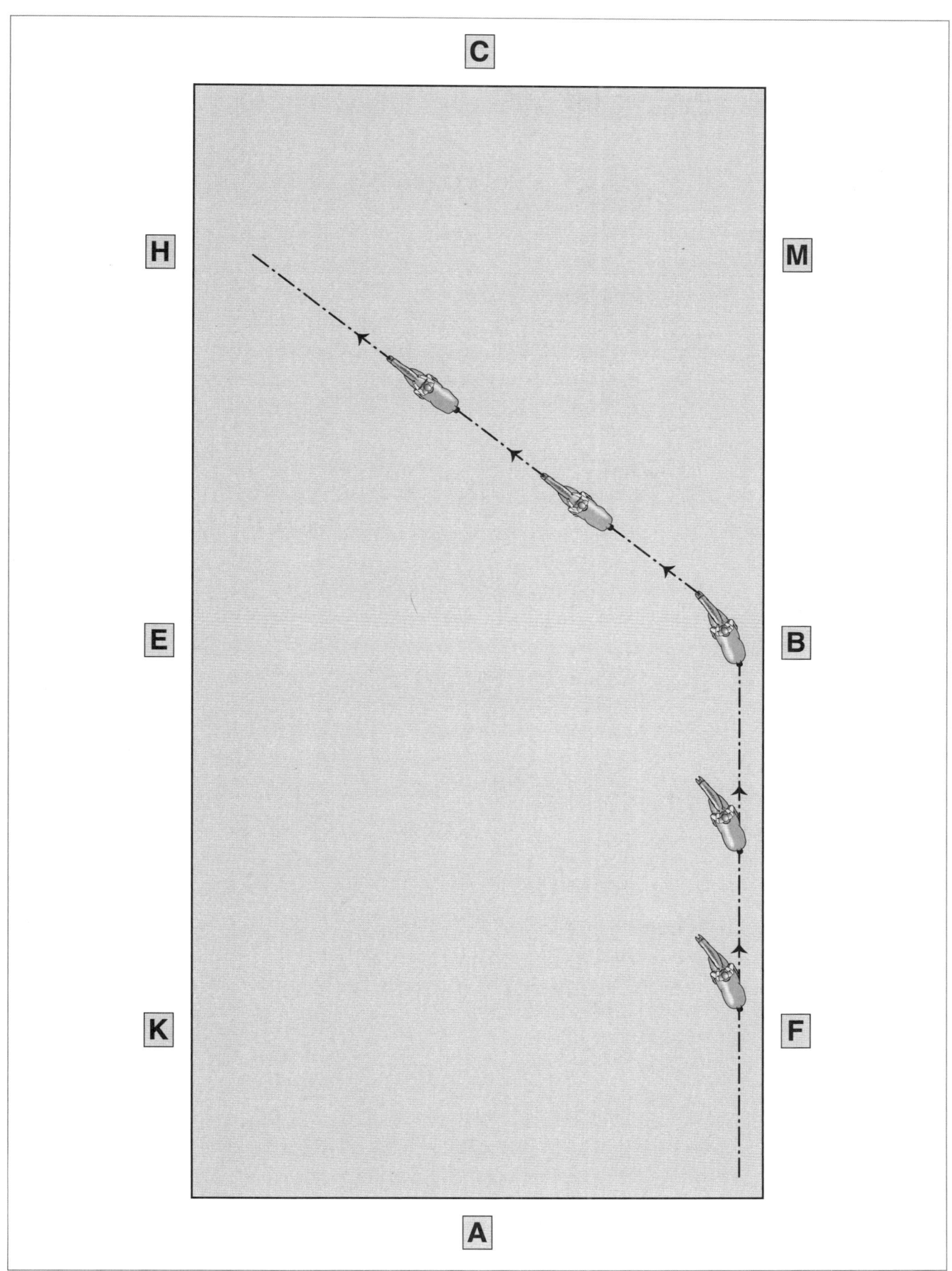

EXERCISE 69

숄드-포(SHOULDER-FORE)에서 구보 원운동

Beginners

Preliminary	★
Novice	★★★
Elementary	★★★★★
Medium	★★★★★

숄드-포(Shoulder-fore)가 숄드-인(Shoulder-in)을 수행하기 좋은 동작인 한편, 구보이행을 잘 하는데도 도움이 된다.

기승자 팁

말은 안쪽을 향해 말의 후구 근육으로 구보하기를 좋아하는데, 그렇게 하면 비절과 뒤 무릎관절을 사용하지 않고 보다 강한 엉덩이 관절을 더 쓰기 때문이다. 그렇기 때문에 구보에서 하는 대부분의 동작은 말의 자세를 바로 잡아주는 것이다.

1. 이 운동을 어떻게 하나?
- ☐ 왼쪽 방향으로 운동장의 길이 방향을 속보로 숄드-포(Shoulder-fore)하면서 내려온다.
- ☐ 중간지점에 왔을 때, 왼쪽 구보를 지시하고 20m 원을 그리도록 한다.
- ☐ 원을 다 그리고 난 후 속보로 다시 돌아온다.
- ☐ 왼쪽 방향으로 숄드-포(Shoulder-fore)를 다시 한다.

2. 말의 상태가 어떻게 되어야 하나?
숄드-포(Shoulder-fore)를 할 때부터 기승자의 자세는 이미 구보 발진자세가 되어야 한다.

3. 확인
바깥쪽 고삐를 사용해서 말이 어깨를 통해 바깥쪽으로 기울어지지 않게 하고, 바깥쪽 다리로 구보를 지탱한다.

4. 다음 단계
원을 그리지 않고 이 운동을 하는데 구보 이행을 지시하고 운동장의 길이 방향을 따라 구보로 간다.

5. 잘못된 사례
말의 어깨가 바깥쪽으로 빠진다.
이는 대부분 말이 반대쪽 다리로 발진하려고 하기 때문이다. 구보를 지탱하도록 바깥쪽 다리를 사용하고, 안쪽 다리가 너무 뒤로 가지 않도록 한다.

6. 이 운동이 제대로 되지 않는다면
원형에서 속보/구보이행을 연습한다(Exercise 10).

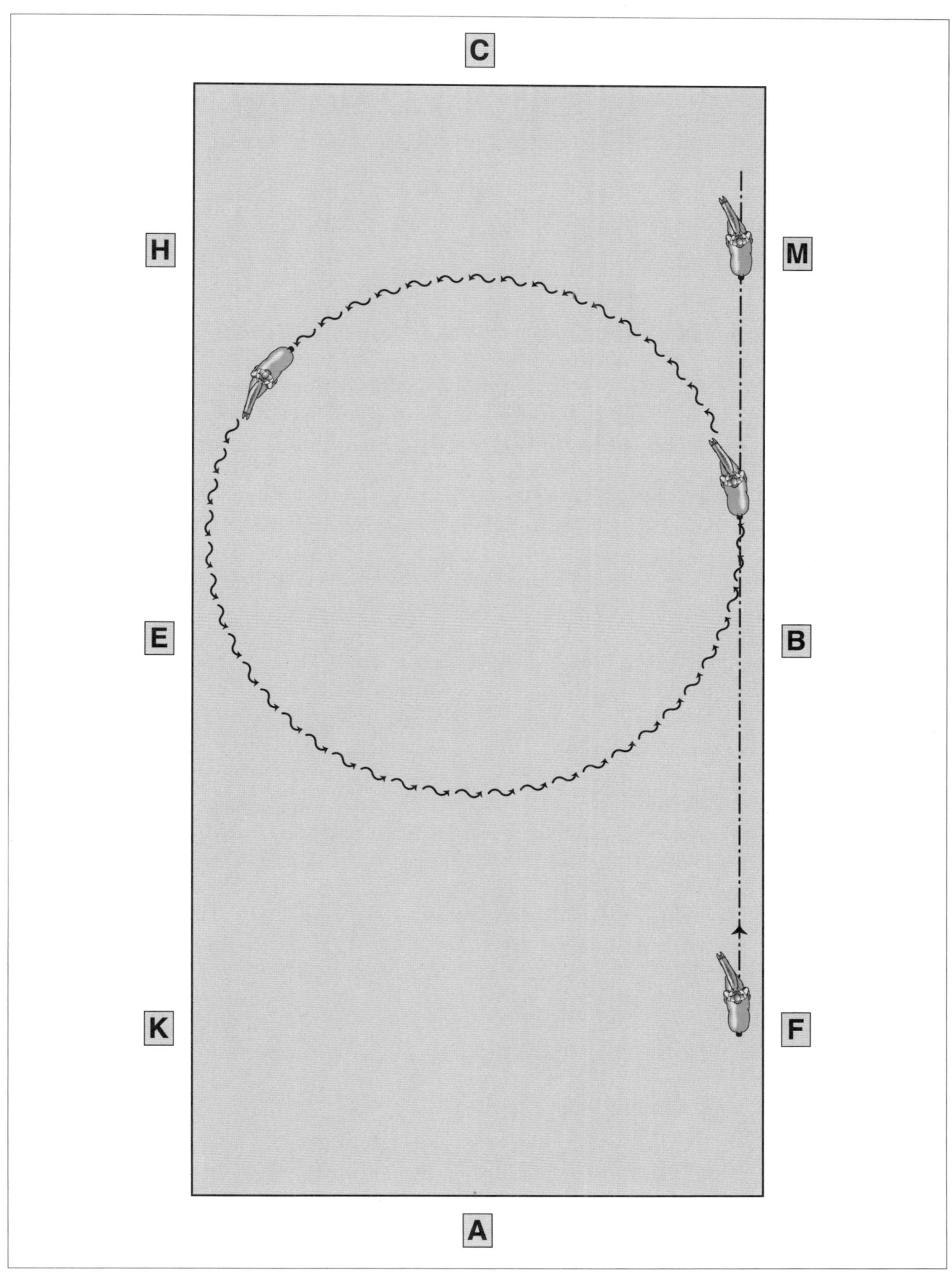

EXERCISE 70
회전준비를 위한 숄드-인(SHOULDER-IN)

Beginners

Preliminary	★
Novice	★★★
Elementary	★★★★★
Medium	★★★★

보너스
이 운동은 말이 균형감각을 기르는데 매우 좋다. 이와 유사한 운동이 2~3개의 중급 마장마술 테스트에 포함되어 있지만, 여기에서는 숄드-인(Shoulder-in)을 한번만 한다.

말의 뒷다리가 중앙선에 있어야 하기 때문에 여러분이 제대로 이 운동을 하고 있는지를 알 수 있다. 그래서 이 운동을 하려고 한다면, 운동장에 선을 그려 시작하기 전에 중앙선을 표시한다(잊어버렸다면, 다른 사람에게 부탁한다).

1. 이 운동을 어떻게 하나?
- ☐ 중앙선에서 평보를 하면서 왼쪽으로 숄드-인(Shoulder-in)을 해서 방향을 튼다.
- ☐ 6~8걸음 뒤에 왼쪽으로 10m 원을 그리고 시작한 지점에 이르면 다시 중앙선으로 돌아온다.
- ☐ 중앙선을 따라 가면서 오른쪽으로 숄드-인(Shoulder-in)을 하도록 벤드(Bend) 방향을 바꾼다.
- ☐ 6~8걸음 더 간 뒤에 오른쪽으로 10m 원을 그리고 다시 중앙선으로 돌아온다.
- ☐ 운동장의 끝에 도달할 때까지 이를 반복한다.

2. 말의 상태가 어떻게 되어야 하나?
얼마간 숄드-인(Shoulder-in)을 하면서 10m 원을 그릴 때, 말은 부조에 완전히 집중해야 한다. 제대로 숄드-인(shoulder-in)을 하기 위해서는 안쪽 어깨로 기울어지지 않고 안쪽 다리에 반응하고, 말의 둔부근육을 통해 기울어지지 않도록 바깥쪽 다리에 반응하기 때문이다.

3. 확인
바깥 부조를 사용하는지 확인한다.

4. 다음 단계
속보로 이 운동을 한다.

5. 잘못된 사례
벤드(Bend)의 방향을 바꿀 때 말이 중앙선에서 벗어난다.
벤드(Bend) 방향을 더 천천히 바꾸어 주면서 동시에 다리와 앉은 자세를 조심스럽게 바꾼다.

6. 이 운동이 제대로 되지 않는다면
원을 그리지 말고 오랫동안 숄드-인(Shoulder-in)을 연습한다(Exercise 61, 63).

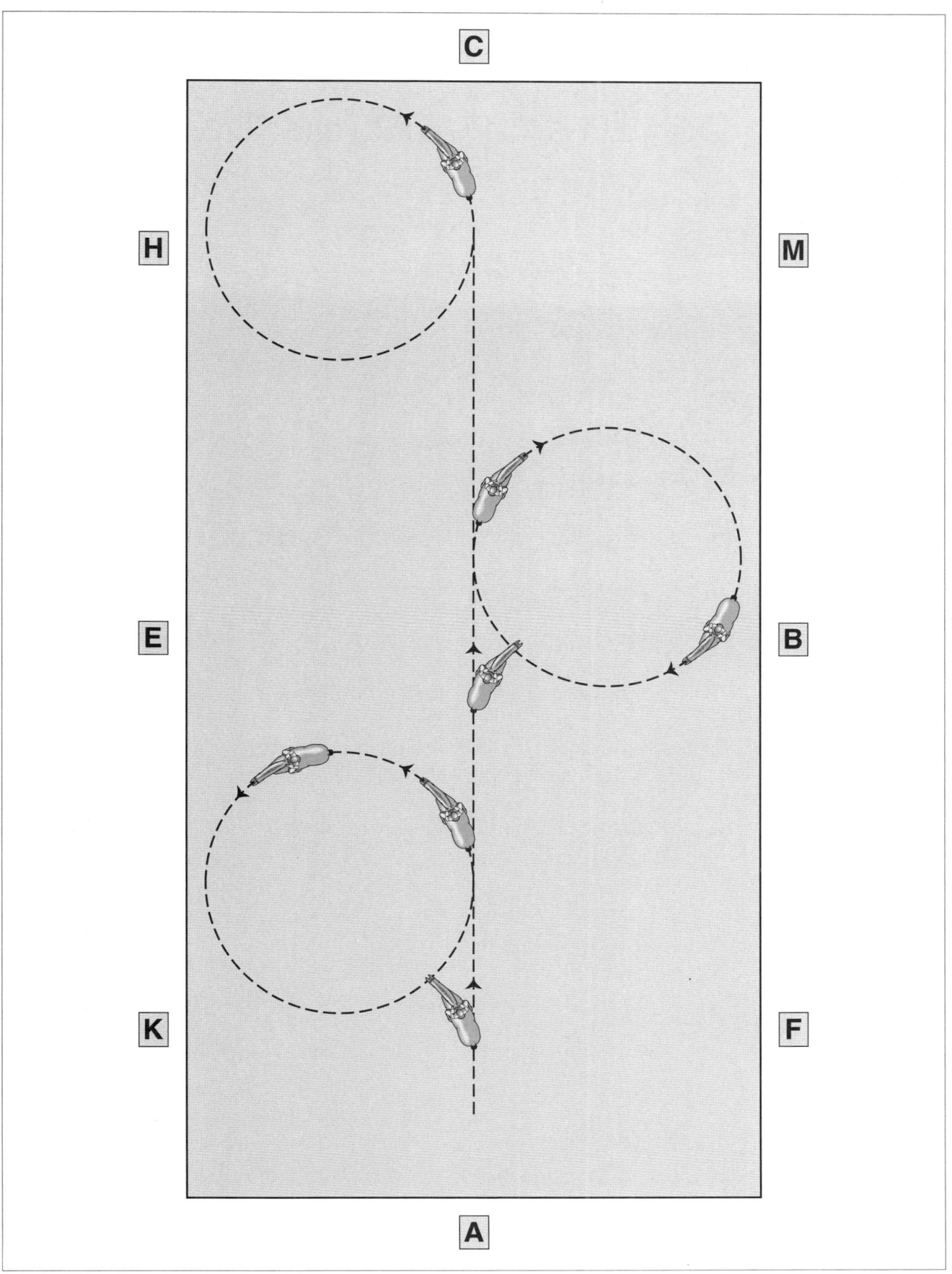

5. 제어와 연결 | 155

SECTION 6

힘의 통제

트래버스와 렌버(TRAVERS and RENVERS)

연습

71	첫 번째 트래버스(TRAVERS)	158
72	원형에서 트래버스(TRAVERS)	160
73	타원형에서 트래버스(TRAVERS)	162
74	트래버스(TRAVERS)로 가는 레그-일드(LEG-YIELD)	164
75	트래버스(TRAVERS)로 가는 1/4 피루엣(PIROUETTES)	166
76	첫 번째 렌버(RENVERS)	168
77	렌버(RENVERS)로 가는 1/2 피루엣(PIROUETTE)	170
78	숄드-인(SHOULDER-IN)에서 렌버(RENVERS)로 이행운동	172
79	트레버스(TRAVERS)에서 피루엣(PIROUETTE)과 하프-패스(HALF-PASS)로의 이행	174
80	라세트의 호키-코키(LASSETTER'S HOKEY-KOKEY) - JOHN LASSETTER	176

트래버스(Travers)와 렌버(Renvers)는 말의 후구의 움직임에 작용을 하므로 수축에 도움이 되며 동시에 하프-패스(Half-pass)를 준비할 시간을 마련해 준다. 가장 알맞은 각도는 왼쪽이나 오른쪽을 30도이나 말의 능력에 따라 각도는 조정할 수 있다. 다시 한 번 말하면, 이 운동의 대부분은 평보에서 시작하지만 기승자와 말이 이 동작을 완전히 습득하면 속보로 진행한다.

TRAVERS, RENVERS와 SHOULDER-IN

☐ 트래버스(Travers)

트래버스(Travers)에서는 말이 트랙을 똑바로 내려다보며 가는 방향으로 머리와 목을 통해 앞다리까지 몸을 구부리고, 말의 전면부는 트랙에 남아있는 채로 후구는 운동장 안쪽으로 향하게 한다. 말은 4개의 트랙을 이동한다.

☐ 렌버스(Renvers)

렌버스(Renvers)에서는 후구가 트랙에 있는 채로 말의 앞쪽을 안쪽으로 하며 같은 가고자 하는 방향으로 시선을 두고 (Shoulder-in과는 달리) 몸을 구부리며 4개의 트랙을 이동한다

☐ 숄드-인(Shoulder-in)

숄드-인(Shoulder-in)에서는 말이 보통 3개의 트랙으로 이동하며(간혹 4개의 트랙으로 이동한다), 후구는 트랙에 있는 상태로, 말의 앞쪽은 안쪽으로 향하게 해서 말이 운동장을 가로질러 가면서 앞다리가 교차된다. 말은 가고자 하는 방향에서 멀리 떨어진 곳에 시선을 두고 몸을 구부린다.

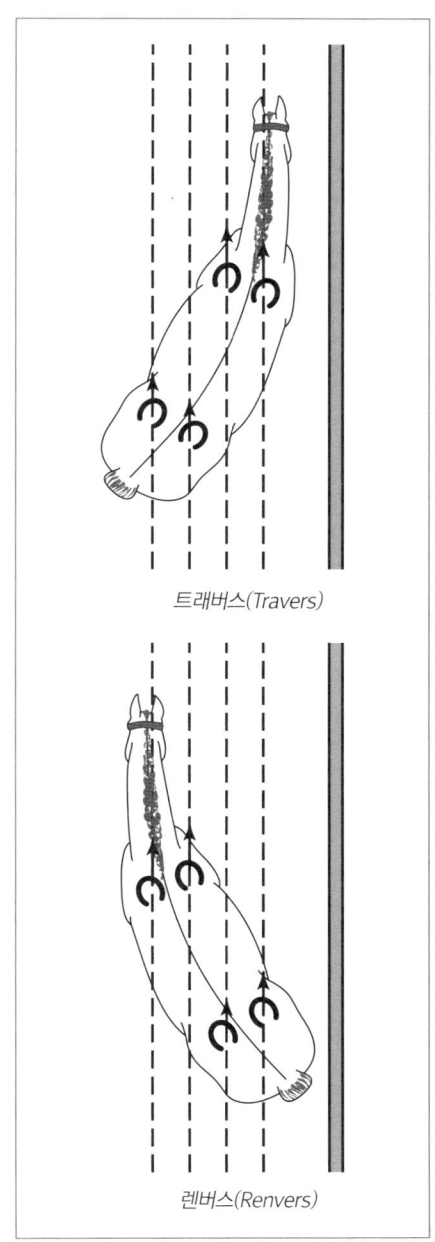

트래버스(Travers)

렌버스(Renvers)

EXERCISE 71

첫 번째 트래버스(TRAVERS)

Beginners

Preliminary	★
Novice	★★
Elementary	★★★★★
Medium	★★★★★

트래버스(Travers)는 헌치-인(Haunches-in)으로도 알려져 있으며, 말의 뒷다리 연결과 군살 부분의 유연성을 키우는데 도움이 되는 유용한 유연성 운동이다.

보너스

트래버스(Travers)와 렌버(Renvers) 모두 말이 기승자의 다리에 복종하는지를 시험하고 하프-패스(Half-Pass)를 준비하게 한다.

기승자 팁

말이 직진하기 바로 전에 원을 그리는 마지막 단계에서 트랙에 가까이 가고 있음을 상상해보자. 그것이 트래버스(Travers)의 바른 자세이다.

1. 이 운동을 어떻게 하나?
☐ 오른쪽 방향으로 평보로 운동장의 길이 방향으로 가기 전 코너에서 10m 원을 그린다.
☐ 벤드(Bend)를 유지한 채로 하프-홀트(Half-halt)를 하고 트랙에 돌아오면서 왼쪽 다리를 복대 뒤에 두고 후구를 밀어 오른쪽으로 길이 방향 안쪽으로 가게 한다.
☐ 코너에 도달하기 전에 몸을 바로 한다.
☐ 반대쪽 방향으로 반복한다.

2. 말의 상태가 어떻게 되어야 하나?
트래버스(Travers)에서 말은 트랙에 말의 앞쪽을 두고 후구 근육은 안으로 한 상태에서 주어진 선을 따라 움직여야 한다. 그렇게 되면 말의 전면부가 가고자 하는 방향을 마주하게 되면서 말의 몸이 구부러진다. 기승자의 상체 자세는 트랙에서 약 35도가 되도록 말의 어깨 각도를 통제한다. 앞에서 보면, 4 다리가 모두 보인다. 말이 비절을 낮추고 뒷다리에 체중을 더 실으면 수축 운동을 익히게 된다.

3. 트래버스(Travers)를 어떻게 하나?
☐ 오른쪽 방향으로 평보로 운동장의 길이 방향으로 가기 전 코너를 지나면서 정확한 벤딩(Bending)을 한다.
☐ 상체를 말의 몸 쪽으로 틀고 체중을 안쪽 좌골에 싣는다. 안쪽 다리는 복대 근처에 두어 말이 구부리는 방향으로 버팀대가 되도록 한다.
☐ 바깥쪽 다리는 복대 뒤에 오도록 하여 말의 후구 근육을 제어한다. 바깥쪽 종아리와 무릎으로 말의 몸이 벤드(Bend)를 풀지 않도록 하고, 바깥쪽 종아리로 말의 바깥쪽 뒷다리에 지시를 내려 몸 아래에서 안쪽 뒷다리를 가로질러 가도록 한다.
☐ 평보를 하면서 기승자의 등이 말과 함께 움직이도록 한다.
☐ 말이 턱을 부드럽고 여유 있게 움직이도록 재갈과 안쪽 고삐는 탄력적으로 잡고 트랙을 따라 앞으로 가는 동안 바깥쪽 고삐는 바깥쪽 어깨를 제어하도록 한다.
☐ 트래버스(Travers)를 끝내도록 후구를 뒤로 하여 트랙을 따라 간다.

4. 확인
안쪽 다리가 복대 근처에 있고 바깥쪽 다리가 복대 뒤에 오도록 해서 전진 및 측면 동작을 유지하고, 고삐 연결로 말이 활발히 전진하는데 방해하지 않도록 한다.

5. 다음 단계
속보로 이 운동을 할 수도 있다.

6. 잘못된 사례

(1) 말이 바깥쪽으로 후구를 흔들면서 벤드(Bend) 상태를 풀고 바깥쪽 뒷다리가 안쪽 뒷다리 앞으로 가로질러 가지 않는다.

기승자의 안쪽 다리가 너무 뒤로 가 있을 수도 있다. 안쪽 다리를 복대에 두어 벤드(Bend)시에 말을 지탱한다.

(2) 말의 후구가 안쪽으로 너무 들어간다.

기승자가 잘못된 좌골에 앉아있을 것이다. 그렇게 되면 기승자의 안쪽 다리를 감싸고 말이 몸을 구부리는데 영향을 미친다. 체중을 안쪽 좌골에서 유지하도록 한다.

7. 이 운동이 제대로 되지 않는다면

레그-일딩(Leg-yielding)(Section 4)을 다시 연습하고, 벤드(Bend)를 잘못했을 때 말의 전면부에서 회전을 해 본다(Exercise 49).

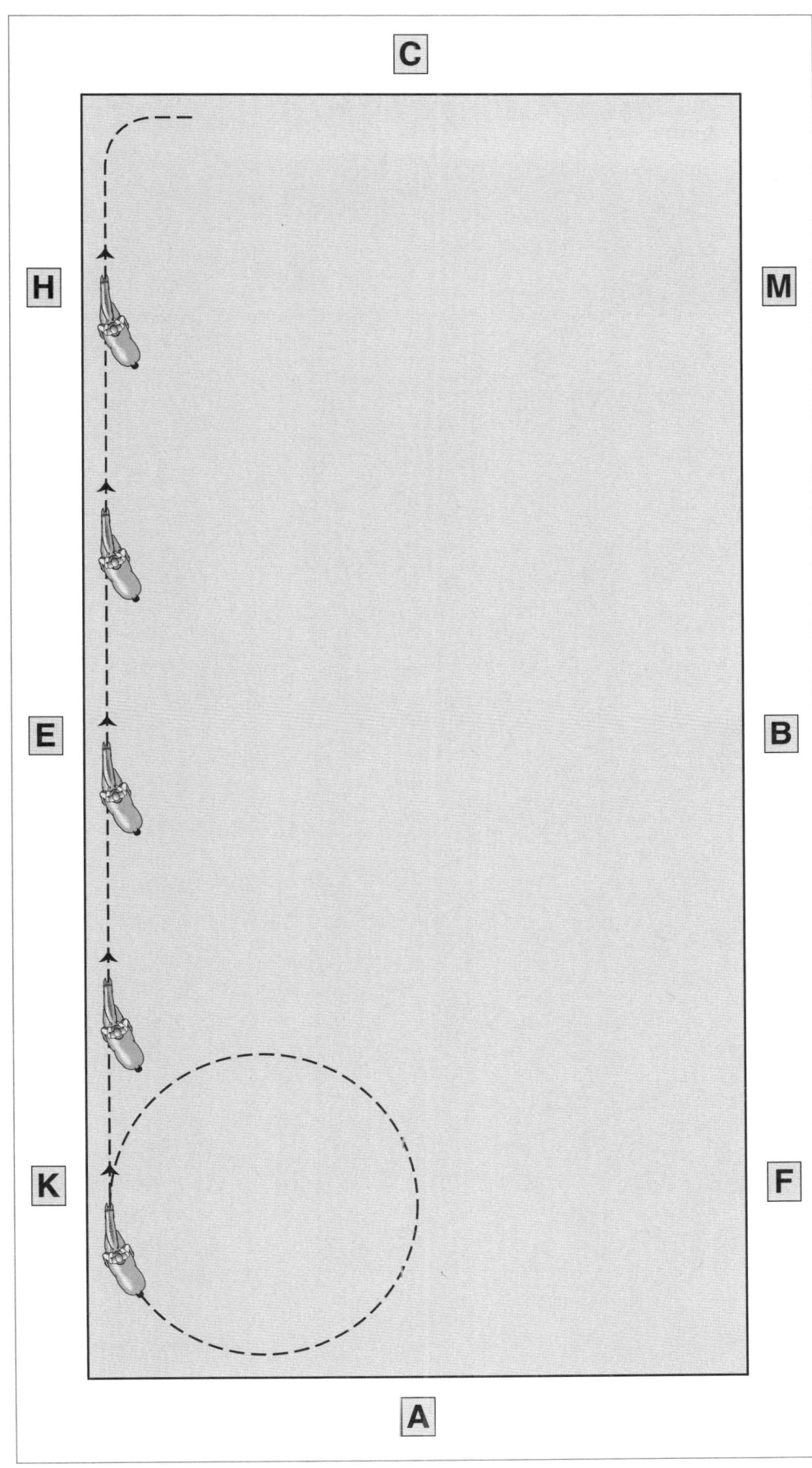

EXERCISE 72

원형에서 트래버스(TRAVERS)

Beginners
Preliminary
Novice ★★
Elementary ★★★★
Medium ★★★★★

원형에서 이루어지는 트래버스(Travers)와 렌버(Renvers)는 유연한 운동으로서도 훌륭하지만, 말이 기승자의 다리에 복종하는지 시험하기에도 좋다. 또한, 구보 피루엣(Canter Pirouette)을 시작하는 동작으로도 가능하다.

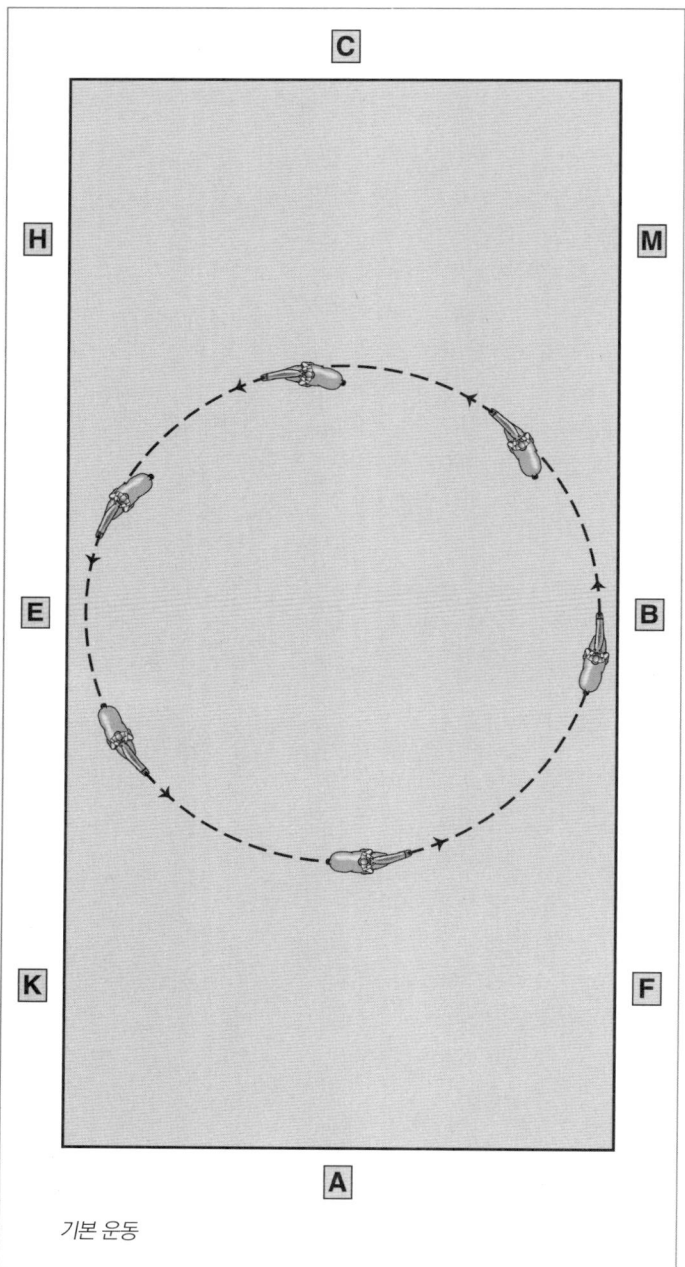

기본 운동

1. 이 운동을 어떻게 하나?
- 왼쪽 방향으로 평보로 20m 원을 그린다.
- 시작점에 이르면 트래버스(Travers)로 반원을 그린다.
- 말이 몸을 바로 하게하고, 정확한 중간 평보로 나머지 반원을 그린다.
- 반대쪽 방향으로 이를 반복한다.

2. 말의 상태가 어떻게 되어야 하나?
트래버스(Travers)에서 말이 원래의 원이 그리는 경로대로 앞다리가 따르도록 하고 후구는 원 안으로 약간 들어오게 한다(4트랙에서). 말은 안장 앞과 뒤에서 몸 전체가 골고루 벤딩(Bending)을 이루도록 하고 바깥쪽 뺨이 정확하게 원의 호와 평행을 이루도록 한다.

3. 확인
바깥쪽으로 앉지 않도록 한다.

4. 다음 단계
- 속보와 구보로 이 운동을 할 수 있다.
- 트래버스(Travers) 대신에 렌버(Renvers)로 이 운동을 반복한다(157쪽 상단).
- 반대쪽 방향으로 반복하거나, 트래버스(Travers)로 원 하나를 그리고 렌버(Renvers)로 또 다른 원 하나를 그리며 8자 도형을 한다(157쪽 하단).

5. 잘못된 사례
말의 앞다리가 경로를 벗어나 원이 점점 작아진다.
바깥쪽 다리가 뒤로 가서 헌치-인(Haunches-in)을 지시하고 있는지, 안쪽 다리가 복대에 있어서 말의 전면부가 안으로 미끄러지는 것을 방해하고 있는지 확인한다.

6. 이 운동이 제대로 되지 않는다면
일직선으로 트래버스(Travers)를 다시 연습한다(Exercise 71).

다음 단계: 렌버(Renvers)운동

다음 단계: 원 하나는 트래버스(Travers)로
다른 하나는 렌버(Renvers)로 하는 8자 도형

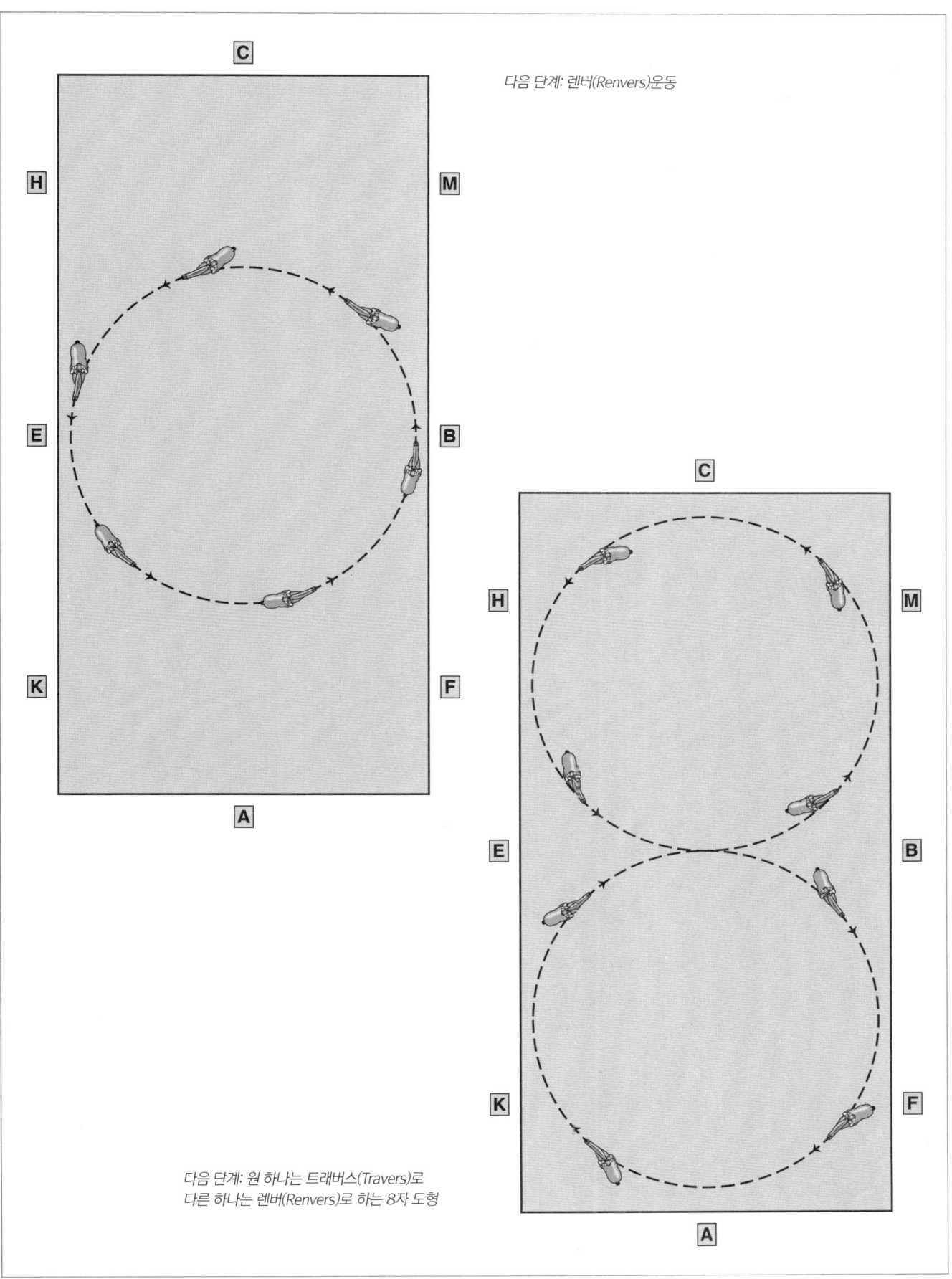

6. 힘의 통제 | 161

EXERCISE 73

타원형에서 트래버스(TRAVERS)

Beginners
Preliminary
Novice ★
Elementary ★★
Medium ★★★★★

이 운동은 말의 등을 보다 유연하게 하고 기승자의 바깥쪽 다리로 내리는 지시를 말이 보다 이해하는데 도움이 될 것이다. 또한, 평보 피루엣(Walk pirouette)의 훌륭한 초석이 되기도 한다.

> **기승자 팁**
>
> 말이 반원을 그릴 때 바깥쪽 다리와 고삐를 사용한다는 점을 확실히 하자.

1. 이 운동을 어떻게 하나?
- A에서부터 중앙선을 따라 오른쪽으로 트래버스(Travers)를 한다.
- X에서 역시 트래버스(Travers)로 오른쪽으로 10m 반원을 그리고, B에서 트랙으로 돌아온다.
- F까지 트래버스(Travers)로 계속 간다.
- 이 자세를 유지하면서 또 10m 반원을 그린다.
- 이 동작으로 몇 걸음을 간다.
- 그런 다음 M 방향으로 직진해서 방향을 바꾼다.

2. 말의 상태가 어떻게 되어야 하나?
트래버스(Travers)를 잘하기 위해서는 말이 안쪽 발굽을 가로질러 그 앞에서 바깥쪽 뒤 굽을 내 디뎌야 한다. 그렇게 해서 등과 목의 바깥쪽 근육을 늘려주고, 안쪽 뒷무릎 관절을 보다 굽혀서 이 관절의 유연성을 증가시키는데 도움이 되도록 한다.

3. 확인
바깥쪽으로 앉아 안쪽 다리로 말의 측면을 누르지 않도록 한다.

4. 다음 단계
15m 원을 이용하여 속보로 이 운동을 하되, 속보에서 부담이 큰 만큼 너무 오래 하지 않는다.

5. 잘못된 사례
말이 안쪽 어깨를 통해 안으로 기울어지고 밴드(Bend)를 푼다.
어깨를 똑바로 세우고 있어야 함을 말이 이해하고 균형을 유지할 때까지 안쪽 다리와 함께 안쪽 고삐를 사용하여 짧은 하프-홀트(Half-halt)로 수축 된 상태가 되어야 한다.

6. 이 운동이 제대로 되지 않는다면
길이 방향으로 일직선으로 트래버스(Travers)를 연습한다(Exercise 71).

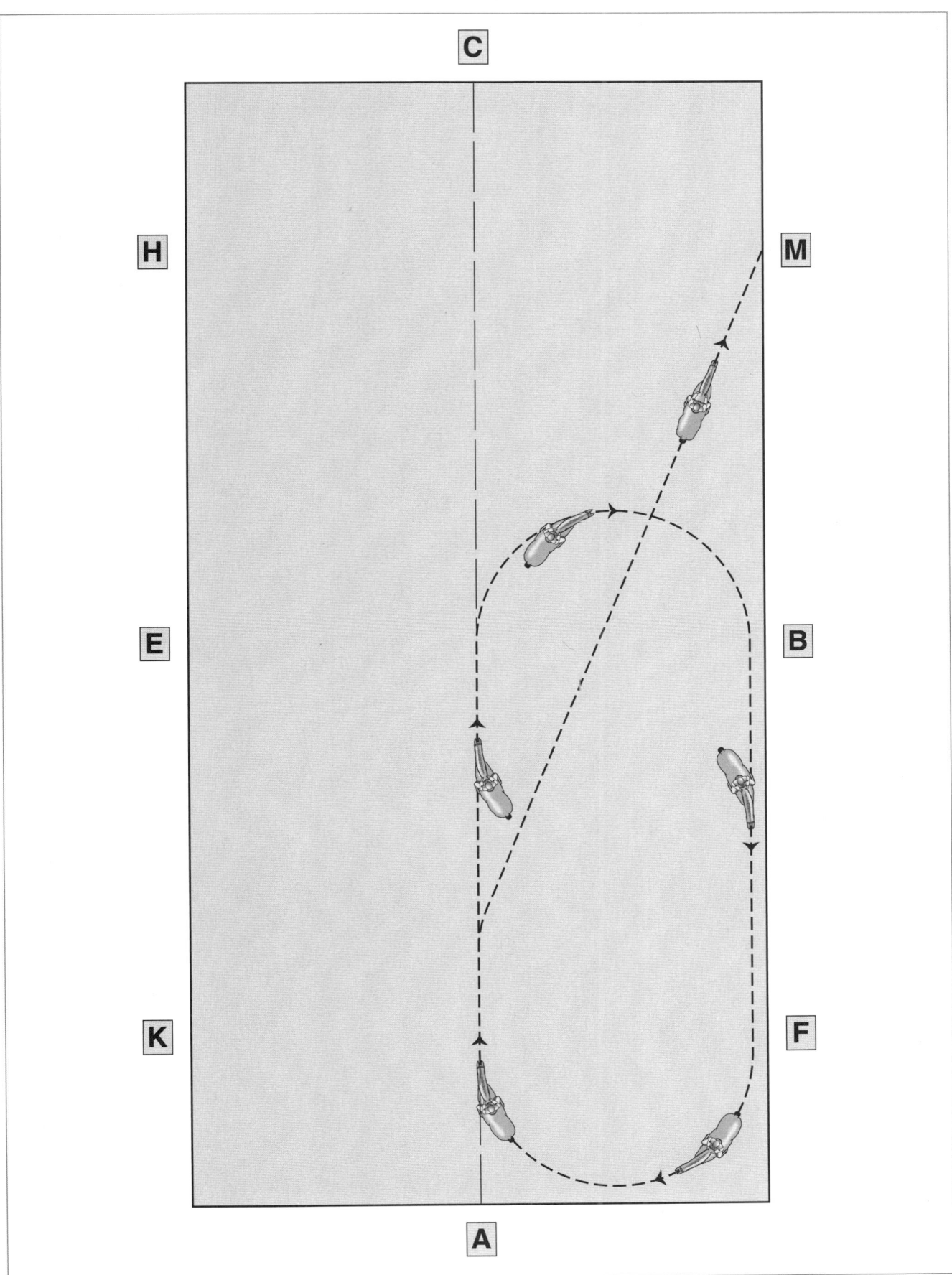

EXERCISE 74 트래버스(TRAVERS)로 가는 레그-일드(LEG-YIELD)

Beginners
Preliminary
Novice ★★
Elementary ★★★★
Medium ★★★★★

이 운동에서 트래버스(Travers)에 앞서 레그-일드(Leg-yield)를 하면 말이 균형을 잡고 좀 더 연동되는데 유용할 수 있다.

1. 이 운동을 어떻게 하나?
- 오른쪽 방향으로 K를 지나서 왼쪽으로 약간 구부리도록 말에게 지시하고, 중앙선 쪽으로 레그-일드(Leg-yield)한다.
- 중앙선에 오면 왼쪽으로 10m 반원을 그린다.
- 트랙에 오기 바로 전에 트래버스(Travers) 자세를 취한다.
- 트래버스(Travers)로 길이 방향을 거슬러 올라간다.
- 반대쪽 방향으로 반복한다.

2. 말의 상태가 어떻게 되어야 하나?
레그-일드(Leg-yield)에서 왼쪽 다리에 잘 따르는 말은 이 운동의 후반부에서 트래버스(Travers)를 수용하기가 더 수월하다.

3. 확인
기승자의 체중이 올바른 좌골에 실리도록 하고, 매 상황에서 안쪽 다리를 앞으로 가게 한다.

4. 다음 단계
속보에서 이 운동을 할 수 있으며, 레그-일딩(Leg-yielding) 대신 하프-패스(Half-pass)를 할 수도 있다.

5. 잘못된 사례
말이 휘어짐을 잃는다.
트래버스(Travers)에서 당신은 움직이는 방향을 보지 않을 수 있다. 트래버스(Travers)를 하는 동안 가고자 하는 방향을 보도록 하고, 레그-일드(Leg-yield)에서는 반대 방향을 보도록 한다.

6. 이 운동이 제대로 되지 않는다면
다시 한 번 이 운동을 하기 전에 레그-일드(Leg-yield Section 4)와 트래버스(Travers Exercise 71)를 따로 연습한다.

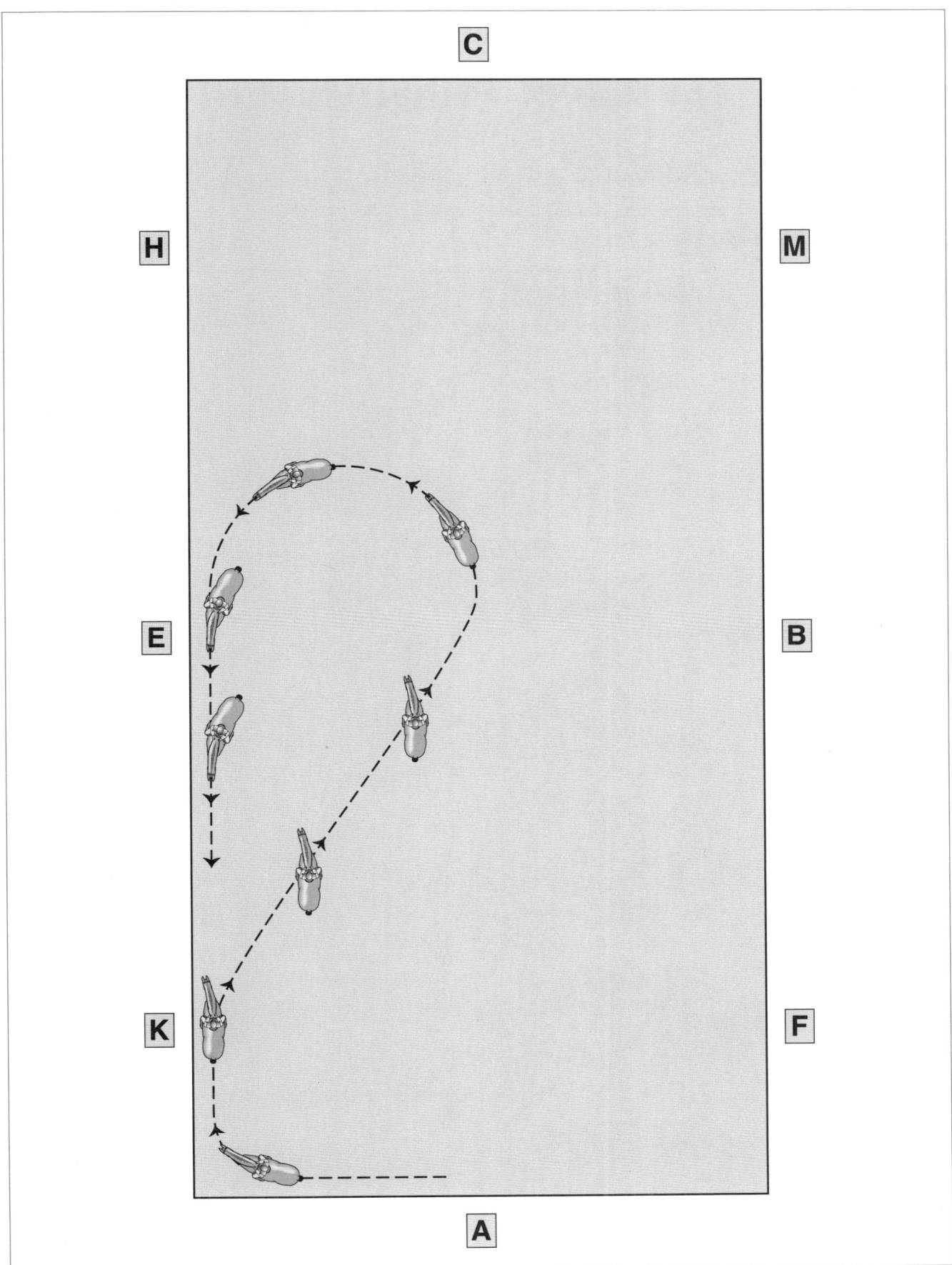

6. 힘의 통제 | 165

EXERCISE 75

트래버스(TRAVERS)로 가는 1/4 피루엣(PIROUETTES)

Beginners
Preliminary
Novice
Elementary ★★★★
Medium ★★★★★

1/4 피루엣(Pirouette)에서 앞으로 기울거나 어깨 쪽으로 기우는 경향이 있는 말에게 좋은 운동이다. 그러나 피루엣(Pirouette)에서 추진이 부족한 말에게는 적합하지 않다. 벽이 있어야 말이 앞으로 가는 것을 막아주기 때문이다.

보너스

코너를 이용하면 피루엣(Pirouette)에 도움이 된다.

1. 이 운동을 어떻게 하나?
☐ 왼쪽 방향으로 평보로 운동장의 1/4선을 따라 간다.
☐ 끝에 오면 벽 쪽을 향해 왼쪽으로 1/4 피루엣(Quarter pirouette)을 해서 왼쪽으로 벤드(Bend)된 상태를 유지한다.
☐ 길이 방향을 따라 왼쪽으로 트래버스(Travers)를 한다.
☐ 몸을 바로 하고 반대쪽 방향으로 또 다른 1/4선을 따라 가서 오른쪽으로 1/4 피루엣(Quarter pirouette)을 시작한다.
☐ 오른쪽으로 트래버스(Travers)를 한다.

2. 말의 상태가 어떻게 되어야 하나?
벽이 있으면 말이 수축하는데 도움이 된다.

3. 확인
기승자가 안쪽 좌골에 앉아 있는지, 안쪽 다리가 말의 흉곽 가까이에 있어 안쪽 어깨를 지탱해주는지 확인한다.

4. 다음 단계
속보로 1/4선을 가면서 두 번째 1/4 피루엣(Quarter pirouette)을 하기 전에 몇 걸음을 걷고 속보로 트래버스(Travers)를 한다.

5. 잘못된 사례
(1) 말이 목을 과하게 구부린다.
    말은 기승자의 안쪽 다리를 감싸고 몸 전체를 구부려야 한다. 아마도 안쪽 고삐를 과하게 사용했을 것이다. 고르게 고삐 연결이 이루어지도록 다시 잡는다.

(2) 말이 벽에서 뒷걸음질 쳐서 멈추거나 몸을 비튼다.
    1/4선에서 시작하지 말고 중앙선에서 한다.

6. 이 운동이 제대로 되지 않는다면
K와 F, H와 M 사이의 중앙선에서 1/2 피루엣(Half pirouette)을 연습한다.

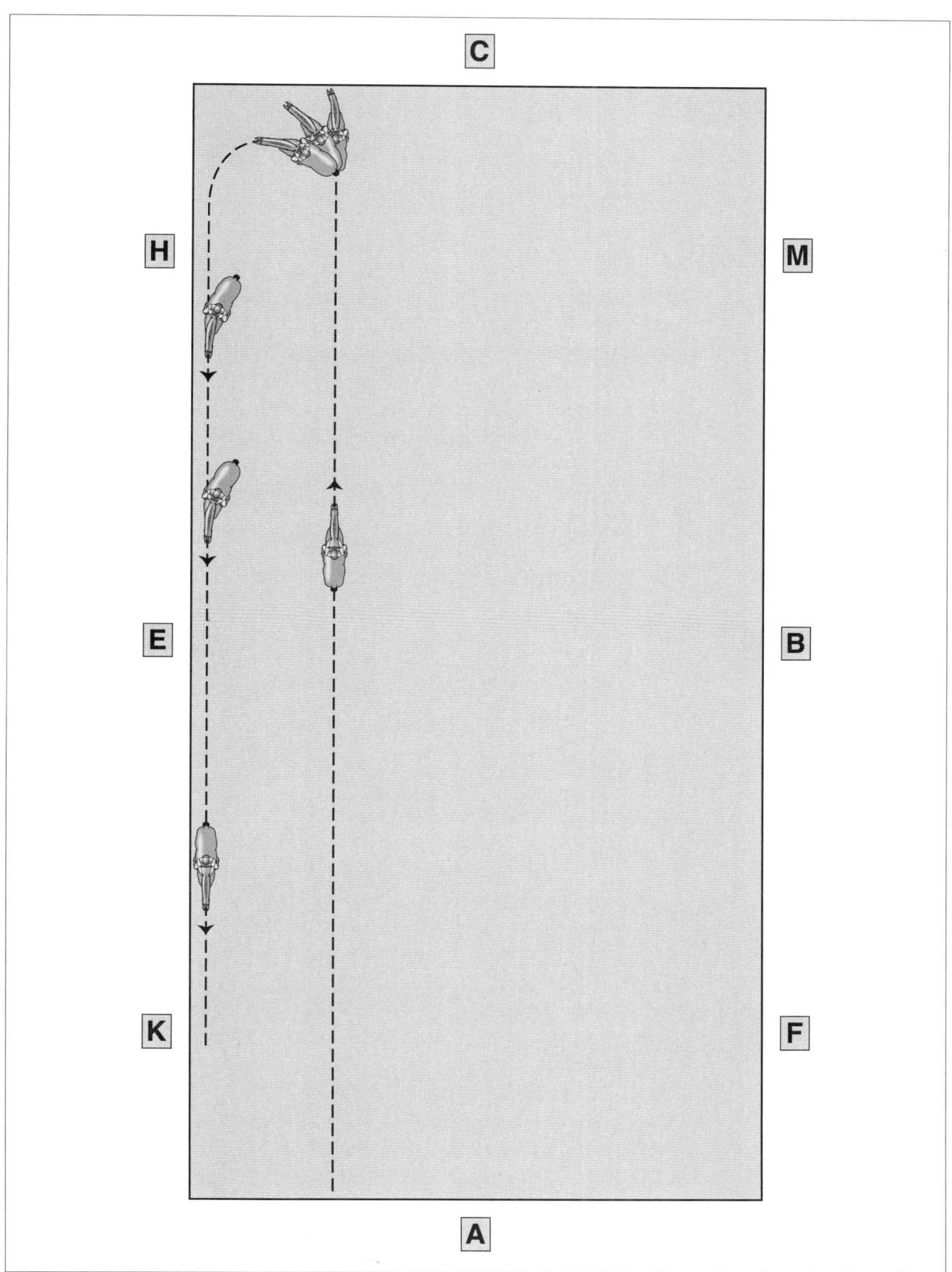

EXERCISE 76

첫 번째 렌버(RENVERS)

Beginners
Preliminary
Novice
Elementary ★★★
Medium ★★★★★

렌버스(Renvers)는 헌치-아웃(Haunches-out)이라고도 하며 트래버스(Tranver)의 거울상으로, 생물기계학적인 영향은 동일하다. 그러나 이를 연습할 기회가 훨씬 적다.

보너스
이 운동은 숄드-인(Shoulder-in) 향상에 매우 유용하며, 플라잉 체인지(Flying Change)를 위한 초석이기도 하다.

1. 이 운동을 어떻게 하나?
- □ 왼쪽 방향으로 평보로 K 바로 지나서 트랙을 떠나고, 안쪽 트랙으로 들어와(주 트랙에서 1m 거리) 운동장을 너비 방향으로 가로질러 말을 수축시킨다.
- □ 기승자의 몸을 우측으로 하고 말에게 오른쪽으로 구부리도록 지시한다. 왼쪽 다리(이제는 바깥쪽 다리)로 후구를 압박하여 주 트랙으로 돌아온다.
- □ 오른쪽 다리와 오른쪽 고삐로 함께 말의 전면부를 지탱하고, 오른쪽으로 구부린 상태에서 안쪽 트랙에 말의 전면부가 오게 한다.
- □ 말이 턱을 부드럽고 여유 있게 움직이도록 재갈과 바깥쪽(왼쪽) 고삐는 탄력적으로 잡고 트랙을 따라 앞으로 가는 동안 안쪽고삐는 안쪽 어깨를 제어하도록 한다.
- □ 렌버스를 끝내도록 말의 전면부를 뒤로 하여 트랙에 오도록 하고 말이 몸을 바로 하게 한다.
- □ 반대쪽 방향으로 반복한다..

2. 말의 상태가 어떻게 되어야 하나?
렌버스(Renvers)는 트래버스(Travers)만큼의 체력을 요한다. 실제로는 기승자가 말의 앞쪽과 후구의 위치와 벤드(Bend)를 보다 잘 제어하게 하도록 이 운동을 한다.

3. 확인
잘못된 방향으로 앉지 않았는지 확인한다.

4. 다음 단계
원형에서 렌버를 시도한다.

5. 잘못된 사례
말의 신경이 날카로워진다.
말에게 이 운동은 난해하고 매우 혼란스럽다(때로는 기승자에게도 그렇다). 고삐를 너무 꽉 쥐지 않도록 한다.

6. 이운동이 제대로 되지 않는다면
숄드-인(Shoulder-in)(Section 5)과 트래버스(Travers)(Exercise 71)를 다시 연습한다.

EXERCISE 77

렌버(RENVERS)로 가는 1/2 피루엣(PIROUETTE)

Beginners
Preliminary
Novice
Elementary ★★
Medium ★★★★★

말이 1/2 피루엣(Half Pirouette)에서 렌버(Renvers)를 할 수 있다면 기승자의 안쪽 부조를 잘 반응함을 뜻한다.

보너스
이 운동은 평보-피루엣(Walk-pirouette)에서 기수의 통제력을 강화하는데 좋다.

1. 이 운동을 어떻게 하나?
☐ 왼쪽 방향으로 평보로 운동장의 길이 방향을 간다.
☐ 코너에서 왼쪽으로 1/2 피루엣(Half Pirouette)을 한다.
☐ 새로운 안쪽 트랙을 따라 왼쪽 렌버스(Renvers)로 계속 간다.
☐ 10~12걸음 후에 몸을 바로 하고 약간 몸을 뻗는다.
☐ 반대쪽 고삐로 수축하고 이 운동을 반복하기 전에, 오른쪽으로 1/2 피루엣(Half Pirouette)을 시작하고 왼쪽 렌버스(Renvers)로 계속 한다.

2. 말의 상태가 어떻게 되어야 하나?
이 운동은 평보-피루엣(Walk-pirouette)에서 바깥쪽 다리를 무시하고, 후구로 이탈하려는 말에게 특히 좋다. 평보-피루엣(Walk-pirouette)을 마무리하기 바로 전에 말의 전면부가 트랙에서 작은 걸음으로 한 걸음 정도 안쪽으로 있으면서 기승자는 바깥쪽 다리로 별도로 말에게 지시하여(왼쪽 피루엣(Left pirouette)의 경우 오른쪽 다리가 된다) 렌버(Renvers)로 트랙에 돌아오기 때문이다.

또한, 평보-피루엣(Walk-pirouette)에서 안쪽 어깨로 기울어지는 경향이 있는 말에게도 매우 좋다. 마지막 걸음에서 평보-피루엣(Walk-pirouette)을 멈추기 위해 렌버(Renvers)를 할 수 있으므로, 말은 안쪽 다리와 안쪽 고삐에 잘 따라야 한다.

3. 확인
안쪽으로 앉았는지 확인한다.

4. 다음 단계
B에서 렌버스(Renvers)로 10m 반원을 그린다.

5. 잘못된 사례
말이 기승자의 바깥쪽 다리를 무시하고 렌버(Renvers)로 가는 대신에 일직선으로 간다.
정지하도록 지시하고, 정지 시에 왼쪽으로 구부러진 상태를 유지하면서 왼쪽으로 한 걸음 후구가 이동하도록 지시하고 나서 렌버(Renvers)로 계속 간다.

6. 이 운동이 제대로 되지 않는다면
길이 방향으로 트래버스(Travers)를 다시 연습한다.

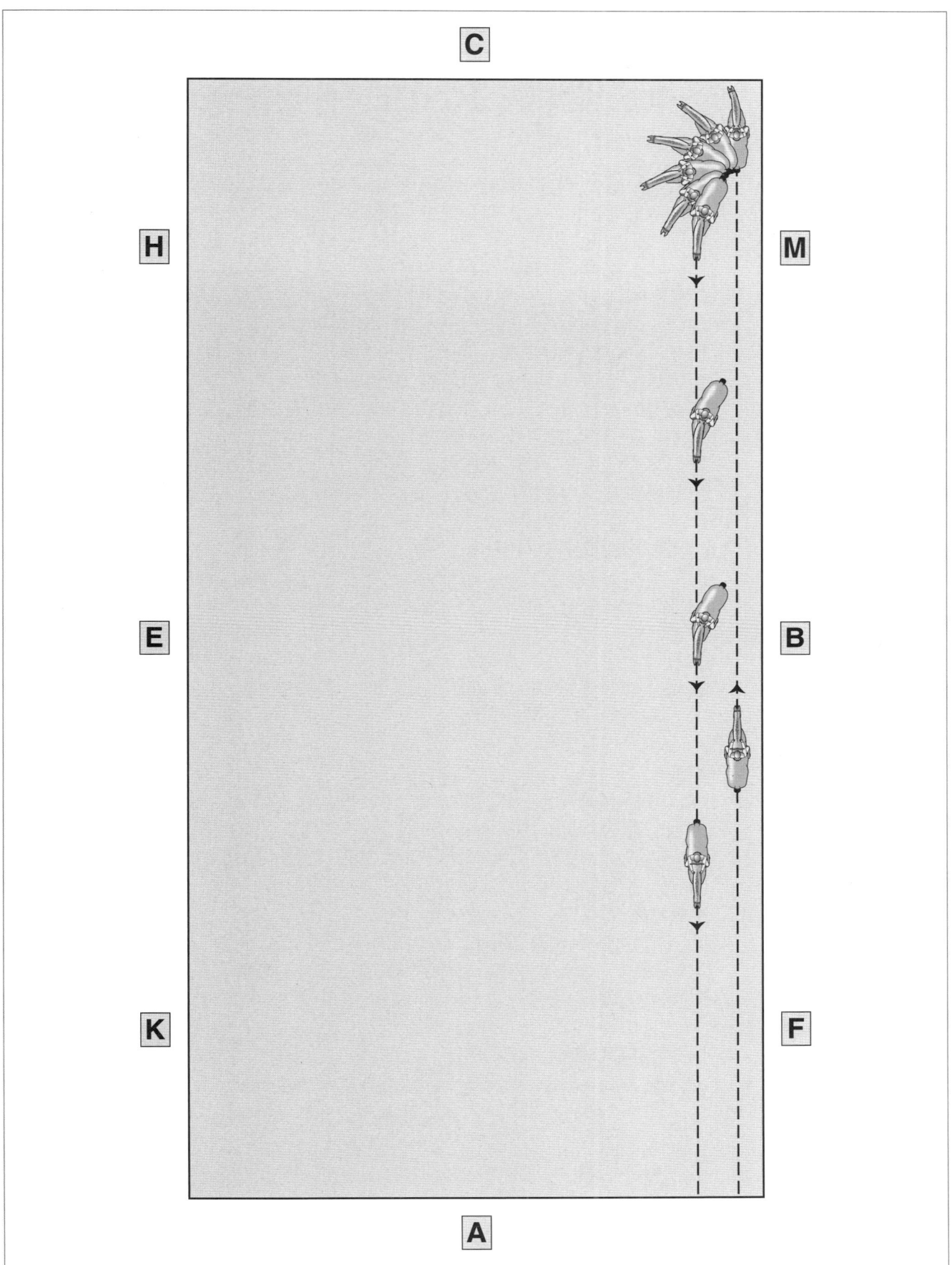

EXERCISE 78

Beginners

Preliminary	
Novice	★
Elementary	★★
Medium	★★★★★

숄드-인(SHOULDER-IN)에서 렌버(RENVERS)로 이행운동

이 운동으로는 말이 충분히 유연하고 균형이 잡고, 기승자의 다리에 신속하게 잘 따라 몸의 벤드(Bend)와 플렉시온(Flexion)을 바꾸는 동안 추진을 유지하는지를 살펴보게 된다.

1. 이 운동을 어떻게 하나?
- ☐ 왼쪽 고삐를 사용해서 운동장의 길이 방향을 평보로 숄드-인(Shoulder-in) 해서 올라간다.
- ☐ 중간지점에 오기 전에 하프-홀트(Half-halt)를 하고 어깨를 이용하여 벽으로부터 떨어진 각도를 유지하고, 하체는 오른쪽으로 구부러진 자세로 만든다.
- ☐ 기승자의 머리를 트랙 쪽으로 돌리고 말 머리의 구부림을 오른쪽으로 바꾼 후 코너에 바로 오기 전까지 오른쪽으로 렌버(Renvers)를 한다.
- ☐ 벤드(Bend)방향을 바꾸고 전진한다.
- ☐ 반대쪽 방향으로 반복한다.

2. 말의 상태가 어떻게 되어야 하나?
왼쪽으로나 오른쪽으로 벤딩(Bending)을 하는 동안 옆 걸음으로 갈 때 말이 순응적이며, 유연하고, 일관된 각도와 리듬을 유지할 수 있는지를 보여주어야 한다.

3. 확인
기승자가 왼쪽이나 오른쪽으로 기대지 않도록 한다. 다른 사람에게 도움을 요청해서 여러분이 한쪽으로 기대지 않는지 확인하도록 한다.

4. 다음 단계
왼쪽 고삐를 사용해서 운동장의 길이 방향을 평보로 숄드-아웃(Shoulder-out) 해서 올라간다. 중간지점에 오기 전에 하프-홀트(Half-halt)를 해서 어깨로 벽을 향해 각도를 유지하고, 하체는 왼쪽으로 구부러진 자세로 만든다. 이제 왼쪽으로 트래버스(Travers)를 한다. 반대쪽 방향으로 반복한다.

5. 잘못된 사례
말이 이후의 바깥쪽 다리를 무시하고 1/4이 트랙에서 안쪽으로 살짝 와 있다.

준비하도록 하자! 말에게 정지를 지시하고, 정지를 했을 때 왼쪽 다리의 말을 듣도록 상기시켜주기 위해 말의 전면부에서 왼쪽 다리에서 멀어지는 방향으로 한걸음 회전을 한다.

6. 이 운동이 제대로 되지 않는다면
레그-일딩 지그-제그(Leg-yielding Zig-zags)를 다시 연습한다(Exercise 59).

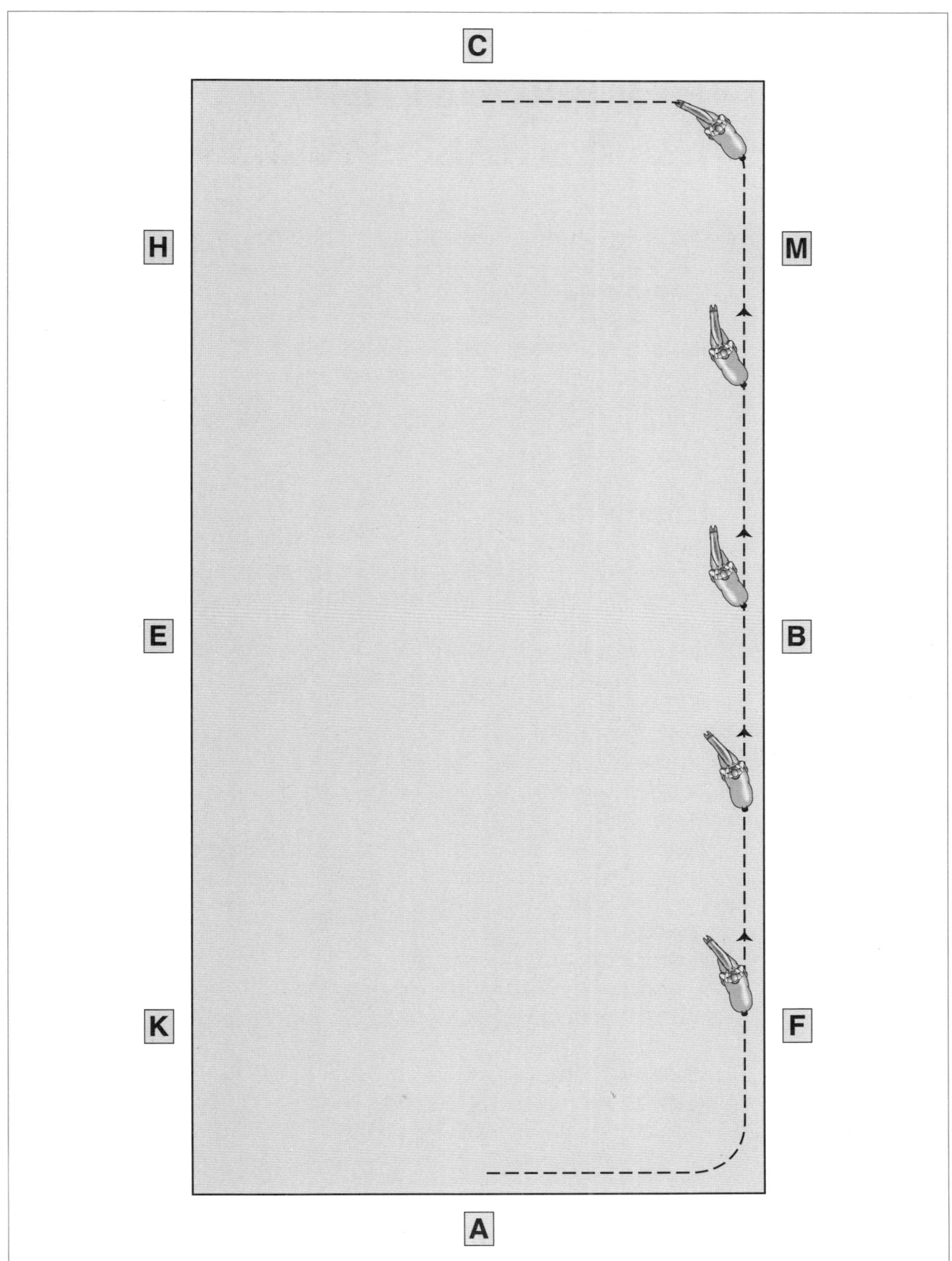

6. 힘의 통제 | 173

EXERCISE 79

트래버스(TRAVERS)에서 피루엣(PIROUETTE)과 하프-패스(HALF-PASS)로의 이행

Beginners
Preliminary
Novice ★
Elementary ★★
Medium ★★★★★

이 운동에서는 말이 지시사항을 이해하고 운동연습 내내 걸음의 품질을 유지하는 것이 가장 중요하다.

보너스
평보 피루엣(Pirouette)에서 후구를 흔드는 경향이 있는 말에게 특히 좋은 수축운동이다.

1. 이 운동을 어떻게 하나?
- ☐ 왼쪽 고삐를 사용해서 중앙선에서 X까지 평보로 트래버스(Travers)를 한다.
- ☐ X에서 1/2 평보 피루엣(Half Walk Pirouette)을 한다.
- ☐ F에서 트랙으로 돌아오도록 하프-패스(Half-pass)를 한다.
- ☐ 몸을 바로 하고 트랙으로 돌아온다.
- ☐ 중앙선으로 몸을 돌린다.
- ☐ 오른쪽으로 트래버스(Travers)를 해서 이 운동을 반복한다.

2. 말의 상태가 어떻게 되어야 하나?
- ☐ 트래버스(Travers)에서 말의 바깥 뒷다리가 안쪽 다리의 앞에서 교차되고, 피루엣(Pirouette)에서 바깥쪽 앞다리가 안쪽 앞다리 앞에서 교차되며, 하프-패스(Half-pass)에서는 바깥쪽 뒷다리와 바깥쪽 앞다리가 모두 안쪽 다리 앞에서 교차된다. 그래서 이 운동에서는 동작의 각 단계가 다음으로 쉽게 넘어가야 한다.
- ☐ 트래버스(Travers)에서 말의 볼기는 안쪽에 대해 약 30도를 유지해야 한다.
- ☐ 하프-패스(Half-pass)에서는 후구보다 어깨가 리드를 한다.

3. 확인
기승자의 몸자세와 손 및 발 부조는 운동 내내 동일해야 한다.

4. 다음 단계
1/2 피루엣(Half Pirouette)에서 말이 지치지 않는 한, 충분한 평보 피루엣(Full Walk Pirouette)을 하고 H에서 트랙으로 돌아오도록 하프-패스(Half-pass)를 한다.

5. 잘못된 사례
말이 뒷다리를 너무 안쪽에서 교차한다.
이는 아마도 말이 후구를 너무 안쪽으로 가져가기 때문일 것이다. 이 운동을 통해 그러한 경향이 더 심화되므로, 그런 말에게는 권장하지 않는다.

6. 이 운동이 제대로 되지 않는다면
길이 방향으로 트래버스(Travers)를 연습한다(Exercise 71).

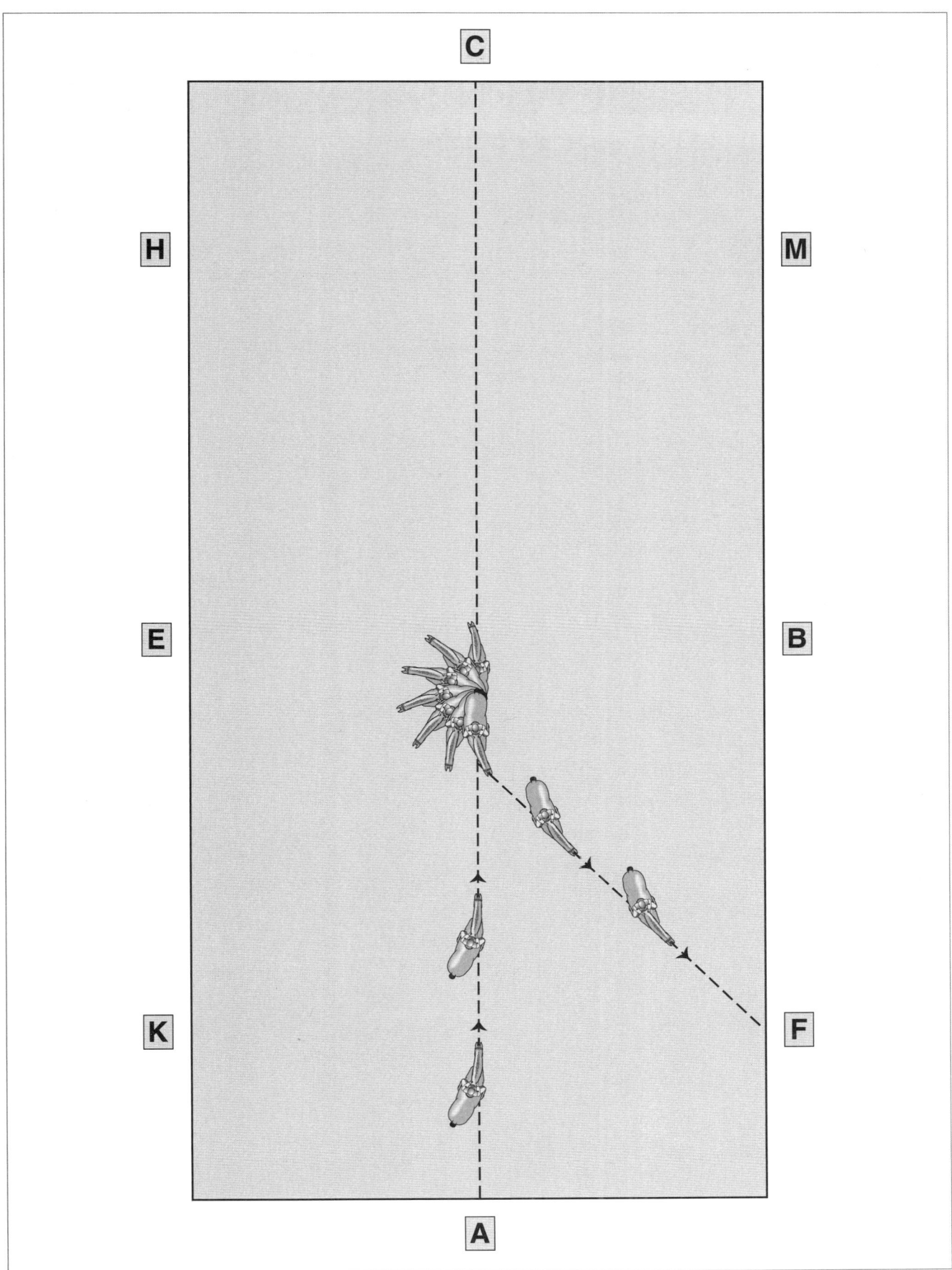

EXERCISE 80

라세트의 호키-코키 (LASSETTER'S HOKEY-KOKEY)
JOHN LASSETTER

Beginners
Preliminary
Novice
Elementary ★★
Medium ★★★★★

'말이 평보로 루프(Loops), 서팬타인(Serpentines), 벤딩(Bending), 스트레칭(Stretching)을 일정 기간 연습했다면 말의 몸 전체를 풀어주도록 뭔가 말에게 신체를 통한 정신적인 운동을 하게 해주고 싶다.'

1. 이 운동을 어떻게 하나?

- 오른쪽 방향으로 B에서 평보로 20m 원을 그린다.
- B로 돌아와 10m 원을 그린다.
- 큰 원으로 다시 가서 다음 1/4지점에서 오른쪽으로 숄드-인(Shoulder-in)을 한다.
- 중앙선을 가로 질러 가면서 안쪽으로 10m 원을 또 그린다.
- 다시 큰 원으로 와서 다음 1/4지점에 가도록 해드-투-월(Head-to-Wall)을 한다(트래버스(Travers)보다 곡선이 덜 함).
- E를 지나자마자 플렉시온(Flexion)을 바꾸고 원의 다음 부분으로 가기 위해 반대 숄드-인(Counter Shoulder-in)을 한다(삽화 참조).
- 중앙선으로 와서 C의 맞은편에 와서 큰 원의 바깥에서 10m 원을 그린다.
- 큰 원으로 다시 와서 톨-투-월(Tall-to-Wall) (렌버스(Renvers) 보다 곡선이 덜함)로 마지막 1/4지점을 간다.
- B로 돌아왔을 때, 안쪽으로 하프-패스(Half-pass)를 하거나 레그-일딩(Leg-yielding)을 해서 원의 크기를 줄인다.
- 20m 원의 중심에 10m 원을 그린다.
- 이 원에서 트래버스(Travers)로 몇 걸음, 숄드-인(Shoulder-in)으로 몇 걸음을 간 다음 트랙을 향해 바깥쪽으로 레그-일드(Leg-yield)를 한다.
- 몸을 쭉 뻗도록 지시하고, 평보로 합당한 신장을 받도록 한다.

2. 말의 상태가 어떻게 되어야 하나?

측면으로 걷는 순서가 복잡하고 주의해서 벤드(Bend)의 방향을 제어해야 하는 이 운동에서 말은 유연하고 연결운동 될 뿐만 아니라 기승

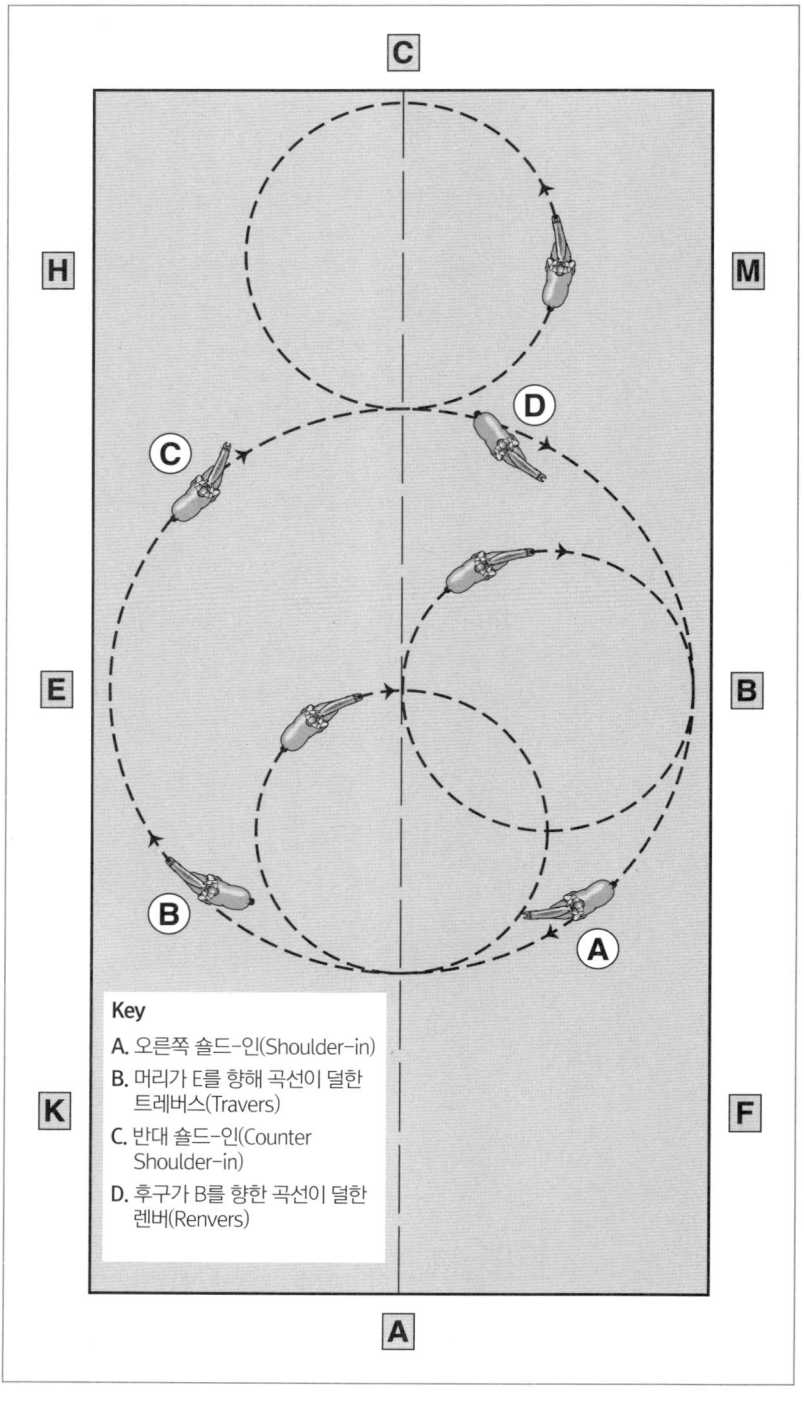

Key
A. 오른쪽 숄드-인(Shoulder-in)
B. 머리가 E를 향해 곡선이 덜한 트래버스(Travers)
C. 반대 숄드-인(Counter Shoulder-in)
D. 후구가 B를 향한 곡선이 덜한 렌버(Renvers)

자의 부조를 완전히 받아들인다.

3. 확인
모든 원이 완전히 정확해야 하며, 이 운동을 시작하기 전에 각기 모든 동작을 확실히 기억하고 있어야 한다.

4. 다음 단계
속보로 이 운동을 한다.

5. 잘못된 사례
기승자가 잘못된 자세로 앉아있다.

이 운동에서는 기승자와 말 모두가 완전히 집중해야 하는데, 동작을 따라갈 때에 기승자가 자세에 집중하지 못할 가능성이 있다. 트랙으로 돌아와서 자세를 다시 바로 잡고 평보로 운동을 해서 보다 복잡한 운동을 하면서도 자세를 확실히 확립한다. 그런 다음, 이 운동을 다시 한다.

6. 이 운동이 제대로 되지 않는다면
운동을 세분화해서 특정 문제가 있는 부분을 연습한다.

> **보너스**
> 이 운동을 통해 말은 몸과 뇌의 대부분의 근육 하나하나를 다 써야 할지도 모른다(기승자도 마찬가지다). 그러면서도 매우 매력적인 운동이다.

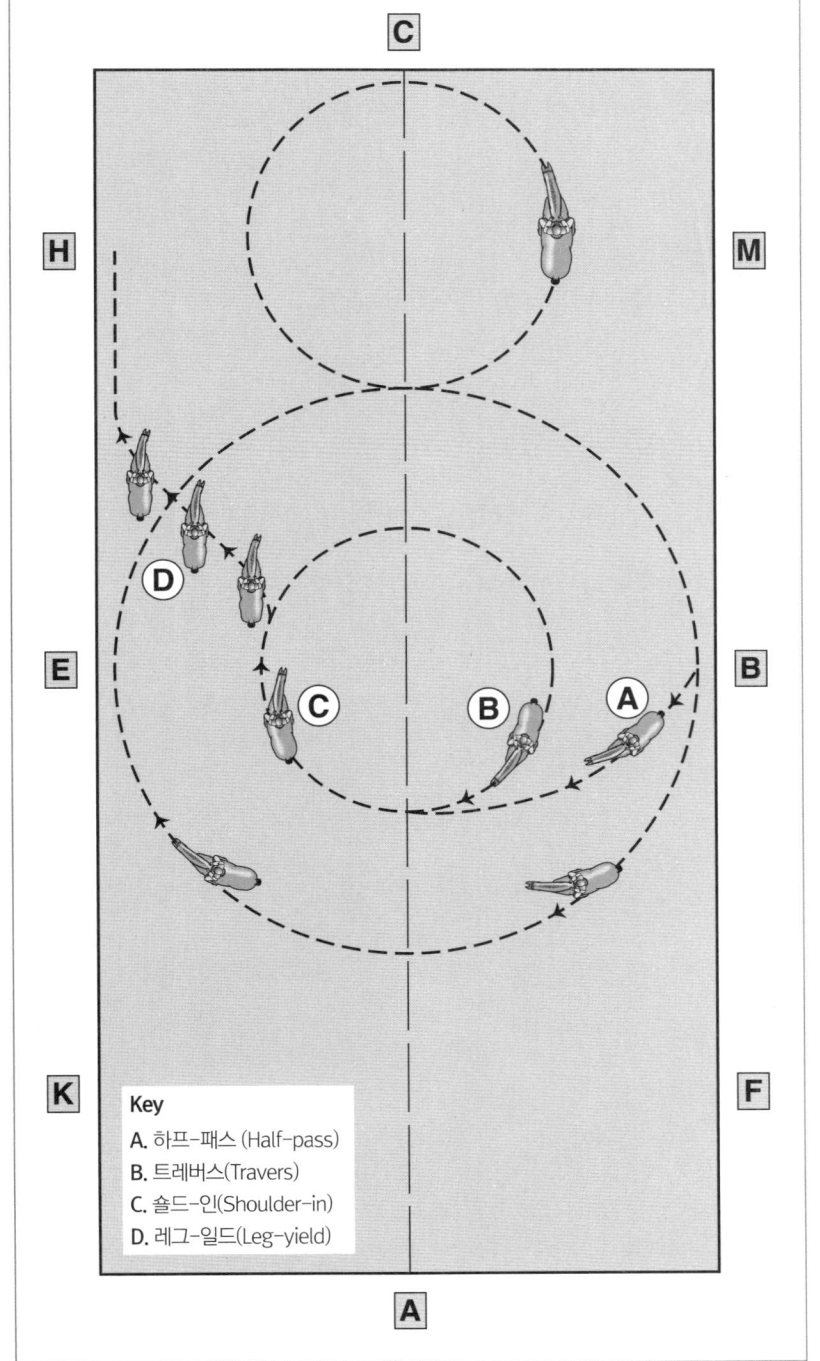

Key
- A. 하프-패스 (Half-pass)
- B. 트레버스 (Travers)
- C. 숄드-인 (Shoulder-in)
- D. 레그-일드 (Leg-yield)

SECTION 7

트레이닝
하프-패스(HALF-PASS)

연습

81	양쪽 고삐를 활용한 간단한 하프-패스(HALF-PASS)	180
82	트래버스(TRAVERS)에서 하프패스(HALF-PASS)로의 교육 – LIZZIE MURRAY	182
83	후구근육 발달운동	184
84	하프-패스(HALF-PASS)에서 바깥쪽 벤드(BEND)	186
85	하프-패스(HALF-PASS) 개선을 위한 8자 도형 활용법	188
86	테스트(TEST)를 위한 하프-패스(HALF-PASS)	190
87	오른쪽에서 왼쪽 하프-패스(HALF-PASS LEFT)로 이행운동	192
88	균형을 향상시키기 위한 원형에서 하프-패스(HALF-PASS) – KAREN DIXON	194

하프-패스(Half-pass)를 잘 하면 보기에도 즐겁다. 운동을 하는 동안 동일한 리듬과 균형을 유지하고 기승자의 안쪽 다리 주변으로 말이 몸을 구부린 상태를 유지하게 하는데 그 목적이 있다. 부조는 트래버스(Travers)와 동일하며, Lizzie Murray에 의하면, '하프-패스(Half-pass)'는 단순히 사선으로 가는 트래버스(Travers)이다'. 하프-패스(Half-pass)에서 전진 동작은 항상 측면 동작 보다 우선한다. 수축 속보나 구보에 필요한 추진은 이 운동에 더 적합하다. 그러나 여기에서는 습관을 들이기 위해서 평보로 시작했다.

하프-패스(Half-Pass)를 하는 방법

☐ 운동장의 너비 방향으로 두 번째 코너에서 하드-패스(Half-pass)를 시작한다. 코너에 오기 바로 전에 하프-홀트(Half-halt)를 지시한다.

☐ 안쪽 다리를 복대에 놓고, 코너를 오른쪽으로 돌면서 안쪽 손으로 벤드(Bend)를 잘 하고 안쪽으로 플렉시온(Flexion)하도록 지시한다. 바깥쪽 손으로 보법과 벤드(Bend)를 통제한다.

☐ 가려고 하는 방향에 시선을 둔다. 말의 어깨가 사선으로 되어 있을 때에는 체중을 안쪽 엉덩이에 두고 복대에 있는 안쪽 다리로 말이 앞으로 가도록 압착한 다음 복대 뒤에 있는 바깥쪽 다리로 측면 동작을 지시한다.

EXERCISE 81

양쪽 고삐를 활용한 간단한 하프-패스(HALF-PASS)

Beginners
Preliminary
Novice ★
Elementary ★★★
Medium ★★★★★

하프-패스(Half-pass)는 어렵다고 여겨지는 측면 동작으로 렌버(Renvers) 및 트래버스(Travers)와 같은 수준이다. 말은 가려고 하는 방향으로 몸을 구부리며 전방과 측면으로 이동하고, 옆으로의 이동보다는 항상 앞으로의 이동이 더 우선한다. 말의 어깨는 후구를 이끌고, 바깥쪽 다리는 안쪽 다리 앞에서 교차된다. 이 운동은 하프-패스(Half-pass)에서 처음으로 수행하기 좋다.

보너스
말이 하프-패스(Half-pass)를 이해하면, 원을 수월하게 잘 그리게 된다.

1. 이 운동을 어떻게 하나?
- □ 왼쪽 방향으로 트랙에서 H/K 길이 방향을 평보로 내려온다.
- □ K 바로 앞에서 중앙선 쪽으로 반원을 그린다.
- □ H를 향해 왼쪽으로 하프-패스(Half-pass)를 한다.
- □ 트랙으로 돌아와서 중앙선 쪽으로 10m 반원을 그린다.
- □ 그런 다음, K까지 오른쪽으로 하프-패스(Half-pass)를 한다.
- □ 반대쪽 방향으로 반복한다.

2. 말의 상태가 어떻게 되어야 하나?
하프-패스(Half-pass)를 하려면 말이 반원을 그릴 줄 알아야 하며, 운동장의 가운데에서 시작하기 때문에 말이 울타리나 트랙에 의존하려 해서는 안 된다.

3. 확인
말의 옆구리에서 기승자의 안쪽 다리가 멀리 떨어지지 않도록 한다.

4. 다음 단계
다른 보법으로도 이 운동을 할 수 있다.
중앙선에서 H보다는 E까지 하프-패스(Half-pass) 각도를 늘리고, B와 E 사이에서 이 운동의 후반부를 진행하도록 중앙선으로 돌아온다.

5. 잘못된 사례
(1) 말이 후구를 너무 일찍 흔든다.
바깥쪽 다리를 사용할 기회가 너무 빨리 왔다. 하프-패스(Half-pass)를 지시하기 전에 숄드-인(Shoulder-in)으로 1~2 걸음을 간다.

(2) 말이 '머리를 너무 안쪽으로 구부린다.
말이 자신의 능력에 비해 너무 각도를 크게 해서 움직이고 있을 가능성이 있다. 우선, 과하게 플렉시온(Flexion)을 지시하지 않도록 한다. 과하게 지시한 게 아니라면 왼쪽방향으로 말을 먼저 제어하여 벤드(Bend) 각도를 줄여서 양쪽 고삐를 가볍게 하고 말이 균형을 잡는데 도움이 되도록 한다.

6. 이 운동을 제대로 되지 않는다면
울타리나 벽의 도움을 받아 트래버스(Travers)에서 첫 번째 운동(Exercise 71)을 다시 연습한다.

기승자 팁
하프-패스(Half-pass)를 시작할 때 가장 중요한 점은 리듬과 추진을 확립해서 처음에 너무 급격한 각도로 시작하지 않는다는 것이다. 하프-패스(Half-pass)에서 리듬 있고 유연하게 할 때에만 각도를 늘린다. 적절한 경우에 경기장의 코너에서 이 운동을 한다.

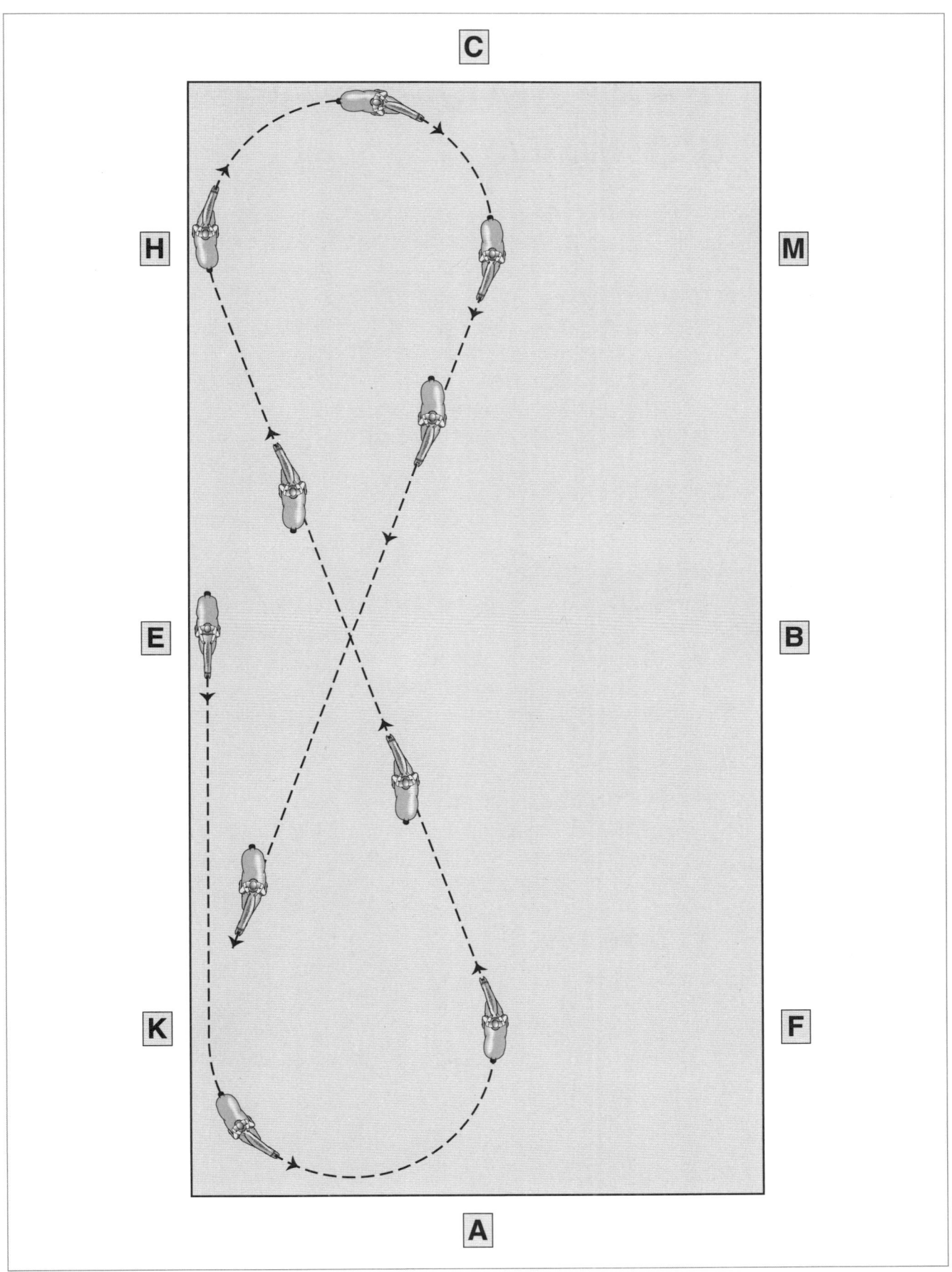

7. 트레이닝 | 181

EXERCISE 82

트래버스(TRAVERS)에서 하프패스(HALF-PASS)로의 교육
LIZZIE MURRAY

Beginners
Preliminary
Novice
Elementary ★★
Medium ★★★★★

'하프-패스(Half-pass)는 단순히 사선으로 트래버스(Travers)를 하는 것이다. 많은 사람들이 하프-패스(Half-pass)를 보다 쉬운 방법으로 이해하고 있음을 알 수 있다.'

1. 이 운동을 어떻게 하나?
- ☐ 오른쪽 방향으로 운동장의 한쪽 길이 방향에서 시작해서 B나 E까지 평보로 트래버스(Travers)한다.
- ☐ 똑바로 가다가 맞은편 길이 방향에서 이를 반복한다.
- ☐ 말이 동작을 제대로 이해하고 있다고 만족할 때에만 오른쪽 고삐를 사용해서 중앙선에서 M과 B의 중간지점까지 사선으로 트래버스(Travers)를 한다.
- ☐ 트랙에 오면 똑바로 가고 반대쪽 방향으로 반복한다.

2. 말의 상태가 어떻게 되어야 하나?
말은 추진을 잘 유지하면서 활기차게 전방 하프-패스(Half-pass)를 해야 한다.

3. 확인
표시판을 쳐다보면서 눈과 귀, 머리, 목, 어깨가 모두 일렬이 되어야 한다.

4. 다음 단계
속보와 구보에서도 이 운동을 할 수 있다. 혹은, 사선의 각도를 크게 할 수도 있다. Lizzie에 따르면, 그랑프리('Grand Prix) 테스트에서는 F에서 E로 가고 돌아왔다가 M으로 가야 한다.'

5. 잘못된 사례
말이 안쪽 어깨에서 안쪽으로 기울어진다.
트랙에 평행하게 일직선으로 간 다음, 균형을 다시 잡고 M까지 새로운 선을 만든다. 또한 숄드-인(Shoulder-in)이나 안쪽 다리에서 멀어지는 방향으로 레그일딩(Leg-yielding)을 하고 다른 표시까지 재 정렬을 해서 사선으로 트래버스(Travers)를 하는 것보다 선이 더 경사지 지 않게 한다.

6. 이 운동이 제대로 되지 않는다면
트래버스(Travers)에서 첫 번째 운동(Exercise 71)'을 다시 연습하거나 사선에서 덜 경사지게 선을 그린다.

기승자 팁

말의 후구가 리드하고 있다면 자신이 가려고 하는 표지를 보지 못할 수 있다.

체중이 중앙에서 유지되도록 하거나 동작을 하는 방향으로 기울어야 한다. 동작 방향과 먼 쪽으로 기대지 않는 것이 중요하다.

선에 머무르는데 문제가 있다면, 가고자 하는 트랙을 따라 막대를 일렬로 놓을 수도 있다.

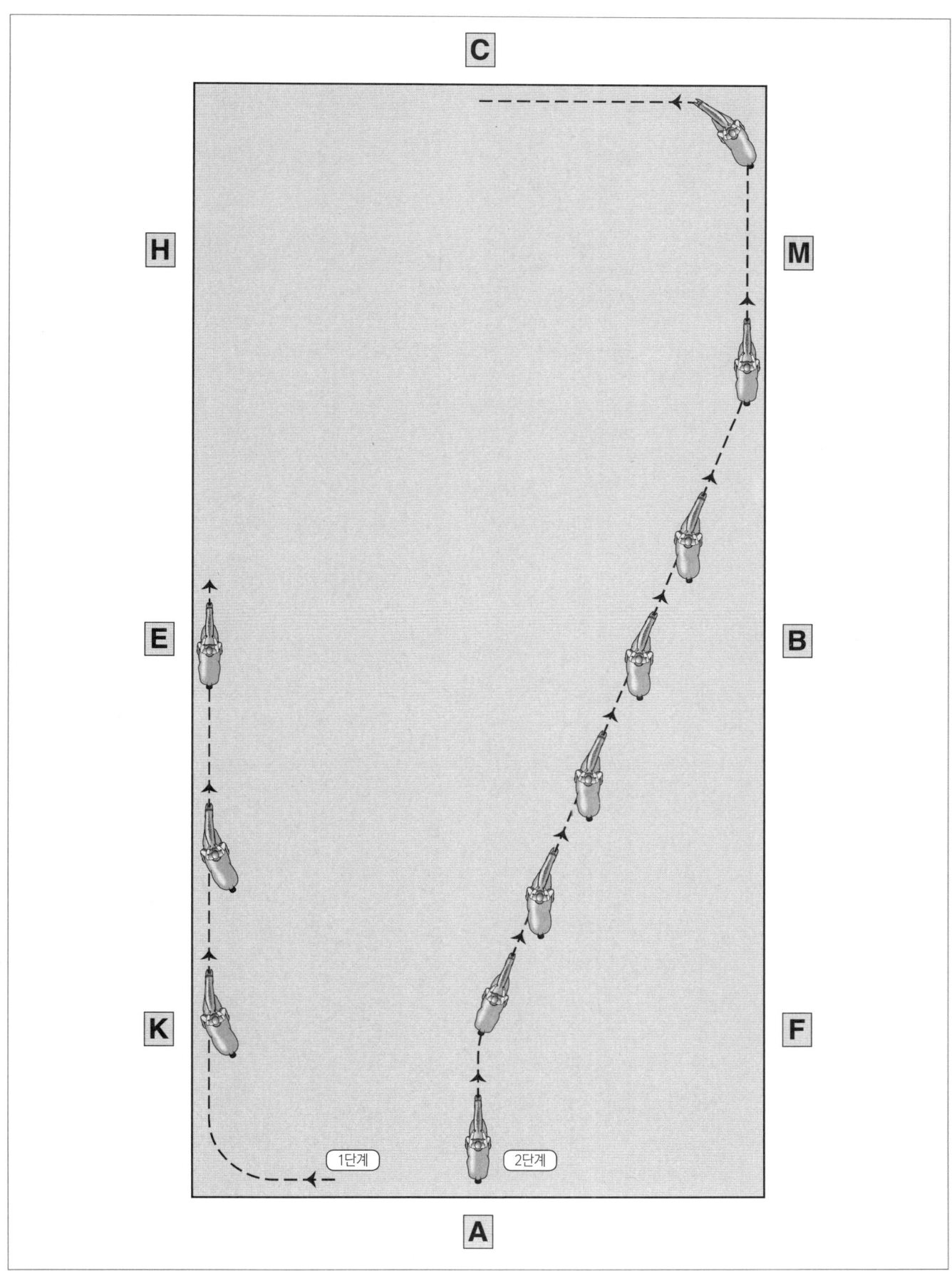

EXERCISE 83

후구근육 발달운동

Beginners
Preliminary
Novice
Elementary ★★★
Medium ★★★★★

이 운동은 말의 후구를 이끄는 동작을 보정하는 첫 번째 부분과 후구를 뒤쫓는데 유용한 두 번째 부분으로 나뉜다.

보너스
이 운동은 부조를 쓰는 기술을 향상시키기에 좋다.

1. 이 운동을 어떻게 하나?
- □ 오른쪽 방향으로 운동장의 너비 방향으로 평보를 확립하고, K에서 X까지 오른쪽으로 하프-패스(Half-pass)를 한다.
- □ X에서 중간 평보로 운동장의 맞은편 구석을 향해 사선으로 간다.
- □ 왼쪽으로 돌아서 이 운동을 반복하면서 왼쪽으로 하프-패스(Half-pass)를 한다.
- □ 운동장 주위를 돌고, K에서 X까지 사선으로 가로질러 일직선으로 간다.
- □ X에서부터 하프-패스(Half-pass)로 사선을 마무리하고, 바깥쪽 다리로 말에게 더 강하게 지시를 하며 말의 전면부를 제어하도록 안쪽 고삐로 수축한다.

2. 말의 상태가 어떻게 되어야 하나?
이 운동의 앞쪽을 통해 기승자는 하프-패스(Half-pass)를 하는 동안 말이 활기를 되찾게 하고, 하프-패스(Half-pass) 후에는 생기 있게 전진하게 한다. X에 가까이 가면서 사선으로 말이 위치를 잡도록 말의 앞으로 전진 한다.

후반부는 바깥쪽 다리로 하프-패스(Half-pass)를 지시하면서 말이 안쪽 어깨로 기울지 않아야 함을 이해하는 수축의 절차이다.

3. 확인
하프-패스(Half-pass)에서 기승자가 중앙에 제대로 앉았는지, 체중을 안쪽 좌골과 안쪽 등자에 실었는지 확인한다.

4. 다음 단계
속보로 이 운동을 한다.

5. 잘못된 사례
말의 후구가 리드를 하거나 뒤쫓아 갈 수가 있다.

전반부에서 말의 후구가 리드를 하면 안쪽 어깨를 뒤로, 바깥쪽 어깨를 앞으로 한다. 후반부에 후구가 뒤 따라가면, 안쪽 어깨가 모아지도록 하프-홀트(Half-halt)를 더 하거나 렌버스(Renvers) 운동을 한다(Section 6).

6. 이 운동이 제대로 되지 않는다면
트래버스(Travers)에서 하프-패스(Half-pass)를 가르치는 전반부를 다시 연습한다(Exercise 82).

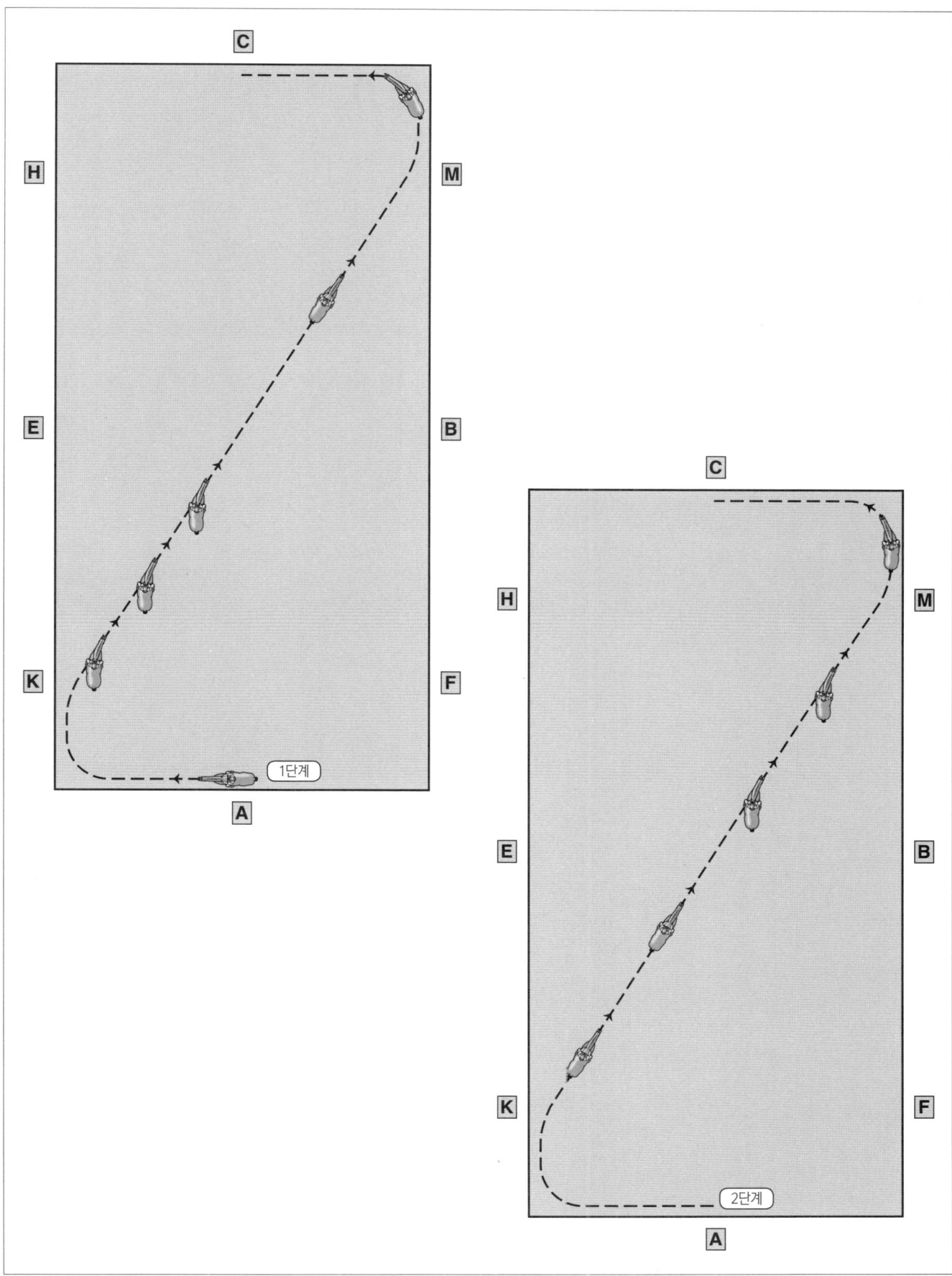

7. 트레이닝 | 185

EXERCISE 84

하프-패스(HALF-PASS)에서 바깥쪽 벤드(BEND)

Beginners
Preliminary
Novice
Elementary ★★★★
Medium ★★★★★

'하프-패스(Half-Pass)에서 말의 균형에 대하여 많이 생각해본다. 말은 가고자 하는 방향으로 몸을 구부려야 한다. 그런 다음, 몸을 펴서 완전히 똑바로 하고, 다시 몸을 구부린다. 그렇게 하면 말이 스스로 움직임이 수월하고, 마지막까지 균형을 잘 유지하게 될 것이다.'

보너스
이 운동은 하프-패스(Half-pass)를 하는 동안 안쪽 다리를 사용하는 법을 연습하는데 좋다.

1. 이 운동을 어떻게 하나?
- ☐ 오른쪽 방향으로 K에서 수축 속보로 하프-패스(Half-pass)를 몇 걸음 뗀다.
- ☐ 일직선으로 몇 걸음 간다.
- ☐ 그런 다음 하프-패스(Half-pass)로 다시 몇 걸음 가서 말의 몸이 운동을 하는 동안 경기장과 평행하게 한다.
- ☐ 경기장의 한 쪽에 도달할 때까지 반복한다.
- ☐ 똑바로 가는 것을 멈추고, 수축 속보에서 방향을 바꾼 다음 반복한다..

기승자 팁
스트레이트(Straight)는 플렉시온(Flexion), 벤드(Bend)를 수행하지 않는 것을 뜻한다.

2. 말의 상태가 어떻게 되어야 하나?
말이 하프-패스(Half-pass)에서 균형을 잃고 옆으로, 특히 어깨를 통해서 기울기 시작하면, 하프-패스(Half-pass)를 하지 않고 일직선으로 전진하라고 지시하므로 말은 하프-패스(Half-pass)를 할 기회가 없다. 하프-패스(Half-pass)와 직선 걸음을 번갈아 하면 생기 있게 추진을 할 뿐만 아니라 하프-패스(Half-pass)에서 말의 균형 감각이 좋아질 수 있다.

3. 확인
운동을 하는 동안 동일한 리듬을 유지한다.

4. 다음 단계
구보로 이 운동을 하거나 M에서 B까지 보다 비스듬한 사선을 만든다.

5. 잘못된 사례
말이 안쪽 어깨로 기울려고 한다.
가고자 하는 방향에 따라 왼쪽이나 오른쪽 다리에서 멀어지는 방향으로 유연한 운동을 하면서 안쪽 다리를 더 사용하고 안쪽 벤드(bend)를 유지한다.

6. 이 운동이 제대로 되지 않는다면
레그-일드 지그-제그(Leg-yield Zig-zags)를 한다(Exercise 59).

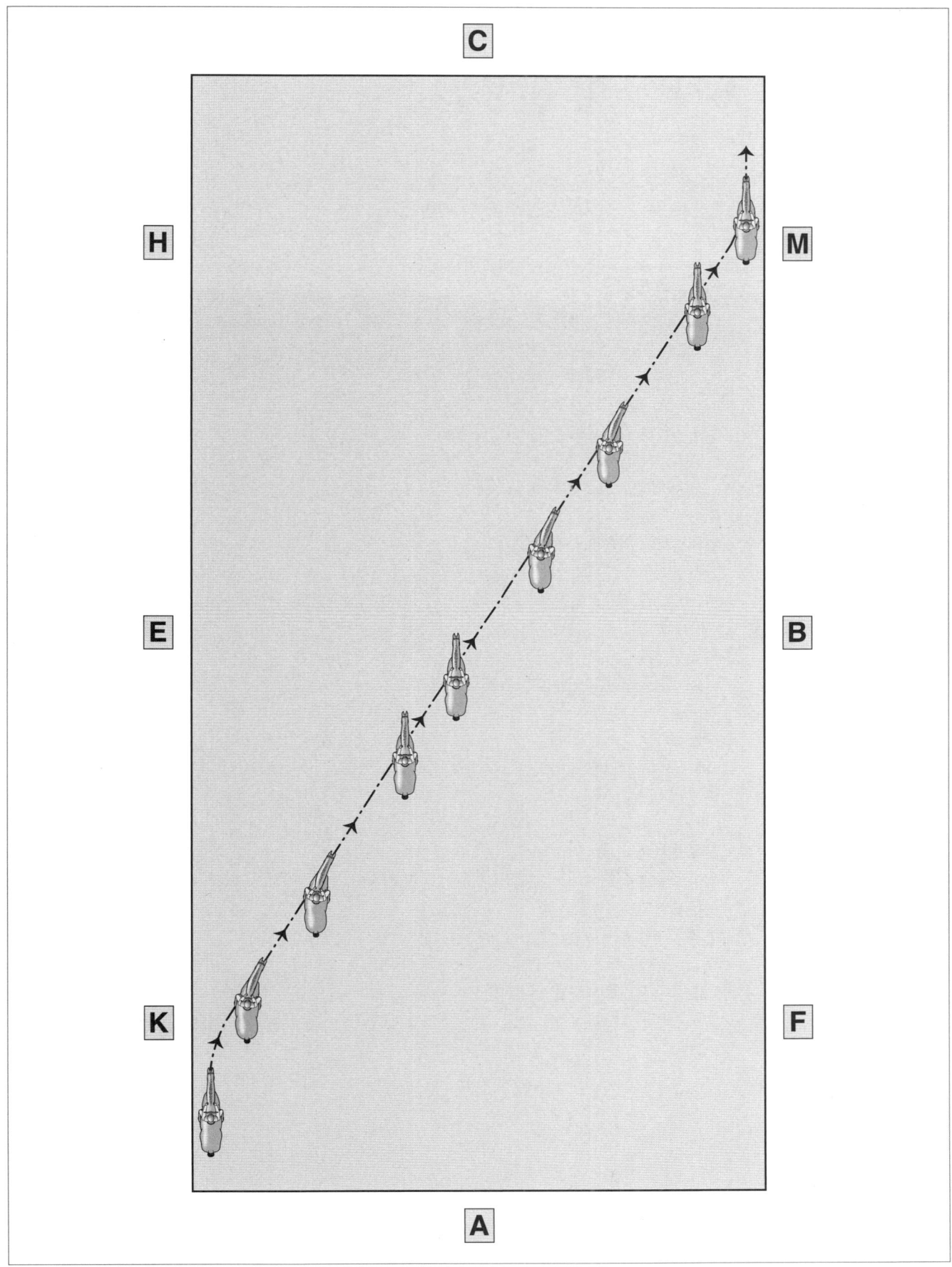

EXERCISE 85

하프-패스(HALF-PASS) 개선을 위한 8자 도형 활용법

Beginners
Preliminary
Novice
Elementary ★★
Medium ★★★★★

이 운동은 후구로 리드를 하는 말에게 좋다. 여기에서는 운동을 하는 동안, 기승자가 말을 진정시키고 보법(평보, 속보, 구보)의 품질을 높일 시간이 있다.

보너스
프리스타일 테스트(Freestyle Test)에서 쓸 만큼 운동의 순서 배열이 잘 되어 있다.

1. 이 운동을 어떻게 하나?
- □ 오른쪽 방향으로 운동장의 코너에서 수축 평보로 숄드-포(Shoulder-fore)를 확립한다.
- □ K또는 M에서 X 바로 전까지 하프-패스(Half-pass)를 한다.
- □ 진직 후 오른쪽으로 10m 원을 그린다.
- □ 이어서 왼쪽으로 10m 원을 그린다.
- □ X에서 중앙선으로 합류하고, 운동장의 원래 길이 방향으로 하프-패스(Half-pass)를 하며 돌아온다.
- □ 반대쪽 방향으로 반복한다.

2. 말의 상태가 어떻게 되어야 하나?
8자 도형은 하프-패스(Half-pass) 사이에 '바로잡고 준비하기'에 좋다. 기승자가 말을 진정시키고 벤드(bend), 리듬, 복종 등이 잘 이루어지도록 준비할 시간이 있기 때문이다.

3. 확인
X에서 벤드(bend) 방향을 바꾸면서 다리, 앉은 자세, 손 부조를 바꾸도록 한다.

4. 다음 단계
X에서 심플 체인지(Simple Change)나 플라잉 체인지(Flying Change)를 하면서 구보로 이 운동을 할 수 있다.

5. 잘못된 사례
말이 후구로 리드를 하려고 하면 좋은 운동이 되지만, 안쪽 어깨로 기울어지기 좋아하는 말이 있으므로 주의한다.
이 경우에는 하프-패스(Half-pass)에서 일직선으로 가는 것이 최선이다.

6. 이 운동이 제대로 되지 않는다면
3/4선에서 이 운동을 시작하고 마친다. 그렇게 되면 하프-패스(Half-pass)로 멀리 갈 필요가 없다.

기승자 팁
말이 리듬과 유연함을 유지할 때에만 하프-패스(Half-pass)를 계속 한다. 말의 신경이 날카로워지기 시작한다고 생각하면 바로 작은 원을 그리거나, 숄드-인(Shoulder-in)을 하거나 이행을 한다.

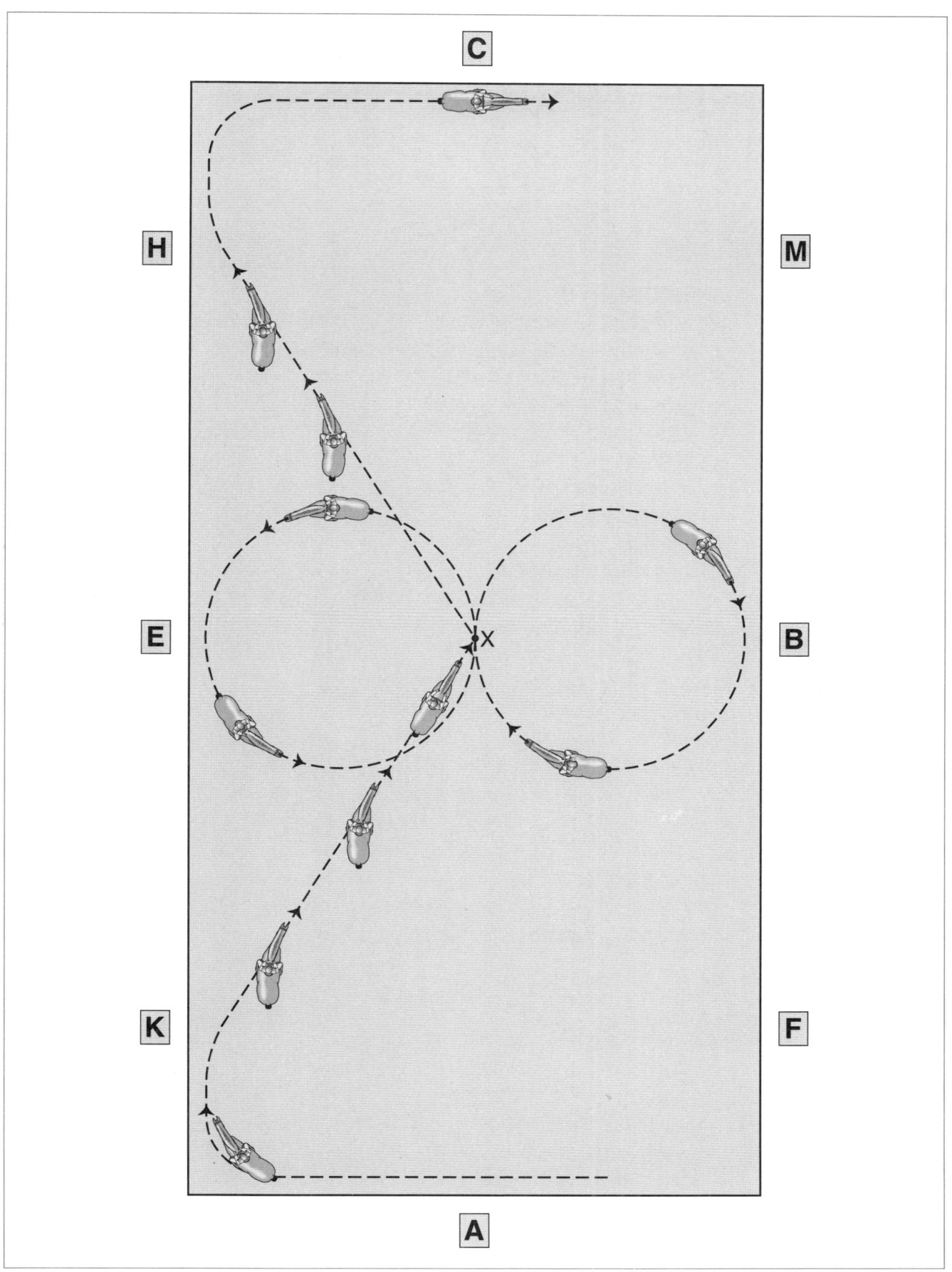

7. 트레이닝 | 189

EXERCISE 86

테스트(TEST)를 위한 하프-패스(HALF-PASS)

Beginners
Preliminary
Novice ★
Elementary ★★★★
Medium ★★★★★

이 운동은 말이 기승자의 부조에 복종하고 하프-패스(Half-pass)에서 균형감각을 기르는데 도움이 된다.

보너스
하프-패스(Half-pass)를 렌버(Renvers)로 바꾸면 뒷다리를 교차하기를 싫어하거나 게으른 말에게 좋다.

기승자 팁
리듬을 위해 점검하고, 진직과 스스로 움직임을 확인한다.

1. 이 운동을 어떻게 하나?
□ 오른쪽 방향으로 수축 속보를 확립한다. K를 지나서 숄드-포(Shoulder-fore)로 몇 걸음 간다.
□ 첫 번째 1/4선에서 오른쪽으로 바로 하프-패스(Half-pass)를 한다.
□ 1/4선에서 숄드-포(Shoulder-fore)로 몇 걸음 더 간다.
□ 중앙선까지 하프-패스(Half-pass)로 간다.
□ 공간이 있다면, C를 향해 숄드-포(Shoulder-fore)로 몇 걸음 더 간다.
□ 오른쪽으로 돈다.
□ 길이 방향을 따라 일직선으로 가서 균형을 잡고 말을 편안하게 해 준다.
□ 반대방향으로 반복한다.

2. 말의 상태가 어떻게 되어야 하나?
리듬을 잘 유지하도록 말은 지속적으로 기승자의 안쪽 다리 주변으로 곡선을 이루어야 하며, 균형을 유지한 채로 숄드-포(Shoulder-fore)와 하프-패스(Half-pass)를 번갈아 가며 한다.

3. 확인
체중이 제대로 분배가 되었는지 확인한다.

4. 다음 단계
수축 구보에서 이 운동을 하거나 숄드-포(Shoulder-fore)가 아닌 숄드-인(Shoulder-in)으로 한다.

5. 잘못된 사례
(1) 부조를 잘못 쓴다.
  하프-패스(Half-pass)를 처음 배울 때에는 안쪽 고삐나 바깥쪽 다리를 너무 세게 사용하고 안쪽 다리를 제대로 사용하지 못할 가능성이 크다.

(2) 말이 리듬을 잃는다.
  일직선이나 원형에서 속보와 구보로 추진을 다시 확립한다.

(3) 말이 후구를 통해 바깥쪽으로 기울어진다.
  이 경우에는 잘 될 때까지 숄드-인(Shoulder-in)에서 하프-패스(Half-pass)로 만 연습한다.

6. 이 운동이 제대로 되지 않는다면
숄드-포(Shoulder-fore)를 다시 연습하고, 1/4선에서 숄드-포(Shoulder-fore)를 다시 수행하기 전에 사선으로 몇 걸음 간다.

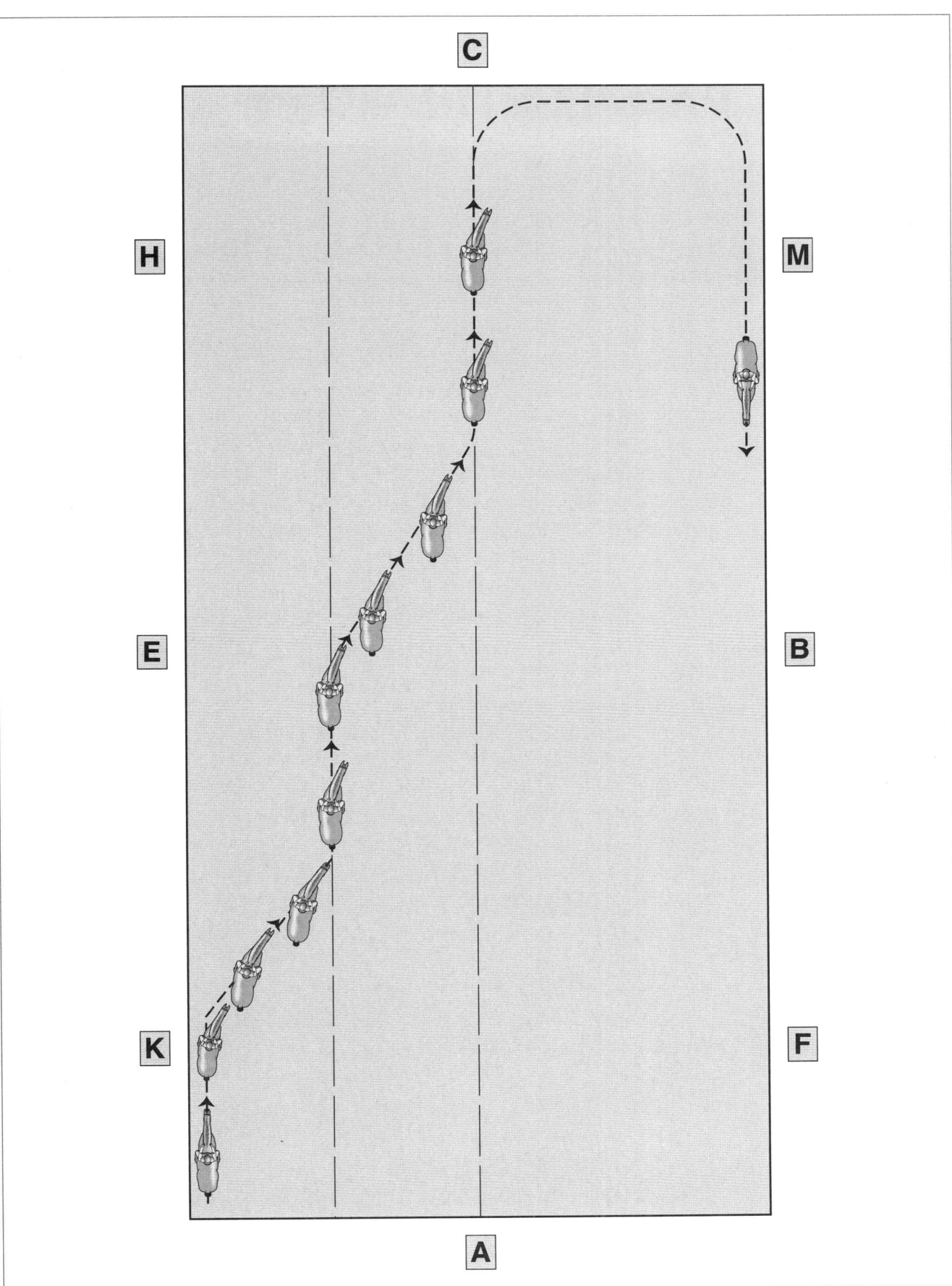

EXERCISE 87

오른쪽에서 왼쪽 하프-패스(HALF-PASS LEFT)로 이행운동

Beginners

Preliminary	★
Novice	★★★★
Elementary	★★★★★
Medium	★★★★★

이 동작은 다소 혼란스럽게도 손의 반대로의 전환으로 알려져 있다. 오른쪽에서 왼쪽으로 구부림을 바꾸면서 말은 기꺼이 기승자의 부조를 계속 받아들여야 하며, 운동의 리듬도 그대로 유지해야 한다. 말이 하프-패스(Half-pass)에 능숙해질 때까지 이 운동을 하지 않는 것이 좋다.

보너스

말이 운동 수행하기에 너무나 흥미로운 운동이며, 말은 긴장한 상태로 경계 태세를 한다.

기승자 팁

말에게 반대로 이행을 가르칠 때에는 약간의 벤드(Bend)와 점진적인 전환부터 시작해서 말이 자신감을 갖고 경험을 쌓으면서 각도를 만들어 간다.
우측 하프-패스(Half-pass)에서 좌측 하프-패스(Half-pass)로 바꿀 때, 벤드(Bend)와 플렉시온(Flexion)을 지시하기 전에 일직선으로 1~2 걸음 간다.

1. 이 운동을 어떻게 하나?
- ☐ 오른쪽 방향으로 A나 C부터 중앙선까지 평보로 간다.
- ☐ 우측 하프-패스(Half-pass)를 하고 B나 E에서 트랙으로 합류한다.
- ☐ 좌측 하프-패스(Half-pass)를 지시하고, A나 C에서 중앙선으로 합류한다.
- ☐ 반대방향으로 반복한다.

2. 말의 상태가 어떻게 되어야 하나?
말이 기승자의 자세에 반응하여 벤드(Bend)를 하는 방법과 한쪽 다리에서 멀어지는 방향으로 전진 후 측면이동을 하는 방법을 이해하는데 이 운동이 도움이 된다.

3. 확인
기승자가 안쪽으로 앉도록 하고, 기승자의 체중이 바깥쪽 등자 보다는 안쪽 등자에 더 실리도록 한다.

4. 다음 단계
하프-패스 지그-재그(Half-pass Zig-zag)를 한다. 중앙선으로 우측 방향전환을 한다. 우측 하프-패스(Half-pass) 3미터, 좌측 하프-패스(Half-pass) 6미터, 우측 6미터, 좌측 3미터 순으로 한다. 이 운동은 평보와 속보로 해도 좋다.

5. 잘못된 사례
말의 후구가 두 번째 하프-패스(Half-pass)를 리드한다.
이는 말의 전면부가 리드하고 있을 때 첫 번째 하프-패스(Half-pass)에서 벤드(Bend) 방향을 바꾸기 전에 말이 충분히 몸을 똑바로 하지 않았기 때문이다. 다시 한 번 시도해서 우선 몸을 똑바로 하는데 집중한다.

6. 이 운동이 제대로 되지 않는다면
중앙선에서 3/4선까지 하프-패스(Half-pass)를 하고, 중앙선으로 하프-패스(Half-pass)로 돌아가기 전에 벤드(Bend) 방향을 바꾼다.

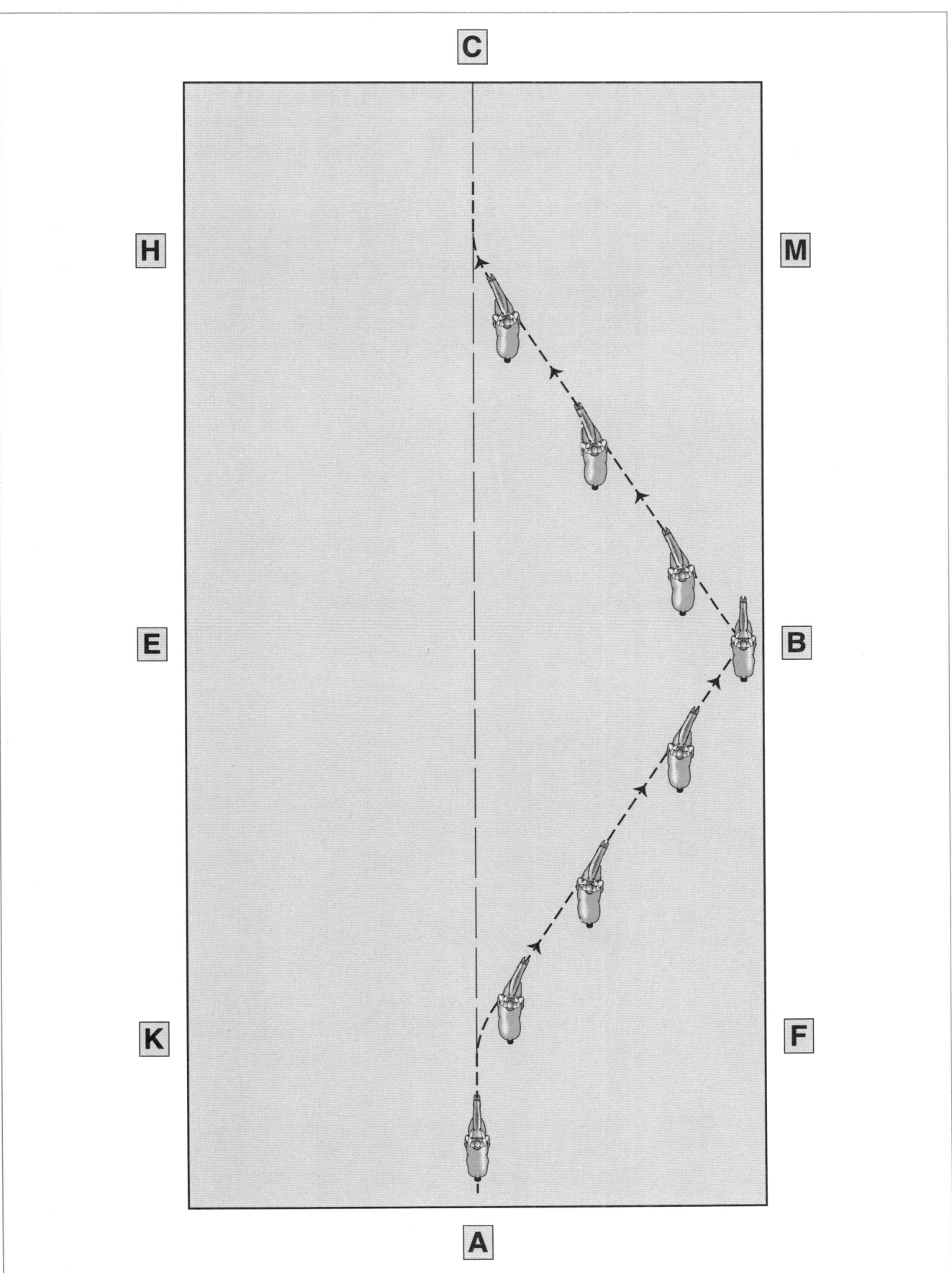

7. 트레이닝 | 193

균형을 향상시키기 위한 원형에서 하프-패스(HALF-PASS)
KAREN DIXON

Beginners
Preliminary
Novice
Elementary ★★
Medium ★★★★★

'반원이 말에게 가장 어려운 부분으로 이 운동에서는 하프-패스(Half-pass)의 중압감을 없애준다. 그래서 하프-패스(Half-pass)는 기분 전환 거리가 된다.'

1. 이 운동을 어떻게 하나?
- [ ] 오른쪽 방향으로 K에서 M까지 사선으로 속보를 하프-패스(Half-pass)한다.
- [ ] M 바로 앞에서 중앙선을 향해 왼쪽으로 10m 반원을 그리면서 동일한 부조를 쓴다.
- [ ] 반원을 다 그리면 중앙선에서 E까지 우측 하프-패스(Half-pass)로 발진한다.
- [ ] E에서 몸을 똑바로 펴고 F까지 그대로 간다.
- [ ] F에서 H까지 좌측 하프-패스(Half-pass)를 한다.
- [ ] 반대쪽 방향으로 반복한다.

2. 말의 상태가 어떻게 되어야 하나?
이 운동으로 말의 하프-패스(Half-pass)가 확실히 향상될 것이다. 말이 전보다 다리 교차를 더 잘하고, 기승자의 부조에 보다 자신감을 가지게 된다. 또한, 성공적으로 운동을 했을 때에는 사선의 끝부분에서 방향전환을 할 거라 예상했기 때문에 뒤에서부터 동작을 하므로 가볍고 업(up)인 상태를 유지하기 때문에 말의 어깨를 살짝 건드리기 보다는 하프-패스(Half-pass)에서 오히려 어깨가 무겁게 움직이려는 경향이 있는 말에게 좋은 운동이다.

3. 확인
반원에서 말이 방향 전환 하도록 다리만을 사용한다. 손을 너무 많이 사용하게 되면 말이 반대 벤드(Bend)를 풀게 되어 추진도 함께 놓치게 된다.

4. 다음 단계
하프-패스(Half-pass)의 각도를 크게 해서 K에서 B까지 가거나 속력을 높인다.

5. 잘못된 사례
(1) 말이 반원 그리기를 매우 어려워한다.
  말에게는 반원에서 바깥쪽 벤드(Bend)로 방향전환을 하기가 매우 어렵다. 오른쪽 고삐로 말은 오른쪽 다리 쪽으로 밀면서, 기승자도 말을 밀게 된다. 이러한 경향은 말의 목을 지나서 오른쪽 고삐를 교차시켜 반대 벤드(Bend)를 하도록 말에게 '도움'이 된다. 말의 목 한쪽으로 손을 넓게 놓는 것이 더 좋다. 여러분이 그리고자 했던 원보다 더 크게 그리기 시작하더라도 회전을 할 때에는 다리만을 사용한다.

(2) 말이 특히 반원에서 추진을 잃을 수도 있다.
  이 운동이 새롭고 다른 운동과 차이가 있으므로, 말이 추진을 잃을 수도 있다. 그러므로 운동을 하는 동안 리듬을 유지하도록 한다. 말이 제대로 해내면, 더 작은 반원을 그릴 수도 있다.

6. 이 운동이 제대로 되지 않는다면

말이 지시사항을 이해하는데 도움이 되도록 평보로 이 운동을 한다. 큰 원형에서 시작하되, 반대 벤드(Bend)를 유지하고, 하프-패스(Half-pass)를 덜 한다. 말이 자신감이 생기면 양이 아니라 질을 생각해서 운동을 한다.

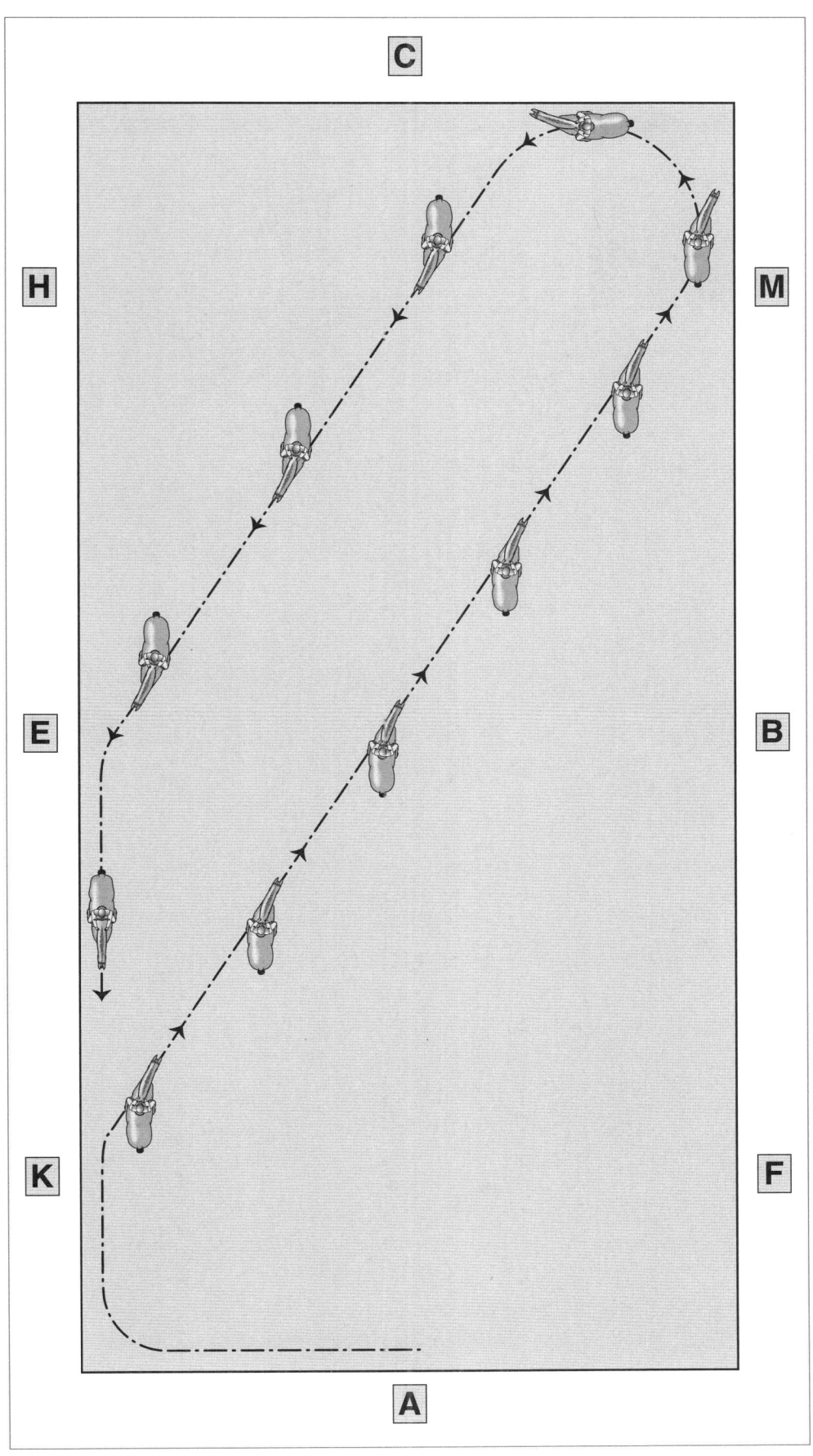

SECTION 8

구보 응용운동
카운터-캔터(COUNTER-CANTER)

연습

89 첫 번째 카운터-캔터(COUNTER-CANTER)		198
90 카운터-캔터 루프(COUNTER-CANTER LOOPS)		200
91 카운터-캔터 '박스'(COUNTER-CANTER 'BOX')		202
92 카운터-캔터 서펜타인(COUNTER-CANTER SERPENTINE)		204
93 카운터-캔터 커버(COUNTER-CANTER CURVES)		206
94 카운터-캔터 원운동(COUNTER-CANTER CIRCLE)		208
95 작은 원형을 활용한 카운터-캔터(COUNTER-CANTER)운동 -JOHN LASSETTER		210

카운터-캔터(Counter-canter)는 운동을 할 때 곧게 하고, 힘을 증강시키고, 수축운동에 아주 좋은 운동이다. 실질적으로 바깥쪽 다리로 리드하여 구보를 한다. 예로 들어 왼쪽 고삐를 사용한다면 말은 오른쪽 다리로 리드를 한다. 리드하는 다리 쪽으로 아주 약간의 플렉시온(Flexion)을 유지하면 카운터-캔터(Counter-canter)의 필요성을 말이 이해하게 되고 기승자의 체중은 같은 쪽의 등자와 좌골에 둔다. 말은 플라잉-체인지(Flying-change)를 수행하기 전에 카운터-캔터(Counter-canter)를 완전히 익혀야 한다.

일부 말은 카운터-캔터(Counter-canter)를 할 때 매우 우려하며 신경이 날카로워질 수 있기 때문에 점진적으로 가르치는 것이 좋다. 처음에는 완만한 원형구보로 시작하고 동정심을 갖되 일관적이고 정확하게 앉은 자세를 취하고 다리 부조를 사용하여 말을 차분하게 진정시키고 여러분이 원하는 바를 말에게 이해시킨다. 말의 신경이 날카로워져 있다면 말은 아주 수월하게 속보로 돌아가거나 플라잉-체인지(Flying-change)를 할 것이다.

카운터- 캔터(Counter-Canter)의 부조

☐ 복대에 놓인 안쪽 다리
☐ 복대 뒤에 놓인 바깥쪽 다리
☐ 안쪽 좌골과 등자에 실린 체중
☐ 안쪽 어깨를 뒤로
☐ 바깥쪽 어깨를 앞으로
☐ 안쪽 손으로 리드
☐ 바깥쪽 손을 약하게

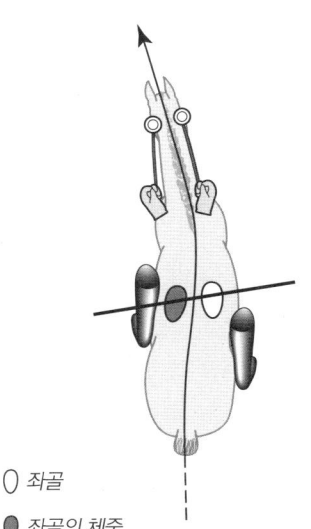

○ 좌골
● 좌골의 체중

카운터-캔터(Counter-Canter)를 해야 하는 6가지 이유

1. 뛰어난 유연성 효과로 운동 능력 향상
2. 기승자의 부조에 복종하도록 가르침
3. 자세가 비뚤어진 말의 몸을 똑바로 하는데 유용
4. 말의 균형 감각이 좋아지고, 후구가 더욱 보기 좋게 연결 운동이 됨
5. 플라잉-체인지(Flying-change)에 있어서 중요한 단계
6. 말의 앞쪽을 가볍게 하는데 좋은 운동이다.

EXERCISE 89

Beginners
Preliminary
Novice ★★★
Elementary ★★★★
Medium ★★★★

첫 번째 카운터-캔터(COUNTER-CANTER)

말들은 흔히 카운터-캔터(Counter-canter)에 당황하고 이를 매우 어려워한다. 트랙에서 하프-패스(Half-pass)를 화려하게 꾸미려 하지 말고 말들이 수월하게 하는 레그-일딩(Leg-yielding)을 다시 한다. 루프(Loop)의 각도를 제대로 그리려면 이 운동을 시작하는 운동장의 끝부분에 따라 A나 C를 목표로 한다.

기승자 팁

체중을 안쪽 등자와 좌골에 싣는다는 점에 특히 주의한다. 안쪽 다리로 압력을 주어 말이 트랙으로 돌아가고, 양손을 이용하여 말의 앞쪽을 트랙으로 돌아오게 한다.

1. 이 운동을 어떻게 하나?
☐ 균형이 잘 잡힌 구보를 확립하고, 트랙에서 3m 떨어진 곳에 길이 방향으로 루프(Loop)를 그린다.
☐ 트랙으로 돌아온다.
☐ 운동장의 맞은편에서 반복한다. 카운터-캔터(Counter-canter)로 루프(Loop)를 그린다.
☐ 반대쪽 방향으로 반복한다.

2. 말의 상태가 어떻게 되어야 하나?
균형을 유지한 채로 트랙에서 떠난다면 말은 후구를 안으로 흔들거나 어깨를 통해 기울어지지 않고 전면부에서 수직을 유지해야 한다. 말은 트랙으로 돌아오도록 M 방향을 마주할 때까지 루프(Loop)를 그리면서 매 걸음마다 약간씩 방향을 바꾸어야 한다.

3. 확인
균형을 유지하고 있다고 여겨지는지, 루프(Loop)를 그리기 시작할 때나 다 그리고 나갈 때에 미리 뒤로 기울어지지 않는지 확인한다.

4. 다음 단계
5m, 10m로 루프(Loop)의 크기를 늘리고, 3/4선까지 깊지 않은 루프(Loop)를 그려본다.

5. 잘못된 사례
(1) 말이 바깥쪽 어깨를 통해 기울어지고, 미리 트랙으로 돌아온다.
바깥쪽 다리와 고삐를 더 사용하여 지시하고자 하는 바를 말에게 보여주고 다음 운동을 한다. 원래의 운동에서 그러하듯 K를 바로 지나면서 깊지 않은 루프(Loop)을 그리기 시작한다. 그러나 3m 표시 지점에 이르렀을 때에 울타리나 경계에 평행하게 몸을 똑바로 한다. 운동장의 너비 방향의 끝에서 트랙에 합류하고, 말이 이를 잘 해내면 반대쪽 방향으로 반복한다. 또한, 5m 깊지 않은 루프(Loop)를 1/4선에서 그릴 수 있다.

(2) 말이 후구를 안으로 흔들고, 운동에서 요구하는 바를 듣지 않으려 한다.
카운터-캔터(Counter-canter)를 더 진행하려 수행하기 전에 3/4선에서 진직을 훈련한다.

6. 이 운동이 제대로 되지 않는다면
트랙으로부터 안쪽으로 향하는 1/2 루프(Loop)를 그리고, 왼쪽 고삐로 F에서 C를 향해 선을 그린다. 1/4선에 합류하도록 점점 오른쪽으로 방향전환을 한다. 그러면서 카운터 캔터(Counter Canter)의 필요성이 줄어든다.

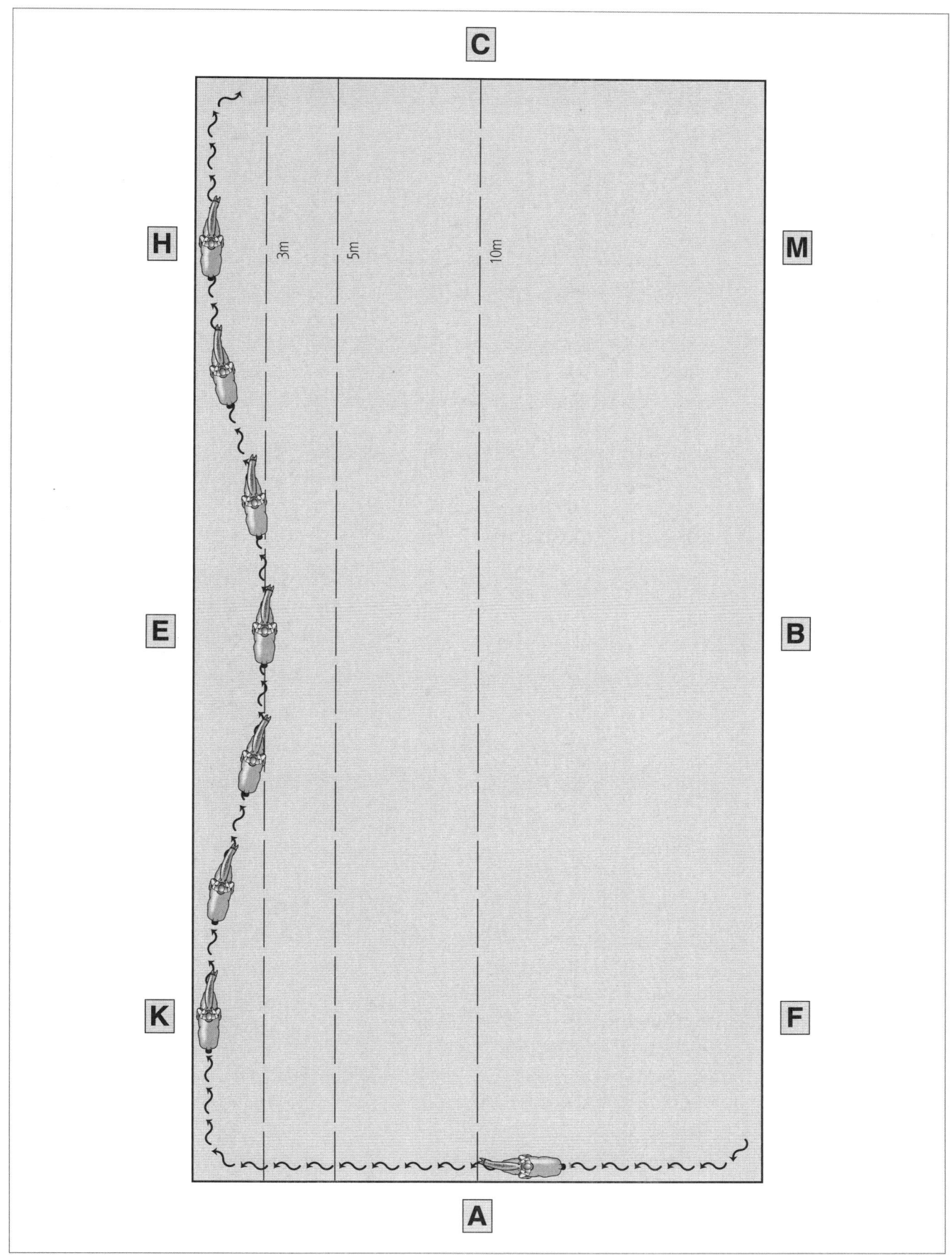

8. 구보 응용운동 | 199

EXERCISE 90

카운터-캔터 루프 (COUNTER-CANTER LOOPS)

Beginners
Preliminary
Novice ★★★★
Elementary ★★★
Medium ★★

초급과정에서 중급에 이르기까지 대부분의 마장마술 테스트에서 올바른 속보이행을 수행하기 전에 코너로 균형이 잘 잡힌 구보를 유지하기 때문에 기승자와 말의 교육과정을 시험하는 중요한 운동이다.

1. 이 운동을 어떻게 하나?
- ☐ 오른쪽 방향으로 F 바로 앞에서 구보로 15m 반원을 그린다.
- ☐ 그런 다음 트랙으로 돌아와서, 예를 들어 M을 목표로 카운터-캔터 루프(Counter-canter Loops)로 합류한다.
- ☐ 말의 균형감이 향상되면서, B에 가까이 있는 트랙에 합류하여 트랙을 따라 걸음걸이를 더 할 것을 지시한다.
- ☐ 경험이 없는 말에게는 아주 어려울 수 있으므로 코너나 벤드(Bend)를 하기 전에 처음에는 일직선에 만족한다.

2. 말의 상태가 어떻게 되어야 하나?
말은 몸통을 똑바로 세운 채로 카운터-캔터(Counter-canter)를 수축하고 익혀야 하며, 한 트랙에 머물러야 한다(말의 전면부와 후구).

3. 확인
구보 리드에 따라 말이 벤드(Bend)를 유지하도록 한다. 또한, 기승자가 리드하기에 올바른 자세로 앉았는지 확인한다.

4. 다음 단계
반원을 10m 반원으로 줄인다.

5. 잘못된 사례
(1) 말이 속보로 하기 시작한다.
   그렇게 하지 못하게 한다!

(2) 말이 앞으로나 뒤에서 다리를 바꾸려고 한다.
   이 경우에는 쉬운 과정으로 다시 연습한다.

6. 이 운동이 제대로 되지 않는다면
구보로 3/4선에서 훈련한다.

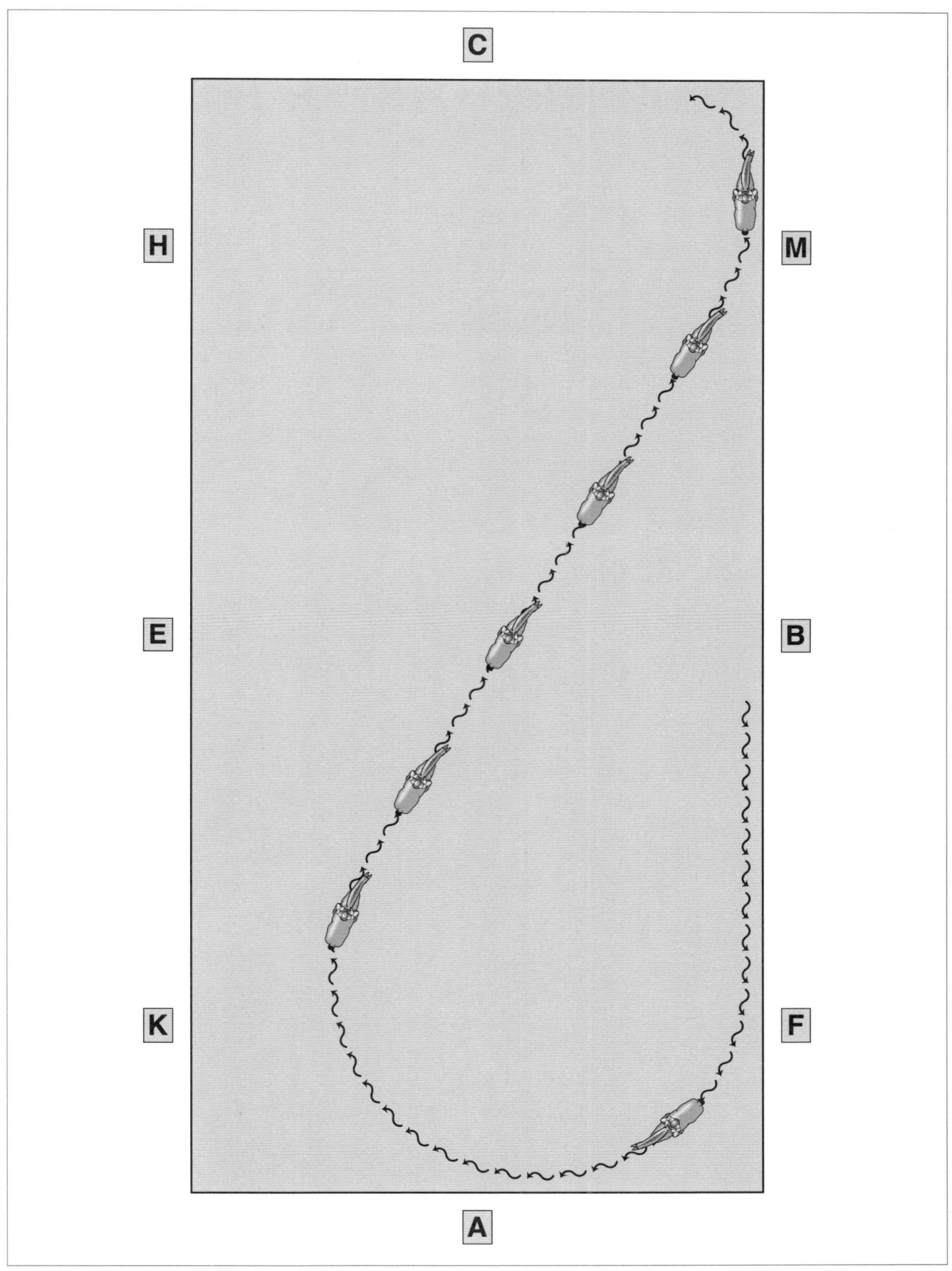

8. 구보 응용운동 | 201

EXERCISE 91

카운터-캔터 '박스' (COUNTER-CANTER 'BOX')

Beginners ★★★★★
Preliminary ★★★★★
Novice ★★★★★
Elementary ★★★★★
Medium ★★★★★

이 운동에서는 카운터-캔터(Counter-canter)에서 90도 방향 전환을 하고, 여기에서 말은 수축을 상당한 수준으로 해야 한다.

1. 이 운동을 어떻게 하나?
- 오른쪽 방향으로 운동장의 길이 방향을 따라 카운터-캔터(Counter-canter)를 하도록 지시한다.
- B나 E에서 카운터-캔터(Counter-canter)로 운동장을 가로질러 일직선으로 방향전환을 한다..
- 말이 균형을 잘 잡고 있다면 카운터-캔터(Counter-canter)를 유지한 채로 맞은편 트랙에서 오른쪽으로 방향전환을 한다.
- 그러나 불안정하다고 여겨지거나 리듬이나 유연성을 잃었다면, 정 구보로 왼쪽으로 방향전환 한다.
- 말이 차분하게 균형을 잘 잡고 있다고 여겨지는 한 F와 K에 있는 코너를 카운터-캔터(Counter-canter)로 계속 간다.
- 반대쪽 방향으로 반복한다.

2. 말의 상태가 어떻게 되어야 하나?
90도 방향전환은 말에게 매우 어려우므로, 기승자가 올바른 자세로 앉아(구보리드에 따라 오른쪽이나 왼쪽) 차분하고 규칙적인 리듬을 유지하도록 도움을 주는 것이 중요하다. 구보의 품질을 유지하는 것도 중요하다. 시작이 부자연스럽게 느껴지면 깊지 않은 방향전환을 하고, '점프(Jump)'와 리듬을 다시 확립하도록 방향전환 구보를 이용한다.

3. 확인
앉은 자세와 체중 분배 등, 하고자 하는 동작에 맞게 자세를 취한다.

4. 다음 단계
X에서 플라잉 체인지(Flying Change)를 해서 카운터-캔터(Counter-canter)로 다시 왼쪽으로 방향전환을 할 수 있다.

5. 잘못된 사례
말이 비뚤게 가거나 속보를 한다.
정 구보로 왼쪽으로 방향 전환한다. 운동장의 길이 방향을 따라 카운터 캔터(Counter -canter)를 하며, Exercise 39이나 41과 같이 쉬운 방향전환 운동을 한다.

6. 이 운동이 제대로 되지 않는다면
이는 매우 부담스러운 운동이다. 이 운동을 하는 자신의 방법을 깨닫는 것이 최선이다. 그래야 말이 실수를 하지 않고 걱정을 하지 않는다.

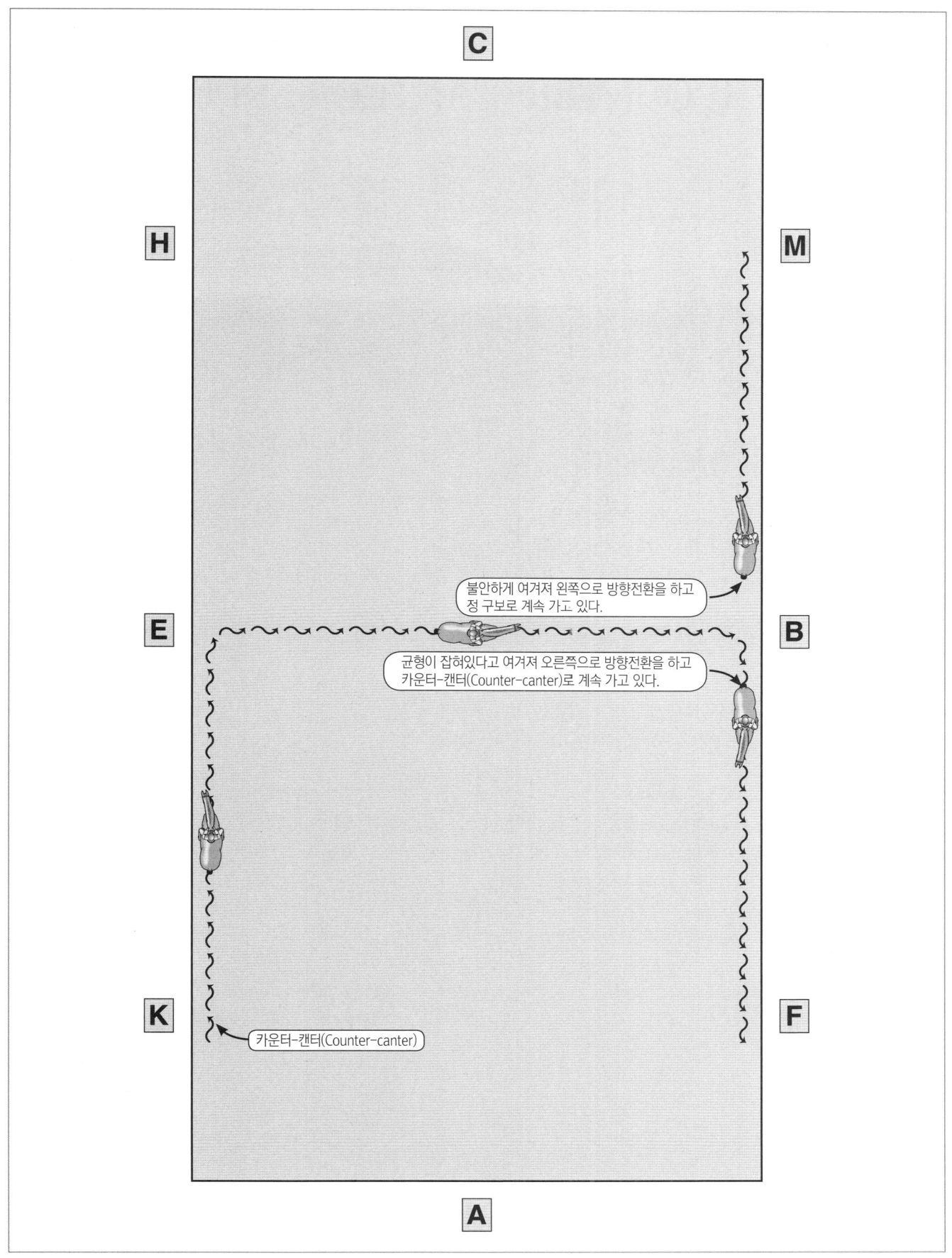

EXERCISE 92

카운터-캔터 서펜타인 (COUNTER-CANTER SERPENTINE)

Beginners
Preliminary
Novice
Elementary ★★★
Medium ★★★★★

구보로 서펜타인(Serpentine)을 할 때에는 어려울 수도 있는 카운터-캔터(Counter-canter) 루프(Loop)도 포함된다. 이를 어려워하는 말이 쉽게 할 수 있도록 카운터-캔터(Counter-canter)원을 25m에 달하도록 더 크게 그린다.

1. 이 운동을 어떻게 하나?
- □ 왼쪽 방향으로 C에서 구보로 3-루프 서펜타인(Three-loop Serpentine)을 시작한다.
- □ 처음으로 중앙선을 지나가면서 구보로 10-12m 원을 그린다. 원을 다 그리고 나서는 루프(Loop)를 만들도록 카운터-캔터(Counter-canter)를 유지한다.
- □ B에서 서펜타인(Serpentine)을 계속한다. 그 다음으로 중앙선을 가로지를 때에는 정 구보로 10-12m 원을 그린다.
- □ 그런 다음, 반대쪽 방향으로 반복한다.

2. 말의 상태가 어떻게 되어야 하나?
서펜타인(Serpentine)의 루프(Loop)는 경험이 없는 말이 그리기에 어려울 수도 있다. 각 루프(Loop)를 그리 전에 10m 원을 그려보면 리듬과 균형감각을 확립하는데 도움이 될 것이다.

3. 확인
운동을 하는 동안 일정한 리듬을 유지한다.

4. 다음 단계
4개의 루프(Loop)를 그려가며 운동을 한다.

5. 잘못된 사례
10m 원과 카운터-캔터(Counter-canter) 원호를 그리는 사이에 말이 균형을 잃을 가능성이 있다.
간단한 카운터-캔터(Counter Canter) 루프(Loop)를 다시 연습한다(Exercise 90).

6. 이 운동이 제대로 되지 않는다면
1/2 서펜타인(Half Serpentine)으로 루프(Loop)를 다시 연습한다(Exercise 47).

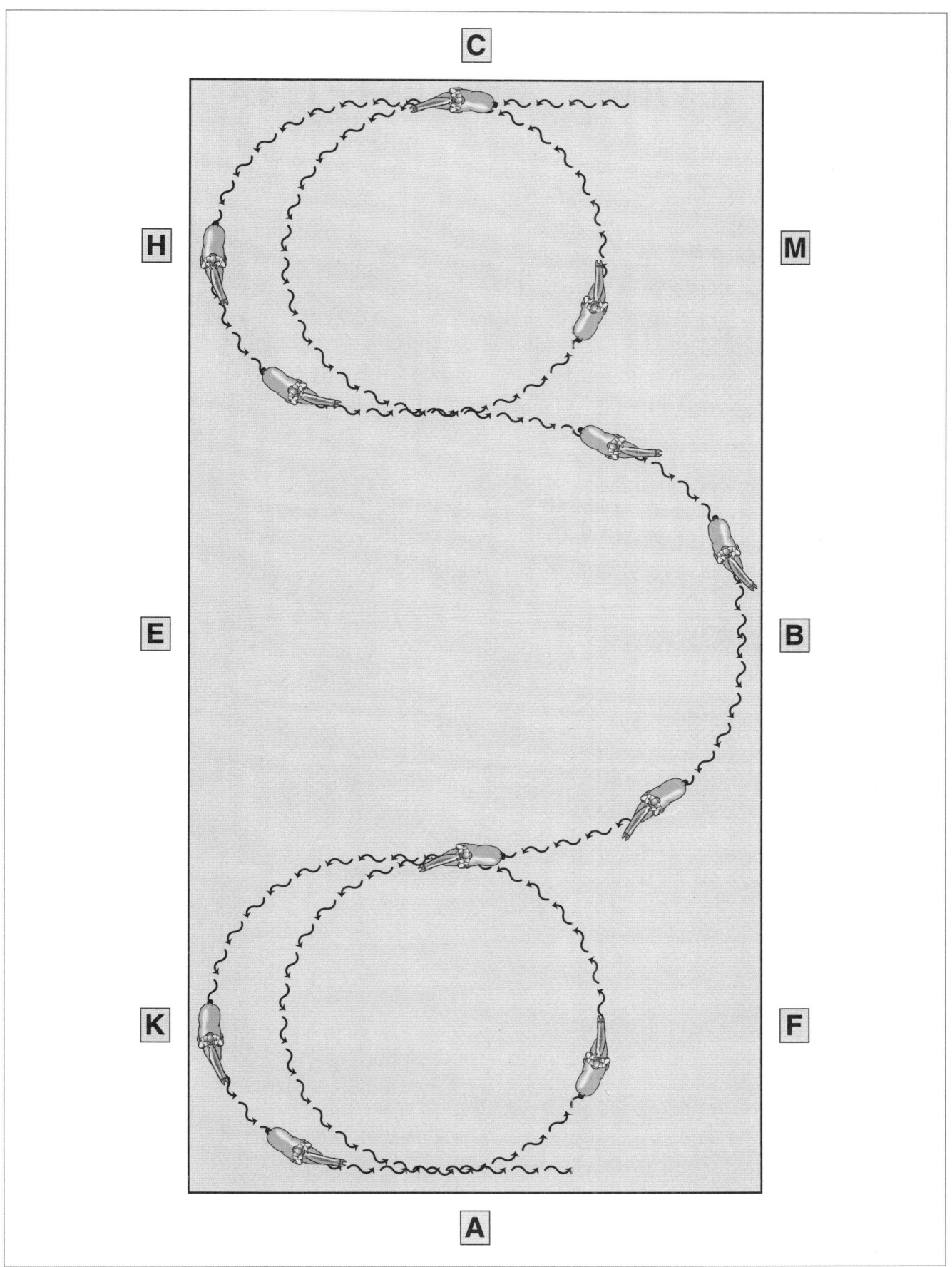

EXERCISE 93

카운터-캔터 커버
(COUNTER-CANTER CURVES)

Beginners
Preliminary
Novice ★★★
Elementary ★★★★
Medium ★★★★★

보너스
이 운동은 구보를 수축하는 가장 좋은 방법 중 하나이다.

여기에서는 말이 벤드(Bend)하는 방향으로서 '안쪽'과 '바깥쪽'이란 단어를 기억해 두자. 오른쪽 구보에서는 오른쪽 다리가 안쪽 다리, 왼쪽 다리가 바깥쪽 다리가 된다.

1. 이 운동을 어떻게 하나?
☐ 운동을 하는 동안 오른쪽 구보를 한다.
☐ 오른쪽 리드 구보를 확립하고 F에서부터 중앙선으로 오른쪽 반원을 그린다.
☐ 카운터-캔터(Counter-canter)로 B에서 트랙에 합류한다.
☐ B와 M의 중간 지점에서 X까지 전체 너비를 이용하여 20m 원을 3/4만큼 그린다.
☐ 트랙에 합류하도록 오른쪽으로 곡선을 그린다.

2. 말의 상태가 어떻게 되어야 하나?
올바른 카운터-캔터(Counter-canter)에서 말은 어깨가 수직을 이루고 뒷다리와 앞다리가 동일한 경로를 가며 한 트랙에 머물러야 한다. 말은 가는 방향으로 약간 곡선을 이루고, 기승자는 구보 리드에 따라 왼쪽이나 오른쪽으로 자세를 취하여 앉는다.

3. 확인
안쪽 등자와 좌골에 체중을 싣도록 한다.

4. 다음 단계
타원형으로 카운트-캔터(Counter-canter)를 한다. 카운트-캔터(Counter-canter)로 한 개의 반원을 그리고, 길이 방향으로 진행하다가 K 바로 앞에서 다시 반원을 그린다. 다음 길이 방향으로 계속 가다가 세 번째 반원을 그린다.

5. 잘못된 사례
(1) 말이 후구를 구부린 방향의 안쪽으로 흔들고 비뚤게 간다.
   목에 가까이 있는 바깥쪽 고삐를 사용하여 후구 앞에 전면부가 있는 상태를 유지한다.

(2) 카운터-캔터(Counter-canter)가 실패하여 말이 어깨 쪽으로 기울고 앞이나 뒤에서 다리가 바뀐다
   너무 갑자기 방향전환하지 않도록 주의한다.

6. 이 운동이 제대로 되지 않는다면
완만한 루프(Loop)를 연습한다. Exercise 89에서와 같이 K를 지나서 바로 완만한 루프(Loop)를 그리기 시작한다. 그러나, 3m 지점에 왔을 때, 울타리나 경계선에 평행하게 직진을 한다. 운동장의 너비 방향으로 한쪽 끝에서 트랙에 합류하고, 맞은편 길이 방향에서 이를 반복한다. 말이 잘 하면, 반대쪽 방향으로 반복한다. 그런 다음 5m 완만한 루프(Loop)을 그렸다가 3m 지점으로 돌아오는 약간의 카운터-캔터(Counter-canter)를 한다.

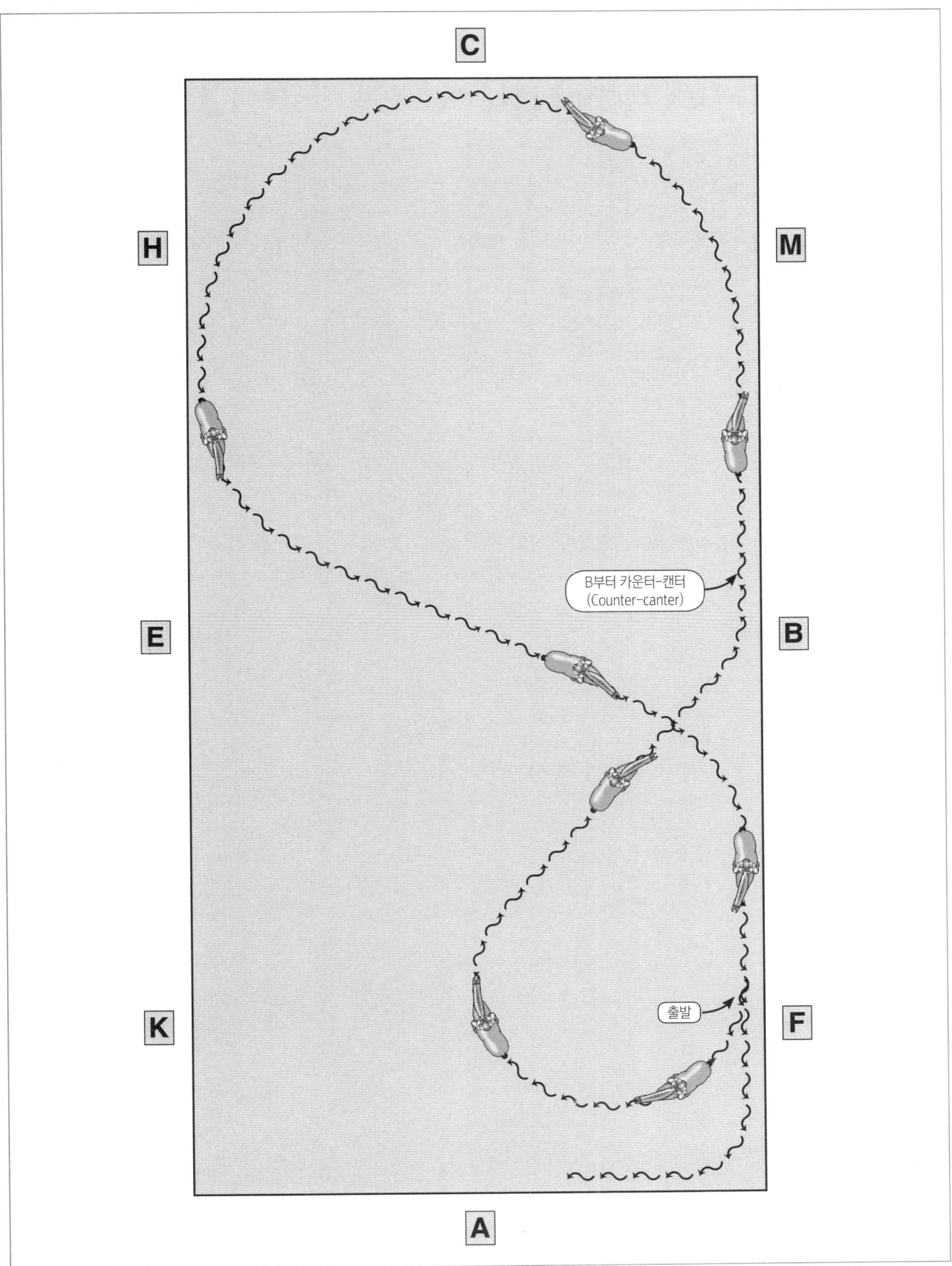

EXERCISE 94

카운터-캔터 원운동 (COUNTER-CANTER CIRCLE)

Beginners
Preliminary
Novice ★★★
Elementary ★★★★
Medium ★★★★★

정 구보로 10m 원을 그리게 되면 말이 격려를 받고 균형을 다시 잡기 때문에 경험이 별로 없는 말에게 좋은 운동이다. 20m 반원을 그리기 위해 카운터-캔터(Counter-canter)를 한다. 보다 경험이 많은 말의 경우에는 플라잉 체인지(Flying Change)와 함께 훈련시켜 말이 정말로 긴장을 유지하게 한다.

1. 이 운동을 어떻게 하나?
- □ 오른쪽 방향으로 카운터-캔터(Counter-canter)를 지시하고, B나 E에서 20m 원을 그리기 시작한다.
- □ 첫 번째든, 두 번째든 중앙선을 지나면서 다리의 리드를 그대로 유지하면서 왼쪽으로 10m 원을 그린다.
- □ 카운터-캔터(Counter-canter)로 20m 원에 합류한다.
- □ 20m 반원을 그린 후에 중앙선으로 돌아올 때, 또 다른 10m 원을 그린다.
- □ 반대쪽 방향으로 반복한다.

2. 말의 상태가 어떻게 되어야 하나?
20m 카운터-캔터(Counter-canter) 원으로 돌아가기 전에 10m 원을 그리면서 안정을 취하고 균형을 다시 잡는다.

3. 확인
운동의 전반부와 후반부 사이에 동일한 리듬을 유지하도록 한다.

4. 다음 단계
20m 원에서 10m 원으로 가면서 플라잉 체인지(Flying Change)를 하도록 지시한다. 카운터-캔터(Counter-canter)에서 카운터-캔터(Counter-canter)로 가야 하므로 어려운 운동이다.

5. 잘못된 사례
원과 다른 원을 그리는 사이에 균형을 잃을 가능성이 있다.
1/2 서펜타인(Half Serpentine)처럼 쉬운 운동을 다시 연습한다.

6. 이 운동이 제대로 되지 않는다면
1/2 서펜타인(Half Serpentine)처럼 쉬운 운동을 다시 연습한다(Exercise 47).

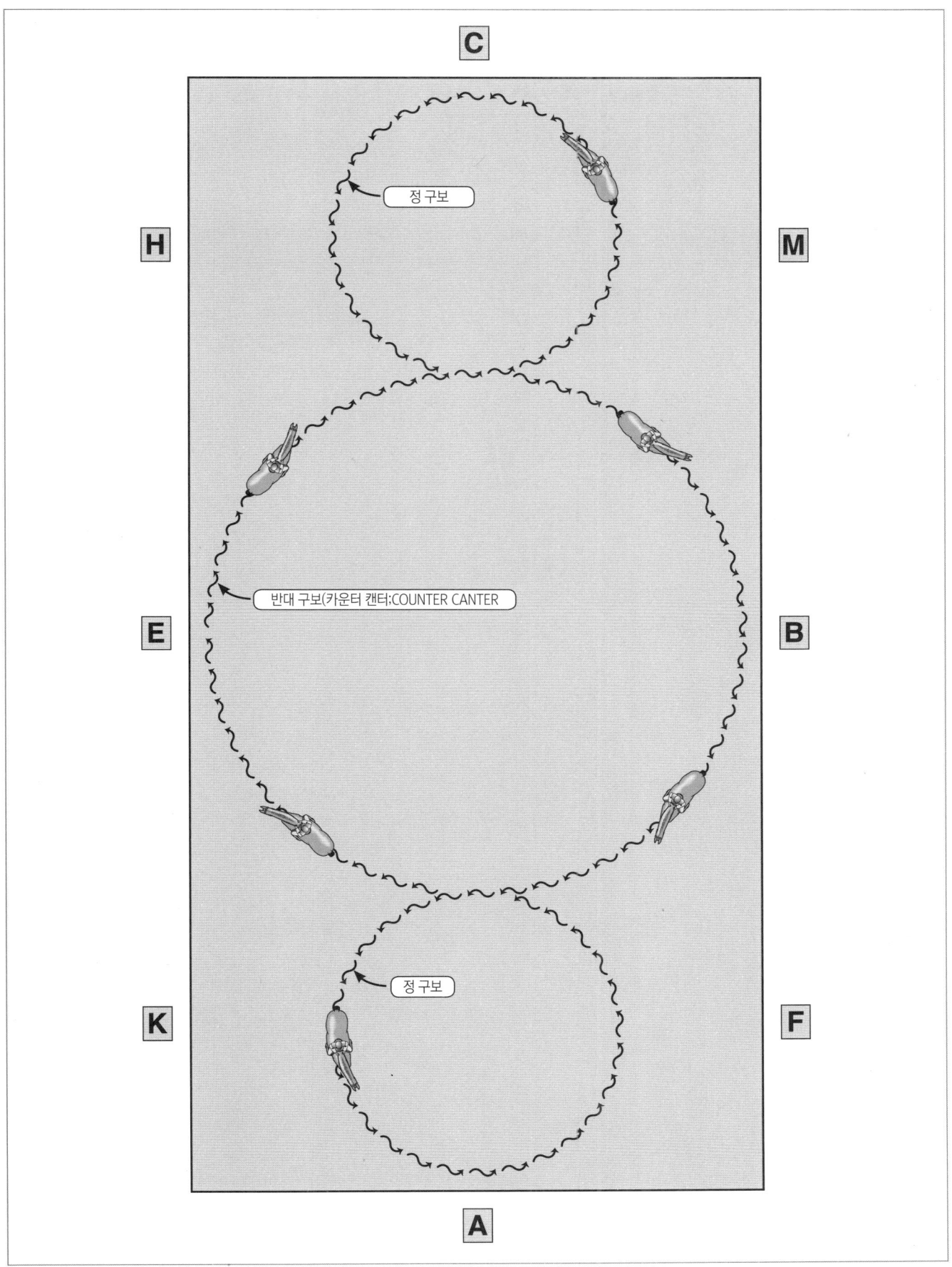

EXERCISE 95

작은 원형을 활용한 카운터-캔터 (COUNTER-CANTER)운동

JOHN LASSETTER

Beginners
Preliminary
Novice ★★
Elementary ★★★★
Medium ★★★★★

이 운동은 비엔나에 있는 스페니쉬 승마학교(Spanish Riding School)에서 사용하는 운동을 현대적으로 해석한 운동이다. 우선, 조금씩 카운터-캔터(Counter-canter)를 구축한다는 생각으로 만든 운동이다. 그러나 카운터-캔터(Counter-canter)를 어려워하는 말에게 도움이 되기도 한다.

기승자 팁

기승자와 말이 카운터-캔터(Counter-canter)교육을 받는 초기 단계에 있다면, 20m 원의 호를 얕게 그려 (거의 일직선에 가깝지만 아주 약간 곡선을 이루도록) 카운터-캔터(Counter-canter)를 수월하게 한다.

1. 이 운동을 어떻게 하나?
- 왼쪽 방향으로 구보를 확립하고 운동장의 한 코너에서 가까운 1/4선에서 시작하여 10m 원을 그리며 운동을 시작한다.
- 이 원이 운동장 중앙에 위치한 20m 원과 외접한다고 머릿속에 그려본다. 1/4선을 다시 가로질러 가며 20m 원에 합류한다. 이렇게 되면 카운터-캔터(Counter Canter) 3~4걸음으로 중앙선을 가로지른다.
- 3/4선에서 두 번째 종속 원을 그린다(정 구보).
- 20m 원에 합류한다. 세 번째 종속 원(정 구보)을 그리기 전에 반대구보로 길게 간다(기승자 팁).
- 세 번째 원을 그린 다음 네 번째 종속 원(정 구보)을 그린다.

2. 말의 상태가 어떻게 되어야 하나?
처음에 카운터-캔터(Counter-canter)를 하는 시간과 10m 원은 말을 연동 및 수축 시키며, 결국 플라잉-체인지(flying-change)를 준비시킨다.

3. 확인
말의 카운터-캔터(Counter Canter) 동작이 한 트랙 위에서 이루어지도록 하고, 렌버스(Renvers) 자세로 가지 않는다.

4. 다음 단계
이 운동을 잘 마치고 나면, 카운터-캔터(Counter-canter)에서 속보를 통해 정 구보에 이르기까지 여러 변화를 시도할 수 있다. 그리고 연습을 통해 심플-체인지(Simple-change), 즉 평보에서 정 구보도 가능하다.

여러분은 점차 종속 원들을 그리면서 구보에서 점프(Jump)가 없거나 말이 보다 집중하게 만들고자 한다면 구보의 질이 떨어진다고 느낄 때에만 이 원들을 포함시킨다. 더욱 활력 있게 만들고자 한다면 카운터-캔터(Counter-canter) 보다는 정 구보를 한다.

모든 동작들을 확립하고 나면, 플라잉-체인지(Flying-change)를 포함하여 운동을 한다. 말이 이행을 할 준비가 되어 있을 때를 알아채는 방법을 익히는 것이 플라잉-체인지(Flying-change)에서 중요하다.

이처럼, 전진하고 필요한 만큼 종속 원을 그려가면서 기승자는 E와 B에서 안쪽 리드로 바꿀 수 있으며, 중앙선을 가로지르면서 바깥쪽 리드로 바꿀 수 있다.

5. 잘못된 사례
(1) 말이 하나의 원형에서 다른 원으로 갈 때 안쪽 어깨로 기울어진다.
카운터-캔터(Counter-canter)를 수월하게 하도록 20m 원의 호를 얕게 그린다. 안쪽 다리를 더 강하게 사용한다.

(2) 길을 잃는다!

이 운동의 원래 목표대로 정 구보로 종속 원을 그려 목표를 다시 확립한다.

6. 이 운동이 제대로 되지 않는다면

카운터-캔터(Counter-canter)로 간단한 운동을 연습한다 (Exercise 89-94).

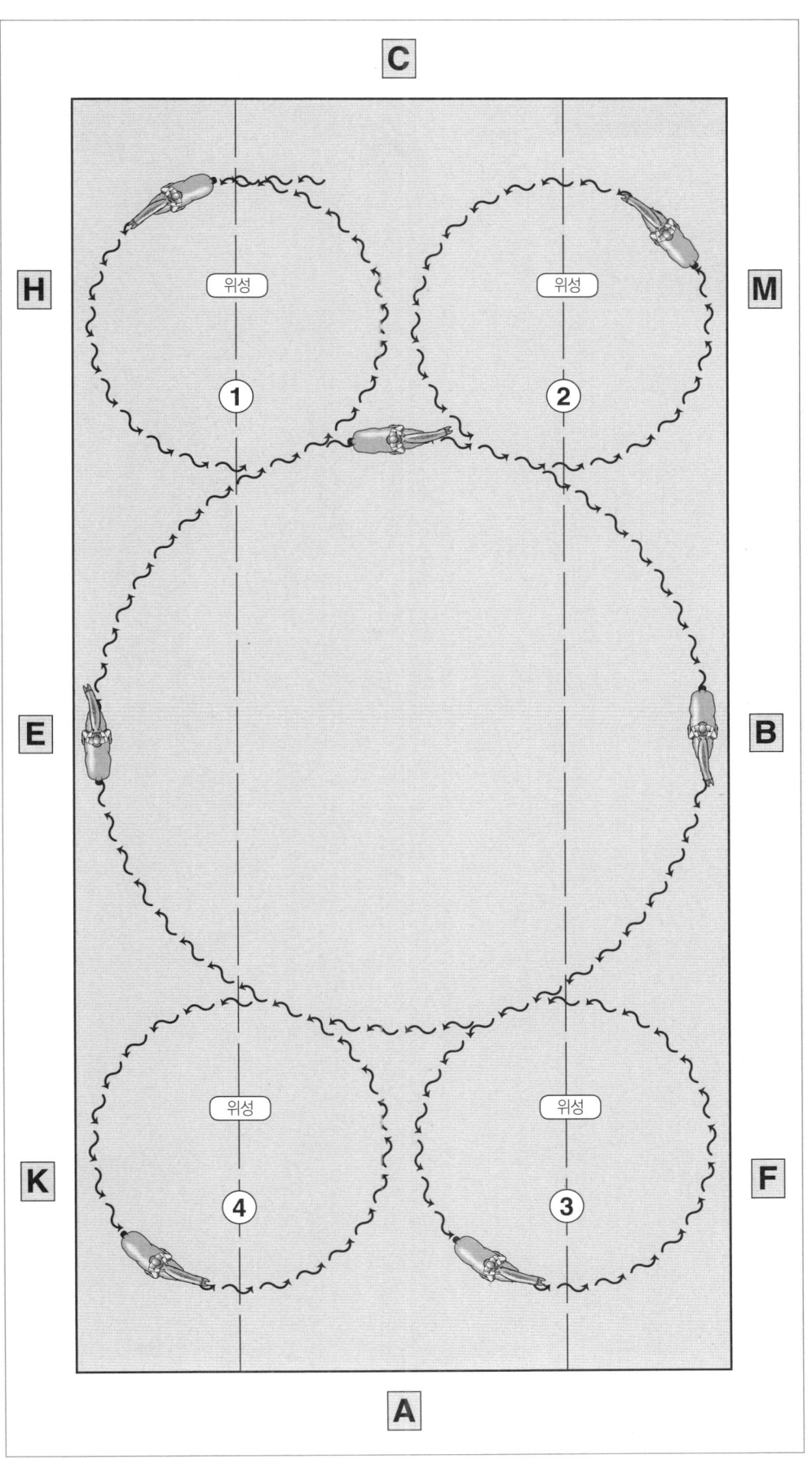

SECTION 9

비상
플라잉-체인지(FLYING-CHANGE)

연습

96	심플-체인지(SIMPLE-CHANGE)를 활용한 플라잉-체인지(FLYING CHANGE) 준비운동	214
97	첫 번째 플라이-체인지(FLYING-CHANGE)	216
98	플라이-체인지(FLYING-CHANGE)로 가는 하프-패스(HALF-PASS)	218
99	서펜티인(SERPENTINE)을 활용한 플라이-체인지(FLYING CHANGE) 준비운동	220
100	서펜타인(SERPENTINE)에서의 플라잉-체인지(FLYING-CHANGE)	222
101	원운동에서의 플라잉-체인지(FLYING-CHANGE)	224

초지에서 구보하는 말을 보면 필요할 때에 매우 자연스럽게 하는 플라잉-체인지(Flying-Change)를 보게 된다. 플라잉-체인지(Flying-change)는 말이 하나의 리드하는 다리를 다른 다리로 바꾸는 것을 말한다. 플라잉-체인지(Flying-change)의 부조는 속보에서 구보로 이행을 지시할 때와 동일하므로 충분히 수축과 훈련이 되어 있는 말로 이행을 할 수 있는 기승자가 이 동작을 원할 하게 할 가능성이 있다. 기승자나 말이 플라잉-체인지(Flying-Change)를 했던 경험이 어느 정도 있고, 말이 일직선에서 제대로 구보를 할 수 있으며, 카운터-캔터(Counter-canter)를 즐거워하고 균형을 잘 맞추는 것이 중요하다. 플라잉-체인지(Flying-change)로 처음 운동을 하기 전에 심플-체인지(Simple-change)로 시작한다.

다리의 변화는 구보의 유연성이 순간에 일어나야 하며, 기승자가 이를 지시하는 정확한 순간은 말의 반응 속도, 교육 단계, 체력 등에 따라 달라진다.

플라잉-체인지(Flying-Change)를 이루기 위한 팁

- [ ] 말이 구보를 할 때 어느 쪽 다리를 선호하는지 알아야 한다. 잘 못하는 쪽의 다리에서 선호하는 쪽의 다리로 플라잉-체인지(Flying-change)하는 법을 먼저 가르치고, 말이 이 운동을 이해하면 그 때에는 반대로 수행한다.
- [ ] 훈련에 도움이 되도록 반복하고(Exercise 13), 훈련 초반에는 항상 운동장의 같은 지점에서 체인지(Change)를 지시한다.
- [ ] 훈련 초반에는 1~2번 정도 바꾸는 것으로 만족하고 말이 지시 사항을 이해하지 못한다고 벌주지 않는다.

심플-체인지(Simple-Change) 와 플라잉-체인지(Flying-Change)와의 관계

- [ ] 심플-체인지(Simple-change)는 구보에서 직접 평보로, 그 다음엔 반대편 리드로 평보에서 직접 구보로 가는 이행을 말한다. 고급 과정에 있는 말은 평보 걸음이 더 적긴 하지만, 마장마술 테스트에서 말은 3~5회의 명확한 평보 걸음을 보여주어야 한다. 심플-체인지(Simple-change)의 진수는 속보 없이 구보에서 평보로, 그 다음엔 평보에서 구보로 직접 간다는 점이다. 초급에서는 아래로 이행에서 속보 걸음을 몇 번 하지만 좋은 성적을 얻지는 못한다. 당신의 목적은 구보에서 평보로 직접 이행을 하는데 있으며 말이 체중을 뒷다리에 싣도록 하고 구보에서 평보로 이행하는 맨 처음 걸음은 조깅이 아니라 깨끗한 평보 걸음이어야 한다.

- [ ] 심플-체인지(Simple-change)는 세 가지 방법으로 플라잉-체인지(Flying-change)를 준비시킨다.

  - 처음에 왼쪽 리드와 오른쪽 리드를 번갈아 가며 하게 되면 말이 더 어려워하는 쪽을 알게 된다. 정확하게 운동을 했을 때 반복적인 심플-체인지(Simple-change)로 불균형을 바로잡게 될 것이다.
  - 구보에서 평보로 이행을 하려면 말의 수축이 상당한 수준에 이르러야 하고, 이는 플라잉-체인지(Flying-change)를 하는데 필요한 수축의 수준이다.
  - 구보를 할 때에 왼쪽 리드에서 오른쪽 리드로 바꾸려면 기승자도 왼쪽 자세에서 오른쪽 자세로 바꾸어야 한다. 심플-체인지(Simple-change)를 통해 여러분이 자세를 바꿀 때 말도 자신의 리드를 바꾸어야 함을 인지하게 된다.

EXERCISE 96

Beginners
Preliminary
Novice
Elementary ★★★
Medium ★★★★★

심플-체인지(SIMPLE-CHANGE)를 활용한 플라잉-체인지(FLYING-CHANGE) 준비운동

말은 어느 쪽으로 리드를 해야 하는지를 지시하는 기승자의 다리와 앉은 자세에 익숙해져서 플라잉-체인지(Flying-change)를 시작할 수 있게 되며, 기승자 다리의 왼쪽 위치에서 왼쪽 리드가, 오른쪽 위치에서 오른쪽 리드가 관련이 있음을 가르친다.

1. 이 운동을 어떻게 하나?
☐ 왼쪽 방향으로 H에서 F까지 사선으로 평보를 한다.
☐ F에 오면 오른쪽 구보를 지시한다.
☐ K를 지나서 바로 B까지 짧게 사선을 돌고, 평보로 몇 걸음 가도록 지시한다.
☐ 왼쪽 구보로 바꾼다.
☐ B에서 회전을 하고, H까지 사선으로 간다. 평보에서 몇 걸음 가도록 지시한다.
☐ 한 번 더 오른쪽 리드로 바꾼다.
☐ 반대쪽 방향으로 반복한다.

2. 말의 상태가 어떻게 되어야 하나?
명확하고 정확하게 심플-체인지(Simple-change)를 하는데 말이 자신감을 갖고 능숙하게 해야 한다.

3. 확인
심플 체인지(Simple-change)를 하는 동안 말이 자세를 똑바로 해야 하며, 보통 새로운 구보 리드에 대한 부조를 주도록 다리를 뒤로 가져갈 때에 말의 후반신이 안쪽으로 가지 않게 해야 함을 뜻한다.

4. 다음 단계
심플 체인지(Simple-change)로 3-루프 서펜타인(Three-loop Serpentine)을 한다.

5. 잘못된 사례
심플-체인지(Simple-change)를 하려고 말을 수축 상태로 만들 때 말이 속보를 한다.
수축을 하도록 말을 훈련시키고, 말이 지시사항을 이해할 때까지 평보 이행을 하지 않고 재 빨리 말을 보낸다.

6. 이 운동이 제대로 되지 않는다면
20m 원을 다시 그리고 원형에서 구보/평보, 평보/구보를 한다. 이는 왼쪽 리드와 오른쪽 리드의 문제없이 이행을 할 수 있음을 뜻한다.

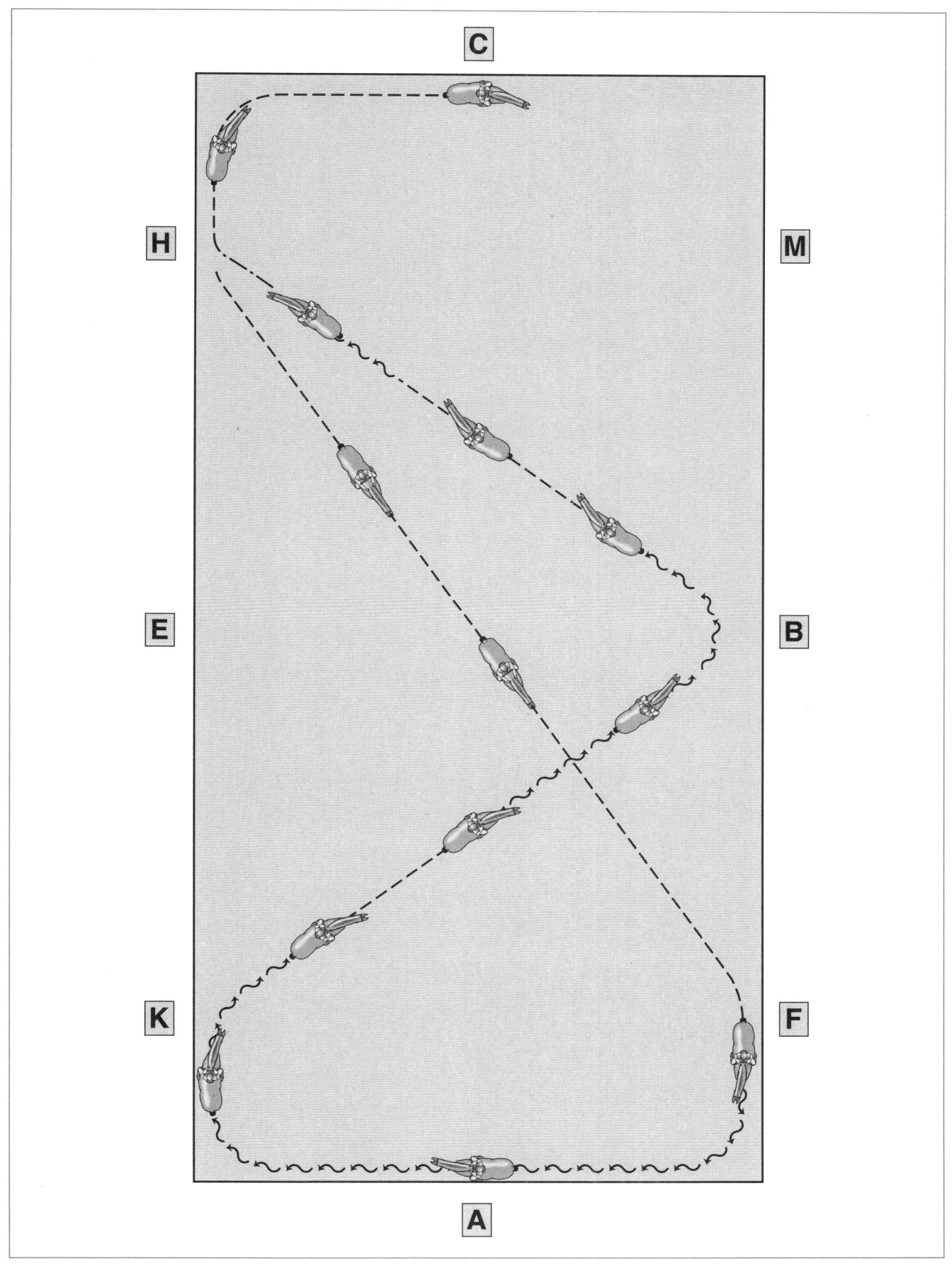

9. 비상 | 215

EXERCISE 97

Beginners
Preliminary
Novice
Elementary ★★
Medium ★★★★★

첫 번째 플라잉-체인지(FLYING-CHANGE)

모든 동작 중에 플라잉-체인지(Flying-change)가 제대로 되지 않을 때 말이 화가 날 가능성이 가장 크다. 균형감각과 진직이 반드시 필요하며, 이 둘을 완벽히 제어할 때까지는 플라잉 체인지(Flying-change)를 하지 않는다. 플라잉-체인지(Flying-change)를 가르치는 방법은 몇 가지가 있지만, 이 운동이 가장 좋다.

보너스
말에게 굴레를 받아들이도록 가르친 이후에, 플라잉-체인지(Flying-change)가 연결 교육에서 할 수 있는 가장 큰 운동중의 하나이다.

1. 이 운동을 어떻게 하나?
- ☐ 오른쪽 방향으로 경기장의 길이 방향을 따라 구보를 확립한다.
- ☐ 끝에 다다르면 중앙선 쪽으로 10m 반원을 그린다.
- ☐ E나 B로 돌아오면서 고삐를 바꾼다.
- ☐ 카운터-캔트(Counter-canter)로 몇 걸음 간다.
- ☐ 코너에 오기 바로 전에 플라잉-체인지(Flying-change)를 해 본다.

2. 플라잉-체인지(Flying-change)를 어떻게 하나?
- ☐ 구보를 확립한다.
- ☐ 하프-홀트(Half-halt)로 말이 집중하게 한다.
- ☐ 복대앞쪽으로 바깥쪽 다리를 움직인다.
- ☐ 거의 자동적으로 반대쪽 다리로 복대 뒤에서 세게 압박한다. 이를 안쪽 다리라 하고, 현재로서는 '새로운' 바깥쪽 다리가 된다.
- ☐ 플라잉-체인지(Flying-change)를 하기 바로 전에 새로운 방향으로 말이 약간 몸을 풀게 하고, 연결을 가볍게 유지하면서 '새로운' 안쪽 손을 약간 허용한다. 고삐로 어깨와 균형, 속력을 제어한다.
- ☐ 말이 한쪽 다리에서 반대편 다리로 점프를 하도록 안장을 충분히 가볍게 하지만, 기좌를 사용해 말이 앞으로 가도록 한다. 새로운 안쪽 좌골은 약간 앞으로 밀려야 한다.
- ☐ 이제 다리를 사용하여 말이 똑바로 직진하게 하고 리듬을 유지하도록 '새로운' 안쪽 다리를 복대에 놓는다.

기승자 팁
말이 균형을 잡는데 방해가 되므로 한쪽 좌골에서 다른 쪽으로 체중을 옮기지 않도록 한다.

3. 말의 상태가 어떻게 되어야 하나?
10m 반원이 말이 수축 하는데 도움이 된다. 트랙으로 돌아오면 말을 반대구보에서 단련시킬 수 있으므로, 플라잉-체인지(Flying-change)를 지시할 때에 코너를 돌기 전에 일직선으로 간다.

4. 확인
말을 과하게 압박하지 말고 차분하게 한다.

5. 잘못된 사례
말이 플라잉-체인지(Flying-change)를 예상하면서 속도를 올릴 수도 있다.
그런 경우에는 약간 나중에 플라잉-체인지(Flying-change)를 한다. 말의 속도를 늦추도록 심플-체인지(Simple-change)를 통해 카운터-캔터(Counter-canter)에서 정 구보로 이행을 하며 원을 그린다.

6. 이 운동이 제대로 되지 않는다면
심플-체인지(Simple-change)를 다시 연습한다(Exercise96).

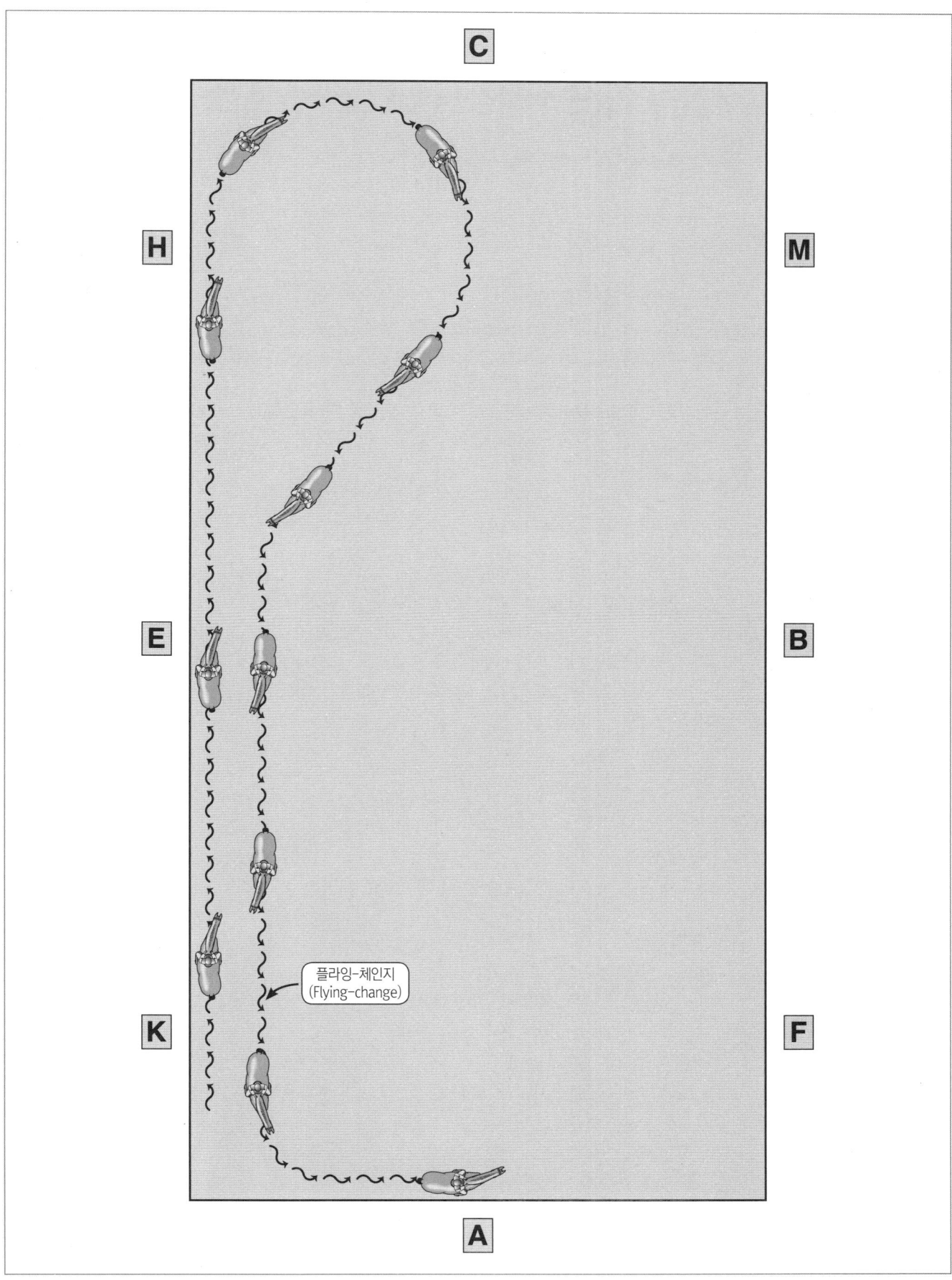

EXERCISE 98

플라잉-체인지(FLYING-CHANGE)로 가는 하프-패스(HALF-PASS)

Beginners
Preliminary
Novice
Elementary
Medium ★★★★★

이 운동에는 수축과 복종이 상당 수준 이루어져야 한다. 또한 구보 하프-패스(Half-pass)도 캔터-피루엣(Canter-pirouette)을 준비하기에 좋다. 측면 벤드(Bend)가 좋아지기 때문에 말이 보다 연결하고 기술을 완성 하는데 도움이 되며, 체중을 안쪽 뒷다리에 더 싣도록 하므로 플라잉-체인지(Flying-change)시에 보다 뛰어 올라 보기 좋게 할 수 있다.

기승자 팁

카운터-캔터(Counter-canter)로 직선 걸음을 몇 번 하게 되면 말이 동작 순서에 익숙해질 시간이 생긴다.

1. 이 운동을 어떻게 하나?
- ☐ M에서 F까지 오른쪽 방향으로 구보를 확립한다.
- ☐ A에서 시작하여 중앙선에서 방향전환을 하고, 트랙에 돌아와 오른쪽으로 하프-패스(Half-pass)를 해서 B와 M 사이의 트랙에 온다.
- ☐ 몇 걸음 구보로 똑바로 가다가 M 바로 전에서 플라잉-체인지(Flying-change)를 지시한다.
- ☐ 말이 균형을 다시 잡도록 운동장의 바깥쪽에 있는 트랙을 이용하여 말이 A에서 왼쪽 리드로 중앙선에 돌아올 준비를 다시 갖추게 한다.
- ☐ H와 E 사이의 트랙으로 돌아오도록 하프-패스(Half-pass)를 한다.
- ☐ H에서 플라잉-체인지(Flying-change)를 하도록 몇 걸음을 똑바로 간다.
- ☐ 걷기와 쉬기를 하기 전에 트랙 주위를 잠깐 돈다.

2. 말의 상태가 어떻게 되어야 하나?
플라잉-체인지(Flying-change)를 하기 전 하프-패스(Half-pass)로 말이 수축이 되어 기승자의 바깥쪽 다리에 집중한다. 이 경우에는 우측 하프-패스(Half-pass)에서 왼쪽 다리이며, 기승자가 부조를 바꾸고 플라잉-체인지(Flying-change)를 수행하기 위한 부조로 오른쪽 다리를 뒤로 하면 말이 집중하게 된다.

3. 확인
하프-패스(Half-pass)와 플라잉-체인지(Flying-change) 사이에 말이 몸을 펴게 한다.

4. 다음 단계
Exercise 87에서 설명한 대로 손의 자세를 반대로 바꾼다.

5. 잘못된 사례
말이 앞이나 뒤에서 리드를 바꾼다.
이는 분리가 되었다고 표현하며, 아래 두 가지 방법 중 하나를 선택한다.

(1) 중지하고 원래의 다리를 사용해서 구보로 발진을 다시 한 다음, 플라잉-체인지(Flying-change)를 지시한다. 그렇게 하면, 말이 플라잉-체인지(Flying-change)하라는 부조에 제대로 하는 방법을 배우게 된다. 앞이나 뒤에서 튀어 오르는 것이라고 말한다.

(2) 구보를 계속 하면서 말이 원래의 리드로 돌아오도록 바꾸기를 설득하고, 두 번째로 플라잉 체인지(Flying-change)를 부탁한다. 이런 방법은 전진 부조에 반응하지 않거나 앞으로 가지 않는 고집 센 말에게 좋다.

6. 이 운동이 제대로 되지 않는다면
때로 말이 하프-패스(Half-pass)에서 수축에 부담이 생겨 플라잉-체인지(Flying-change)를 한다.

그런 경우에는 말이 이 운동을 완전히 수월하게 할 때까지 트랙에서 중앙선까지 하프-패스(Half-pass)를 하고, 플라잉-체인지(Flying-change)를 하지 않은 채로 똑바로 가며 이를 반복한다.

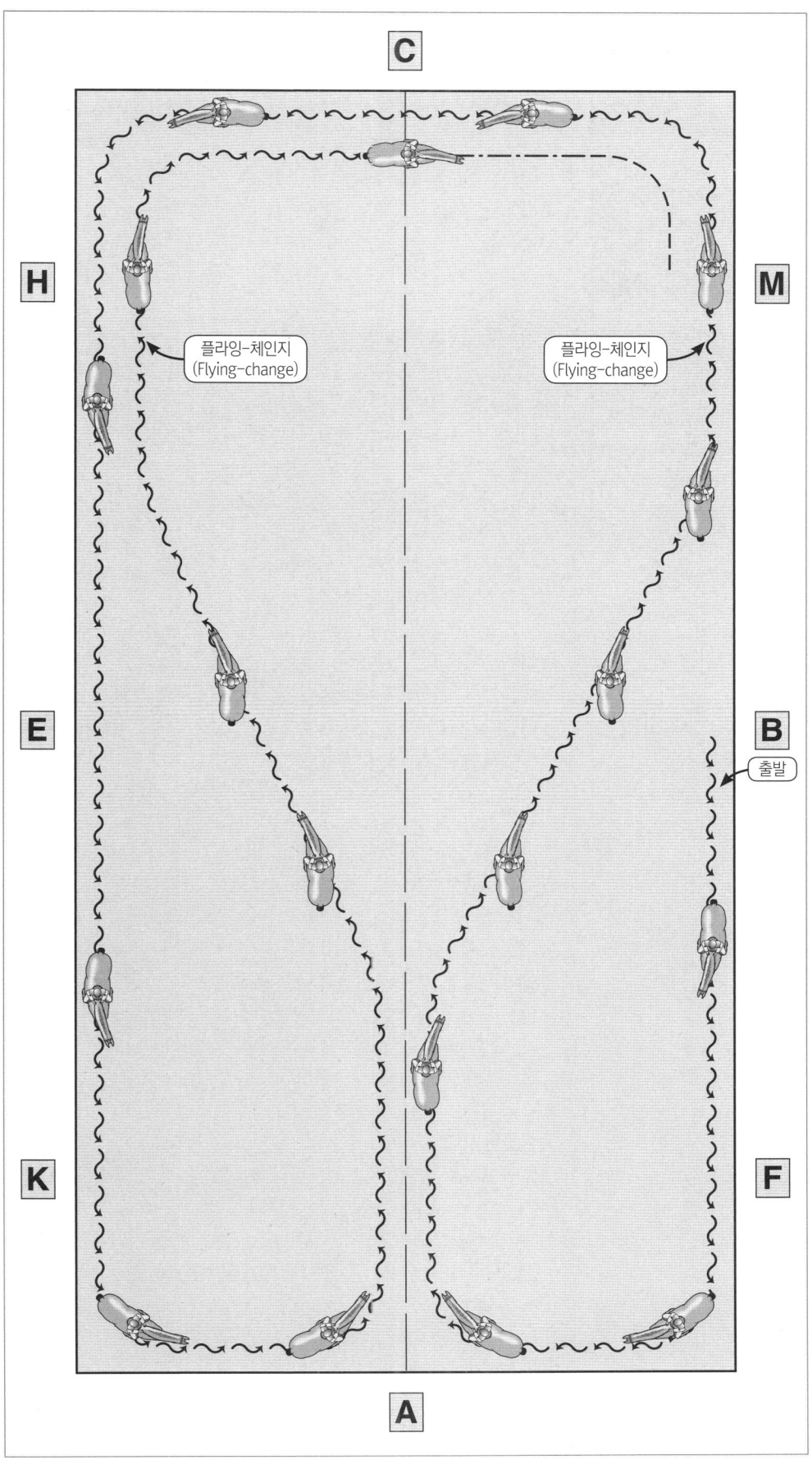

EXERCISE 99

서펜타인(SERPENTINE)을 활용한 플라잉-체인지(FLYING-CHANGE) 준비운동

Beginners
Preliminary
Novice
Elementary
Medium ★★★★★

서펜타인(Serpentine)에서 플라잉-체인지(Flying-change)를 준비하고 보여주는 시간은 운동장의 어디에서든 짧다. 그래서 운동장을 가로질러 적절한 곡선으로 트랙을 돌고, 쭉 뻗는 두 걸음 내에서 플라잉-체인지(Flying-change)를 시연하는 것은 상당한 도전과제이다. 말이 서펜타인(Serpentine)에서 플라잉-체인지(Flying-change)를 하는데 도움이 되려면 E/B(중간)선에서 연습하는 게 좋다.

보너스
플라잉-체인지(Flying-change)를 준비하는데 가장 좋은 방법은 서펜타인(Serpentine)을 그리면서 하는 것이다.

1. 이 운동을 어떻게 하나?
☐ 왼쪽 방향으로 F에서 길이 방향으로 구보를 하면서 올라오고 B에서 왼쪽으로 방향 전환한다.
☐ 몇 걸음 걷도록 말의 몸을 똑바로 한다.
☐ X에서 플라잉-체인지(Flying-change)를 한다.
☐ E에서 오른쪽으로 방향 전환한다.
☐ 운동장을 돌다가 B에서 오른쪽으로 방향 전환한다.
☐ 말의 몸을 펴게 한다.
☐ X에서 플라잉-체인지(Flying-change)를 한다.
☐ E에서 왼쪽으로 방향 전환한다.

2. 말의 상태가 어떻게 되어야 하나?
바깥쪽 다리와 고삐로 균형을 잡으며 말이 제대로 방향 전환을 해야 하며, 운동장의 중앙선에 도착해서 X에 오기 5m 전까지 오도록 한다. 5m 거리에서 말은 플라잉-체인지(Flying-change)와 올바른 부조를 시연할 가능성이 있다.

3. 확인
바깥쪽 다리와 고삐로 말이 방향 전환을 하는지 확인하고, 1/2로 방향 전환을 하는 동안 바깥쪽으로 미끄러지지 않도록 안쪽 고삐로 둘러싸서 당기지 않는다.

4. 다음 단계
말이 운동장 절반 라인에서 이 운동을 하는데 자신감을 얻게 되면, 두 가지로 방향 전환을 한다. 운동장을 가로 질러 처음으로 방향 전환을 하도록 F와 B 사이의 중간지점에서 왼쪽으로 방향 전환을 한다. 그 다음, 운동장을 가로질러 두 번째로 E와 H의 중간지점에서 오른쪽으로 방향 전환한다. 실질적으로, 이는 사각 서펜타인(Square Serpentine)이라고 한다.

5. 잘못된 사례
말이 B에서 균형을 잃고 제대로 회전을 하지 않아 말의 오른쪽 어깨가 기울어져 플라잉-체인지(Flying-change)를 시연할 수 없다.
이 상황에서, 플라잉-체인지(Flying-change)를 위한 것처럼 말을 더 튼튼하게 하고 정렬된 상태로 만들도록 운동장의 너비 방향을 이용할 수 있지만, E에서 왼쪽으로 방향 전환을 하고, 돌아와서는 다시 말에게 시도한다.

6. 이 운동이 제대로 되지 않는다면
운운동장의 너비 방향을 이용하여 플라잉-체인지(Flying-change)를 하는 것처럼 몸을 더 튼튼하게 해주되, 플라잉-체인지(Flying-change)를 하지는 말고 다시 E에서 왼쪽으로 간단히 방향 전환을 한다.

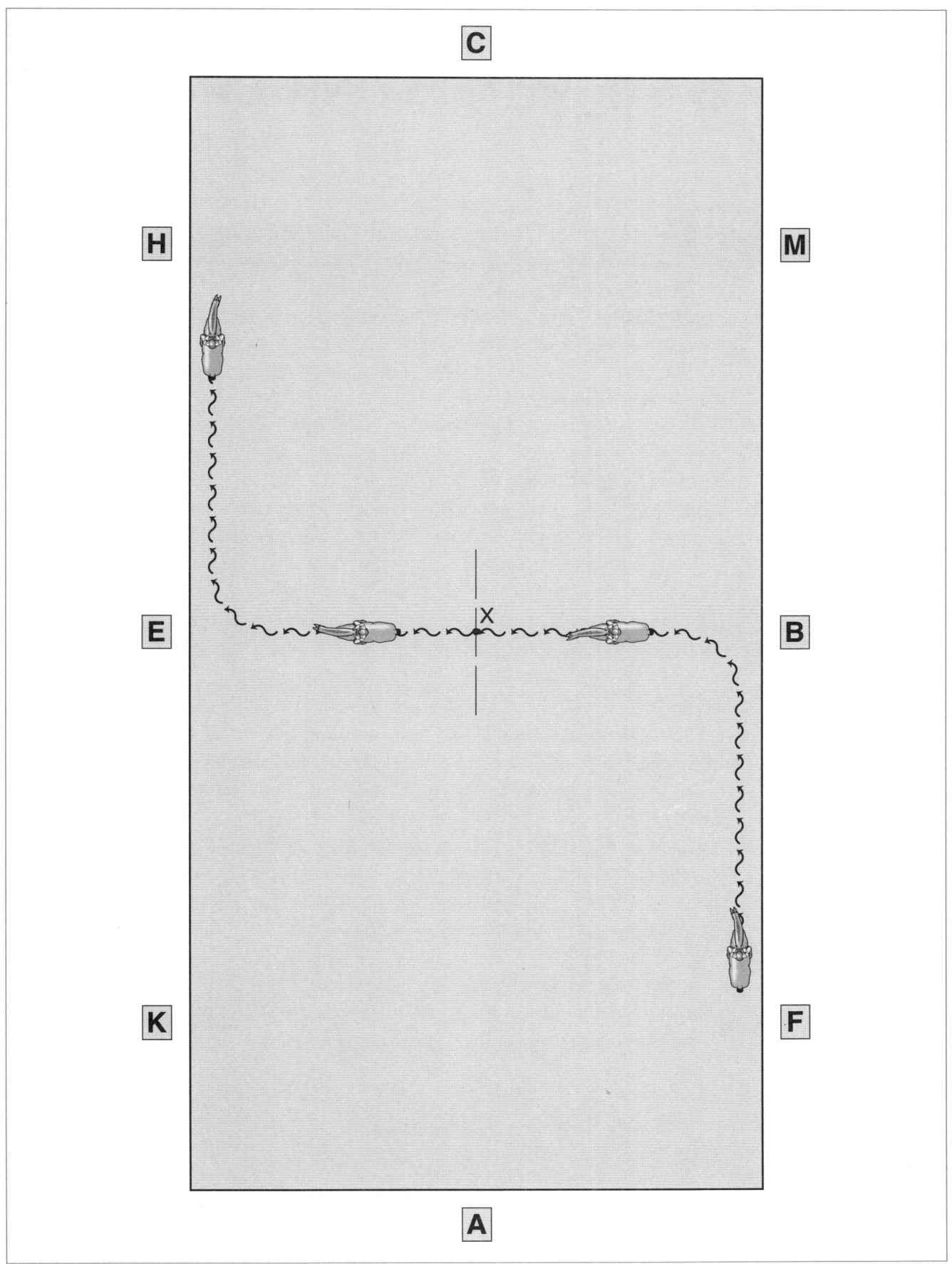

EXERCISE 100

Beginners
Preliminary
Novice
Elementary
Medium ★★★★★

서펜타인(SERPENTINE)에서의 플라잉-체인지(FLYING-CHANGE)

서펜타인(Serpentine)에서 플라잉-체인지(Flying-change)를 하려면 말이 플라잉-체인지(Flying-change)를 준비할 시간이 거의 주어지지 않으므로 이 동작은 실제로 매우 어렵다. 이를 위해서는 말이 균형을 매우 잘 잡아야 하나, Andrew Day에 의하면 '매우 재미있다.'고도 표현한다.

보너스
말이 구보에서 왼쪽과 오른쪽 고삐를 비교할 수 있으므로 좋은 운동이다. 또한 중급 영국 마장마술 테스트 대부분과, 고급 테스트의 일부에 특별히 포함된다.

1. 이 운동을 어떻게 하나?
- ☐ A에서 오른쪽 구보로 3-루프 서펜타인(Three-loop Serpentine)을 시작하고, 중앙선을 가로지르면서 플라잉-체인지(Flying-change)를 지시한다.
- ☐ 말이 편안해 하는 모양으로 서펜타인(Serpentine)의 루프(Loop)를 유지한 상태로, 플라잉-체인지(Flying-change)를 지시하도록 직선걸음 몇 걸음으로 간다.
- ☐ 운동장의 맞은편으로 가서 트랙에 합류하고 이를 반복한다.

2. 말의 상태가 어떻게 되어야 하나?
말은 루프(Loop)의 각 원호를 마무리하고, 기승자는 플라잉-체인지(Flying-change)를 위해 말을 더 확실히 준비시킨다. 말은 중앙선에서 정돈되고 잘 조정된 플라잉-체인지(Flying-change)를 하고, 다음 루프(Loop)의 원호를 만나기 위해 시작하기 전에 1과 1/2 또는 두 걸음을 간다.

3. 확인
플라잉-체인지(Flying-change)를 하기 전에 말이 몸을 똑바로 하는지 확인한다.

4. 다음 단계
중앙선에서 플라잉-체인지(Flying-change)와 함께 반대로 3-루프 서펜타인(Three-Loop Serpentine)을 할 수도 있다. 프리스타일(Freestyle)을 연습하는데 좋은 운동이다.

5. 잘못된 사례
말이 너무 성급하거나 너무 느긋해서 '망가진' 또는 '깨진' 체인지(Change)라고 알려진 행동을 한다. 그 가장 일반적인 원인은. 플라잉-체인지(Flying-change)를 하기 전에 기승자가 말을 튼튼하게 할 수 있음을 예방하여 말의 입장에서 균형을 잃었기 때문이다. 그런 경우, 대부분 준비 시간을 갖는 초반에 플라잉-체인지(Flying-change) 운동을 다시 연습한다.

6. 이 운동이 제대로 되지 않는다면
말이 플라잉-체인지(Flying-change)를 준비하기 위해 일직선에서 오랜 시간을 보내는 경우 쉽고 간단한 플라잉-체인지(Flying-change) 운동을 다시 연습한다.

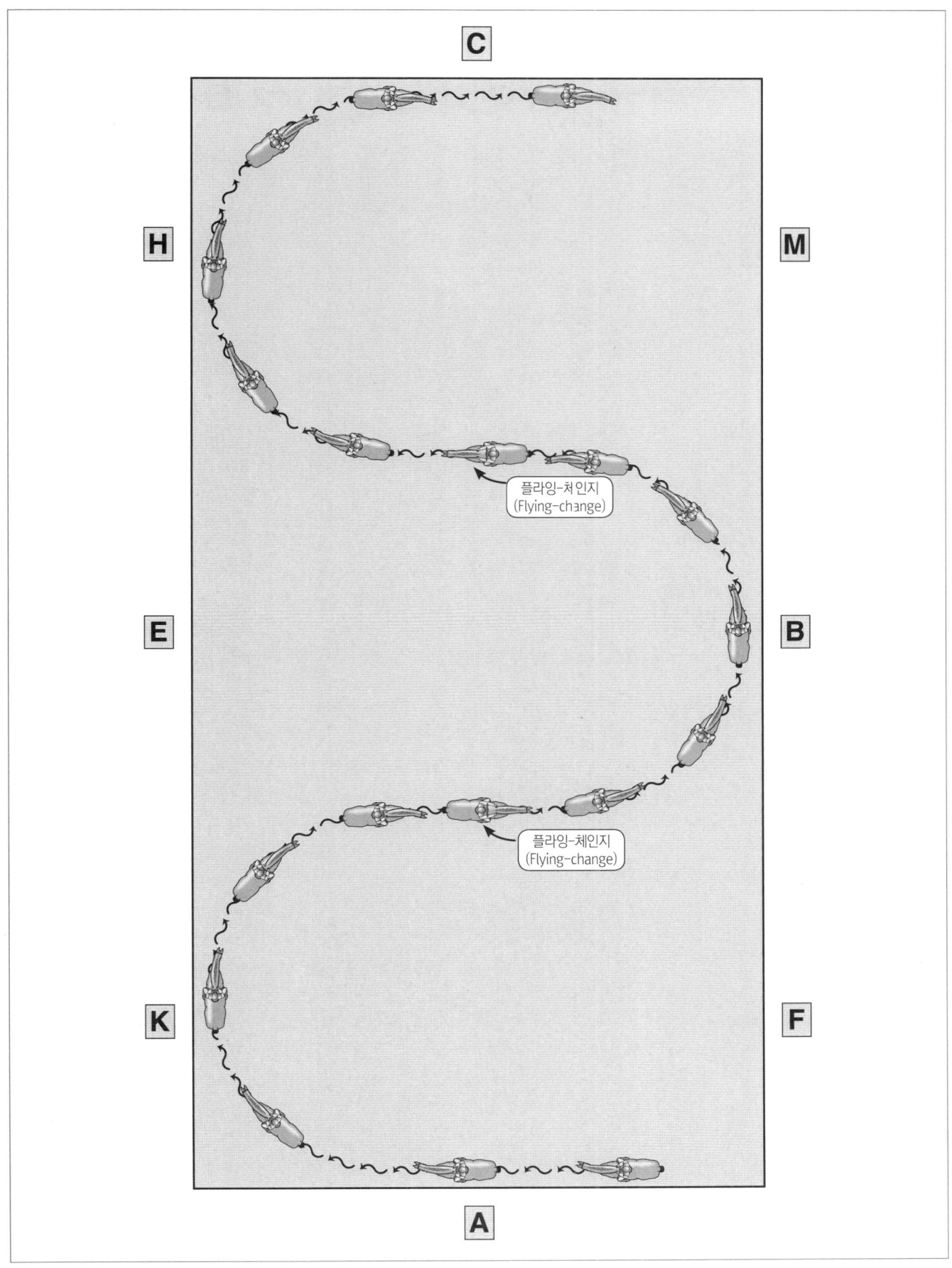

EXERCISE 101

Beginners
Preliminary
Novice
Elementary
Medium ★★★★★

원운동에서의 플라잉-체인지(FLYING-CHANGE)

말에게 원형에서 플라잉-체인지(Flying-change)를 하도록 가르치는 것은 말이 자신의 기술을 키우는데 아주 좋은 방법이며, 어드벤스(Advanced), 프리스타일(Freestyle) 마장마술 경기에서 중요하기도 하다. 이 운동은 실제로 전진 동작을 개선시키는데도 좋고, 말이 스스로 고양되어 플라잉-체인지(Flying-change)를 보다 명확히 표현하도록 하는 게 중요하다.

1. 이 운동을 어떻게 하나?
- □ E나 B에서 오른쪽 방향으로 구보로 20m 원을 그린다.
- □ E를 지나면서 바깥쪽 리드로 플라잉-체인지(Flying-change)한다.
- □ 그런 다음, B를 지나면서 또 한 번 플라잉-체인지(Flying-change)해서 안쪽 리드로 돌아온다.

2. 말의 상태가 어떻게 되어야 하나?
이 운동에서 말은 새로운 안쪽 뒷다리로 앞으로 나가야 하므로 이 운동을 하기 전에 반대구보로 충분히 균형을 맞춰줄 필요가 있다.

3. 확인
반대구보(카운트 캔터 : Counter Canter)와 정 구보에서 모두 동일한 리듬을 유지하도록 하자.

4. 다음 단계
E와 B, 중앙선을 매번 지날 때 등 4번의 플라잉-체인지(Flying-change)를 한다.

5. 잘못된 사례
말이 측면으로 점프한다.

플라잉-체인지(Flying-change)에서 일어나는 대부분의 문제는 부정확한 준비 또는 부적당한 부조로 인해 발생한다. 흔들거나 측면으로 점핑하는 것은 강한 다리 부조와 고삐를 너무 세게 잡아당겼기 때문이다. 말이 플라잉-체인지(Flying-change)를 통해 똑바로 가야 할 때에 실질적으로 여러분은 말을 측면으로 몰고 있다. 부조로 말을 일직선으로 유지하고, 상당한 추진과 함께 앞으로 가도록 집중해야 한다.

6. 이 운동이 제대로 되지 않는다면
일직선에서 플라잉-체인지(Flying-change)를 다시 연습한다.

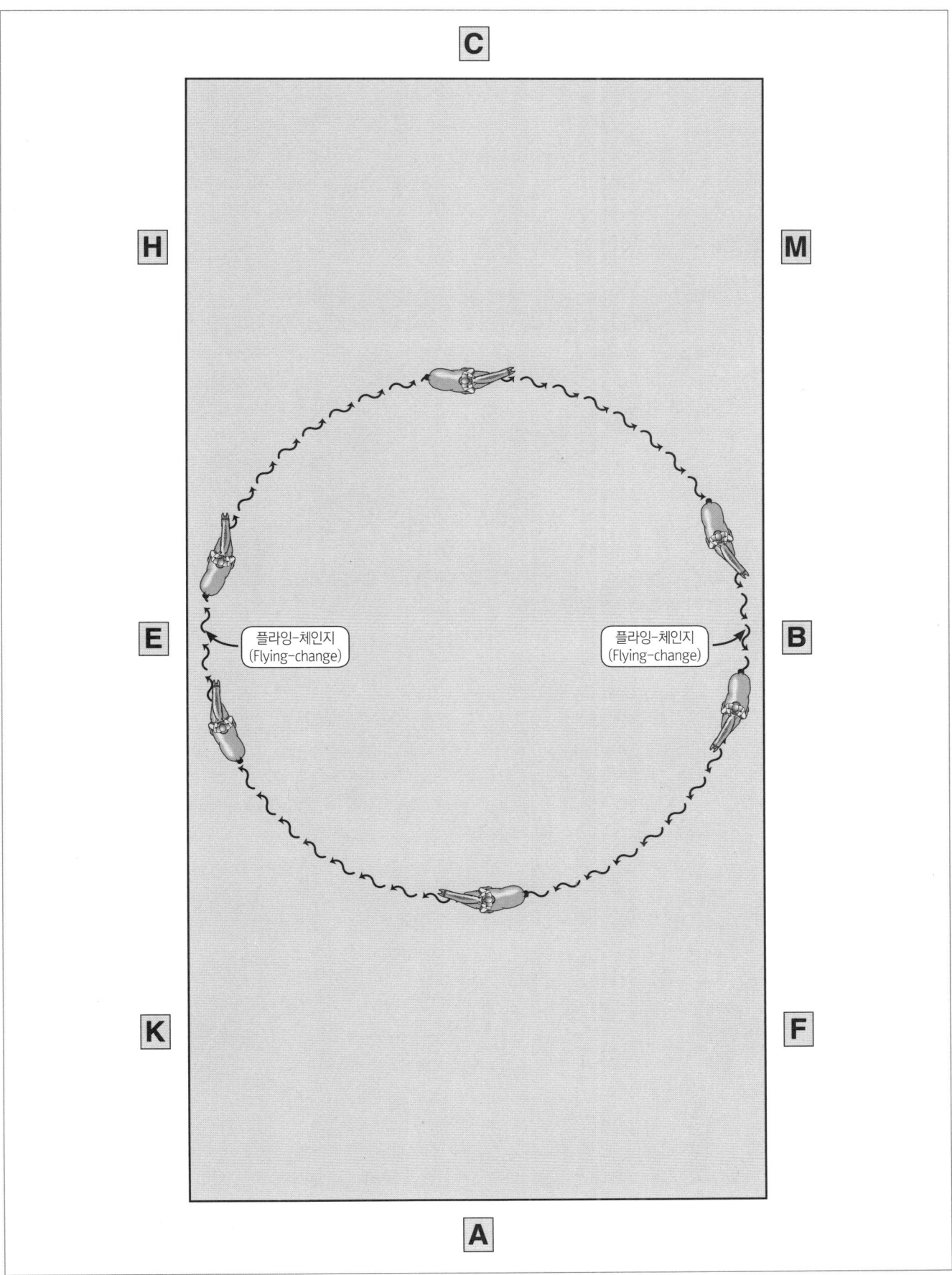

Celebrity 약력

이 책을 집필하는데 자신들이 선호하는 Schooling Exercises를 친절하게 말해준 모든 유명 승마인들에게 심심한 감사를 표한다. 국제공약과 바쁜 일정에도 불구하고, Schooling의 가치를 충분히 믿어 자신의 전문지식과 경험을 전달해 주고자 했다. 이들의 명성은 익히 들어 알고 있겠지만, 2005년 5월 이 책을 출판한 시점까지의 약력 사항을 아래와 같이 요약했다.

RICHARD DAVISON

2003년 British Dressage National Champion으로 올림픽 3회, 세계승마대회 2회, 유럽선수권대회 3회, 월드컵 결승 4회에 출전한 Great Britain 국가 대표이다. Stafford의 Uttoxeter 출신인 이 노련한 마장마술 선수는 유럽 및 다른 세계 국가들과 겨루는 국제적인 선수라 할만하다. Conrad Schumacher에게 훈련을 받은 Richard는 경기에 출전하지 않을 때에는 상당히 인기 있는 코치이자 임상 의사이다. 그는 FEI Dressage Committee의 일원이며, Intrenational Dressage Riders Club의 부회장이기도 하다. Dressage Magazine의 '올해의 트러이너' 및 Horse & Hounds의 '올해의 승마 선수'를 수상하기도 했다.

KAREN DIXON

18세에 시작해서 20여 년 동안 국제 경기에 참여했다. 이 기간 동안 Great Britain 국가 대표로 올림픽에 4회 출전을 하기도 했다. 영국에서 열리는 모든 굵직한 국제종합마술 대회에 참여하면서 Karen은 유명하고 존경받는 선수가 되었다. 경기에 출전하지 않을 때에는 County Durham에 있는 자신의 운동장에서 말과 다른 선수들을 훈련시킨다.

PIPPA FUNNELL

2003년 Pippa Funnell은 34세의 나이로 세계 1위의 선수가 되었다. 같은 해에 Pippa는 Rolex Grand Slam or Eventing에 나가 Burghley, Lexington, Badminton 부분에서 승리했으며, 2004년에는 아테네 올림픽에서 영국 대표선수로 출전했다. 이 올림픽은 피파가 두 번째로 영국 대표로 출전한 경기였으며, 2000년 시드니 올림픽에서는 개인 부문 은메달과 단체부문 동메달을 획득 했었다. Pippa는 열정을 쏟아 국제 경기에 돌파구를 마련하면서 다시 경기를 펼치려 했다. 스포츠 심리학자의 도움으로 한 번은 경기에 출전했지만, 이후로는 경기에 미련을 버렸다.

MARY KING

대다수의 일반인에게 국제적인 선수의 이름을 대라고 하면, 'Mary King'을 답한다. Mary가 20여 년간 종합마술 경력을 쌓는 동안, 국가 대표 선수로 2004년 아테네 올림픽을 포함해서 총 4회의 올림픽에 출전했다. 세계 챔피언십과 유럽 챔피언십에서 4개의 단체 부문 금메달을 받았으며, 영국 챔피언을 4번 획득 했었다.
이 모든 명성으로 Mary는 자신의 스포츠에 철저하고 헌신적으로 전념한다. 경기를 하지 않을 때에는 Sidmouth Devon에 있는 집에서 열심히 말과 다른 선수들을 훈련시킨다.

JOHN LASSETTER

John이 말을 다루는 능력은 아주 어렸을 때부터 확연히 드러났으며, 말로 인해 배우가 되고자 하는 꿈을 접었다. John은 자신만의 즐거운 피날레를 통해 전국의 설명회와 상담소에서 폭넓은 관객에게 마장마술 선수의 기술을 선보였다.
John은 비엔나의 스페인 승마 학교에서 보기 드물게 장학금을 받았으며, 소뮈르(Saumur)에 있는 Cadre Noir에게 훈련을 받았다. 성공적인 국제 선수로서 유럽 도처의 상담소에서 일을 했으며, Sussex의 Goodwood에 있는 자신의 집에서 아내 Charlotte의 도움을 받아 영국에서 말과 선수를 훈련시켰다.

SYLVIA LOCH

40년의 국제 경력이 있는 Classical Equitation의 선수이자 코치이다. 저서와 비디오, 상담소 등으로 잘 알려져 있는 Sylvia는 수천 명의 선수들이 말에 대해 보다 이해를 할 수 있도록 도움을 주었다. 처음엔 포루투갈에서 훈련을 받고 Nuno Oliveira 등의 거장의 영향을 받아 Sylvia는 말과 기승자 모두의 생채역학을 이해하는 데 힘을 기울였다. 1996년에 Sylvia는 '승마술에서의 조화'란 원칙을 퍼뜨리고 교육 및 논의를 위한 포럼을 하도록 Classical Riding Club을 설립했다. 자세한 사항은 www.classical-dressage.net에서 볼 수 있다.

JENNIE LORISTON-CLARKE

1972년에서 1988년(1980년 Goodwood에서 열린 대체 올림픽)까지 매년 올림픽에 영국 국가 대표로 출전했다. World Equestrian Championships과 Equestrian 월드컵 결승전 등에 출전 하다가 제10회 Addington 내셔널 챔피언십 그랑프리에서 우승한 후에 1995년에 국제 경기에서 은퇴 했지만 영국 내에서는 아직도 경기에 출전하고 있다.

Jennie는 지금도 말을 사육하고 훈련시키며, 영국과 국제대회에서 심사위원을 하기도 한다. Jennie의 훈련과 Jennie가 기르는 Catherstone Stud의 말들은 승마의 세계에서 그 영향력을 확실히 펼치고 있다.

LIZZIE MURRAY

Lizzie Murray의 성공은 17세부터 시작되었다. Jennie Loriston-Clarke의 딸인 Lizzie는 2살 때부터 말을 타기 시작했으며, 이제는 매우 성공적인 Catherstone Stud에서 말을 타기도하고 말과 선수들을 훈련시키기도 하며 어머니 곁에서 일을 한다.

Lizzie는 현재 33세로 마장마술 기술가로 가장 잘 알려져 있으며, 1996년 올림픽 게임에서 종합마술과 장애물 비월 등 다른 승마경기에서 가장 이름이 많이 올랐다. Lizzie는 자신의 승마 경력에 자신의 어머니와 Henk Van Bergan의 영향을 상당히 받았다고 말한다. "어렸을 때 어머니의 말을 돌보면서 여행한 것이 아주 행운이었어요. 그러면서 최고의 기승자들을 볼 수 있었어요."

LEE PEARSON

2004년 아테네 올림픽에서 31세의 Lee Pearson이 장애인 올림픽 단체 부문에 두 번째로 국가 대표로 출전했다. Lee는 비장애인 경기에도 출전했으며, 2004년 동계 마장마술 챔피언십의 중급 장애부문에서 2위를 차지했다.

Lee는 경기보다는 훈련을 좋아했으며, 학교에서의 훈련을 "놀이"라고 한다. '놀이라고 하긴 하지만, 경기장에서 이하는 시간이 있고 정신없는 때도 있죠'라고 Lee는 말한다. Lee는 1시간 내지 1시간 20분정도를 조교한다. 이 시간은 평균보다 약간 많은 기간인데, '다른 기승자만큼 체력이 좋지 않아서 그렇게 해요. 내가 원하는 바를 말이 그대로 하는 게 좋아요. 말에게 절대로 강요한 적은 없어요. 그냥 말이 그렇게 말을 듣죠. 제 말들은 제 마음을 읽을 수 있어요. 그리고 여전히 그대로 하길 원하지 않는다고 결정을 하죠. 조교를 할 때에는 너무 원칙대로 하는 것보다는 유연하게 대처할 필요가 있다.'고 그는 말한다.

TIM STOCKDALE

본서는 저술하는 시점에 Tim Stockdale은 영국 장애물비월협회에서 8위를 차지했다. 그는 Great Britain 국가 대표로 Nations Cup 단체 부문에 33회 출전했으며, 2002년에는 World Equestrian Games 단체 부문에도 참여하고, Hose of the Year Show Grand Prix에서 우승하고도 했다. Tim은 7세 때부터 말을 타기 시작해서 Pony Club에도 순위를 올렸으며, Mike Saywell과 Graham Fletcher와 훈련을 받기도 했다. 그는 정기적으로 경기에 출전하며, Northamptonshire에 있는 자신의 운동장서 전문적으로 장애물선수를 대상으로 훈련을 한다.

Exercise 색인

여기에서의 번호는 페이지가 아니라 Exercise 번호이다.

Aids 34, 36, 39, 40, 45, 52, 63, 65, 80, 83, 87, 89~95, 96~101

Balance 3, 4, 7, 26, 29, 33, 31, 34, 40, 41, 44, 46, 47, 48, 52, 63, 65, 66, 70, 74, 84, 88, 89~95, 96~101

Canter 6, 69, 90, 92
Circles 6, 7, 24, 25, 26, 27, 28, 33, 31, 32, 34, 35
Collection 8, 10, 11, 19, 44, 69, 75, 79, 91, 92
Counter canter 47, 48, 89~95, 98

Davison, Richard 14
Dixon, Karen 88

Engagement 6, 16, 24, 33, 35, 37, 38, 46, 56, 59, 61, 74, 80, 89~95
Extended walk 64, 65
Extension 19, 21

Falling through the quarters 11
Falling through the shoulders 3, 4, 6, 25, 27, 34, 36, 48, 52, 58, 64, 67, 75, 77, 84
Figure of eight 30, 31, 85

Flying changes 21, 30, 32, 41, 43, 76, 89~95, 96~100
Forehand(lightening), engagement도 참조 37, 38, 89~95
Forehand(turn around) 49
Funnell, Pippa 2, 5

Half-halt 13, 14
Half-pass 71, 81~88
Halt 1, 17
Hind legs(몸통 아래 오도록) 17, 22, 25, 26, 28
Hollowing 19, 22, 26, 34

Impulsion 23, 64, 101
Indirect aids(outside aids 참조)
Insids aids 10, 50, 53, 67, 77, 84

King, Mary 19, 33

Lassetter, John 80, 95
Leg yield 47~60
Lengthening the strides 16, 17, 18, 21, 24, 30, 33
Loch, Sylvia 11, 12
Loriston-Clarke, Jennie 65, 84

Medium trot 18, 67, 68
Murray, Lizzie 6, 82

Outside aids 6, 10, 12, 26, 30, 34, 57, 68, 73

Pearson, Lee 10
Pirouettes 38, 57, 72, 73, 75, 79, 98

Rhythm 1~23, 26, 41, 48, 64, 86

Serpentines 39~48
Shortening a stride 16
Shoulder fore 61, 63, 69
Shoulder-in 54, 61~70, 76
Simple changes 100
Speed(control of) 41, 43
Stockdale, Tim 8, 22
Straight 2, 5, 6, 9, 10, 14, 20, 32, 39~48, 61, 86, 89~95, 96~101
Strength와 Stemina 34
Suppleness 14, 27, 39, 45, 62, 65, 71, 73, 80, 89~95, 98

Transitions 1, 8, 10, 14, 15, 20
Turn on the haunches 11

Warming up exercises 49, 51, 65